国家专业综合改革试点教育技术学系列教材
江苏省品牌专业教育技术学系列教材

学习科学与技术

王运武 编著

本书是江苏省教育科学“十二五”规划 2015 年度课题“促进教育变革的智慧学习环境研究”(项目编号：D/2015/01/44)、2016 年度江苏省高校哲学社会科学研究一般项目“智慧学习环境中基于学习分析的干预机制研究”(课题编号：2016SJB880077)、“江苏高校优势学科建设工程资助项目”“江苏高校教育技术学品牌专业”研究成果。

科学出版社
北京

内 容 简 介

本书是国家专业综合改革试点教育技术学系列教材、江苏省品牌专业教育技术学系列教材中的一本。全书共 10 章，分别是学习科学概述、脑科学与学习、教育神经科学与学习、多维视野中的学习、人类如何学习、学习力与学习方式、学习的类型与学习者个性差异、学习效率与学习评价、高效学习工具与方法、学习型组织与学习型社会。

本书可以作为“学习科学与技术”课程的教材或参考书，也可以作为学习科学研究者和实践者的参考资料。

图书在版编目(CIP)数据

学习科学与技术 / 王运武编著. —北京：科学出版社，2018.1

国家专业综合改革试点教育技术学系列教材

江苏省品牌专业教育技术学系列教材

ISBN 978-7-03-056048-3

Ⅰ. ①学… Ⅱ. ①王… Ⅲ. ①学习-能力培养-高等学校-教材 Ⅳ. ①G642.46

中国版本图书馆 CIP 数据核字（2017）第 324961 号

责任编辑：任俊红 石 悦 王晓丽 / 责任校对：桂伟利
责任印制：吴兆东 / 封面设计：华路天然工作室

科学出版社 出版
北京东黄城根北街 16 号
邮政编码：100717
http://www.sciencep.com

北京华宇信诺印刷有限公司印刷
科学出版社发行 各地新华书店经销
*
2018 年 1 月第 一 版 开本：787×1092 1/16
2026 年 1 月第十三次印刷 印张：16
字数：366 000

定价：49.00 元

（如有印装质量问题，我社负责调换）

前　言

高等教育具有“人才培养、科学研究、社会服务、文化传承与创新”四大功能，其中人才培养是核心，只有培养出高素质的创新人才，才有利于高等教育功能和价值的彰显。瞿振元指出“高等教育由大向强转变的根本标志是人才培养质量的整体提升，目前我国高校教学中存在诸多‘教与学’问题，出路在于扎实的教育教学改革”。然而，从全球来看，高等教育评价指标侧重于科研成果的数量和质量，学术界普遍重视科研成果而不是教学经验，“重学术而轻教学”的大学文化成为世界各国大学普遍存在的问题，高等教育人才培养质量并未受到应有的重视。

目前，高校课堂教学频现“低头族”“逃课族”“教学与需求脱节”“理论与实践脱节”“考试评价办法单一”“教学方式单调乏味”“以体制机制改革代替教学改革”等，这些现象已成为高校课堂教学改革中的现实问题，课堂教学已经不能很好地满足学生的个性化学习需求，高校课堂教学变革的呼声不断。

为解决高校课堂教学改革中的现实问题，提升学生的学习兴趣，促进学生深度学习，进行了课程教学改革探索，倡导“创课”教育理念，创新课程教学形态。“创课”教育理念践行“主导一主体”教学模式，突出学生的主体地位，突出个性化教学，教师的重要作用是“导”而不是“教”；以“师生共创课程教学内容、共同探讨教学方式、共同分享学习经验、共同创新课程作品”为基本指导思想；教学过程中采用了讲授法、研讨法、任务驱动、问题探究、模拟教学、案例教学、线上与线下相结合等灵活多样化的教学方法；强化研创活动设计，重点培养学生的教学能力、表达能力、资源创作能力、文献检索能力、数字化学习能力、创新思维能力、创新能力、科学研究能力等。

课程以“开拓学术视野，培养创新思维，提升创新能力、研究能力和实践能力”为指导思想，突出课程的创新性、综合性、应用性和挑战性特点，以培养学生的科学研究能力和科学素养为目标，以建立符合学生认知规律和知识结构的体系、内容为重点，以改革教学模式、学习模式、考核模式为手段，创新课程形态和人才培养模式。

课程培养目标强调能力和创新导向；课程内容强调开拓学术视野、扩大知识容量、注重能力提升；创新课程考核方式，课程考核突出创新思维、创新能力和创新成果考查，注重形成性评价；课程教学方式和学习方式灵活、新颖。创设条件，为学生开展国际化学习、跨学科学习、自主性学习、个性化学习、联通式学习、发现式学习、探究式学习、融合式学习、社会化学习、案例学习、智慧学习等提供有力支持。

课程教学过程中，教师和学生共同协商选择知识点、技能点，每个学生选择一个或多个知识点、技能点，创作课程教学资源，并在课堂上展示交流作品，让每个学生在课程学习过程中都有锻炼的机会和出彩的机会，通过学生的深度参与，提高课程学习效果。教师和学生对交流作品进行点评与评分，评价成绩将作为课程平时成绩。

截至 2017 年 6 月，“创课”教育理念已经在“教育信息化规划与管理”“智慧学习环境设计”“学习科学与技术”“教育信息化领导力”四门课程中进行了实践应用，取得了良好的教学效果，显著提升了学生的多种能力。

学习本课程之前，请学习者思考以下问题。

1．对“学习科学与技术”这门课程了解多少？
2．为什么要学习这门课程？
3．学习这门课程的期望有哪些？
4．通过学习本课程，应该掌握哪些知识和技能？
5．通过什么样的方法和策略才能达成预期的学习目的？
6．如何考查本课程的学习目标达成了多少？
7．通过学习本课程，将会对自己的未来发展产生哪些影响？

创课：未来课程教学新形态

师生共创课程教学内容，丰富生成性课程资源。
师生共创课程教学方式，促进学习变革与创新。
师生共同分享学习经验，促进有效沟通与交流。
师生共同创新课程作品，促进知识创新与创造。
媒体技术伴双翼，教学相长久恒远。
创新，创新，再创新！

尽管自从2012～2017年，作者已经讲授了10次“学习科学与技术”（本科生5次，教育硕士研究生3次，学术硕士研究生2次双语课程），在授课过程中与同学们深入交流，积累和制作了大量的课程资源，但是由于作者能力和水平有限，书中难免存在一些值得进一步商榷的问题，敬请各位专家批评指正。

感谢江苏师范大学教育技术学本科生和硕士研究生在课程学习过程中激发的创新观点与理念，为撰写本书提供了创新的源泉。感谢在读硕士研究生唐丽、王洪梅、丁超、刘甜、姚宇翔、杨萍、田佳欣、李璐、吴若晨对书稿校对所做的工作。

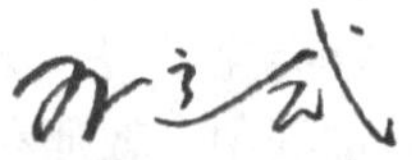

2017年5月于江苏师范大学牛山公寓

目　　录

第1章 学习科学概述

● 学习目标

1. 体会学习的重要性。
2. 掌握学习的定义。
3. 了解学习科学兴起的背景。
4. 熟悉学习科学发展的历史。
5. 掌握学习科学的内涵。
6. 熟悉学习科学研究机构。
7. 掌握学习科学的主要研究方向。
8. 熟悉学习科学学术会议。
9. 熟悉学习科学学术期刊。
10. 熟悉学习科学代表性著作。
11. 树立从事学习科学研究的兴趣与信心。

● 知识点

学习、学习科学、学习科学研究机构、学习科学学术会议、学习科学学术期刊、学习科学代表性著作。

● 技能点

查阅学习科学文献资料，深度分析学习科学文献资料，快速掌握学习科学领域。

● 思考题

1. 结合自身的体验，谈谈什么是学习？
2. 为什么说学习对人的一生至关重要？
3. 为什么会兴起学习科学？
4. 阐述学习科学的发展史。
5. 阐述学习科学的内涵。
6. 阐述学习科学的研究机构，及其主要研究方向。
7. 阐述学习科学的主要学术会议，及其关注的热点选题。
8. 阐述学习科学的主要期刊，及其主要栏目设置。
9. 阅读学习科学的主要著作，并列举著作中的主要观点，谈谈自己的看法。
10. 列举学习科学的主要研究方向。

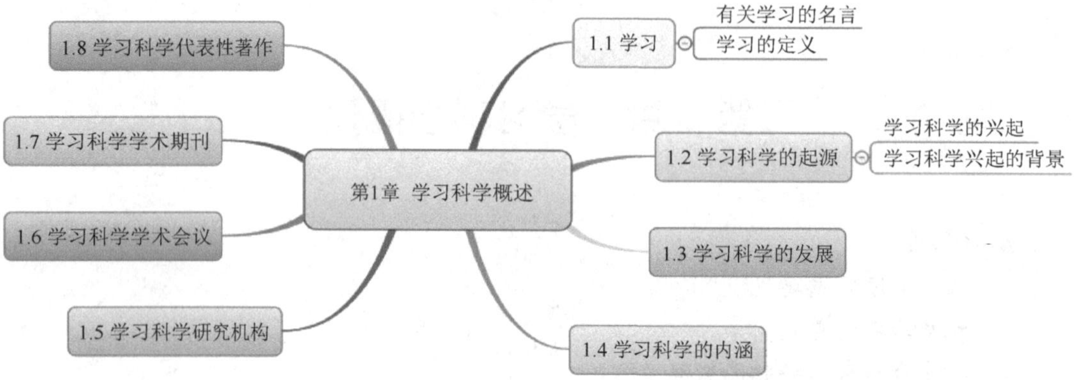

"学习科学概述"知识导学图

1.1 学习

1. 有关学习的名言

❖ 研创活动

请查阅有关学习的名言警句，结合自己的学习体验，谈谈学习的重要性。

学而时习之，不亦说乎？

——孔子

士大夫三日不读书，则礼义不交于胸中，便觉面目可憎，言语无味。

——黄庭坚

读万卷书，行万里路。

——刘彝

三更灯火五更鸡，正是男儿读书时。黑发不知勤学早，白首方悔读书迟。

——颜真卿

学习知识要善于思考，思考，再思考。

——爱因斯坦

对于世界上的一切学问与知识的掌握也并非难事，只要持之以恒地学习，努力掌握规律，达到熟悉的境地，就能融会贯通，运用自如了。

——高士其

学习要有三心，一信心，二决心，三恒心。

——陈景润

在寻求真理的长河中，唯有学习，不断地学习，勤奋地学习，有创造性地学习，才能越重山跨峻岭。

——华罗庚

饭可以一日不吃，觉可以一日不睡，书不可以一日不读。

——毛泽东

我们一定要强化活到老、学到老的思想，主动来一场"学习的革命"，切实把外在的要求转化为内在的自觉，让学习成为自己的一种兴趣、一种习惯、一种精神需要、一种生活方式。

——习近平

2. 学习的定义

❖ 研创活动

请查阅工具书中对学习的解释，谈谈自己对学习的理解。

CNKI 工具书馆

学习是人类与生俱来且伴随一生的本能。学习是一种信仰、一种享受、一种生活方式，学习还是人类进步的阶梯和人类成长过程中的永恒主题。正是人类具有很强的学习能力，才使人类成为具有复杂思维能力和创新能力的高级智慧生物。

人的一生学习从未间断，从牙牙学语开始慢慢通过学习了解这个世界。学习作为一种获取知识、交流情感的方式，已经成为人们日常生活中不可缺少的一项重要内容，尤其是在 21 世纪这个知识经济时代，学习已是人们不断满足自身需要、充实原有知识结构、获取有价值的信息，并最终取得成功的法宝。

人生无时无刻不在学习，但是学习究竟是什么，又很难阐释清楚。各种工具书对学习进行了解释，见表 1-1。

表 1-1　工具书中关于学习的解释

序号	学习的定义	工具书
1	由经验而引起的比较持久的心理和行为变化过程。它不仅表现在可以观察到的行为的变化，还可以是有意图的学习，也可以是没有意图的偶然学习。在日常生活中，像言语、习惯、态度的学习，有意图的学习和没有意图的学习都是起作用的	《心理咨询大百科全书》
2	泛指有机体凭借经验引起的倾向或能力的相对持久的变化过程。学习这个术语，似乎是人们都……心理学家所要研究的则是学习的过程及其规律，即研究和解释学习是怎样进行的问题，主要涉及的是学习者、学习过程和学习情境	《中国成人教育百科全书心理·教育》
3	广义上的学习，是有机体生活中的普遍现象，凡是以个体行为经验适应外界环境就是狭义上的学习，指学生在学校里的学习，它是学习的一种特殊形式	《简明教育辞典》
4	有机体普遍存在的适应环境的手段之一。这种变化过程就是学习过程，主要包括知识的学习、动作技能的学习、社会规范的学习等方面	《社会科学大词典》
5	个体后天与环境接触获得知识和掌握技能而产生的行为变化的过程。远距离教育中的学习是借助于广播、电视、通信、卫星等手段而进行的有目的、有计划、有组织的学习，使学习者掌握一定的系统的知识和技能	《远距离开放教育词典》

关于学习的定义很多。广义的学习指人类在生活过程中，通过获得经验而产生的行为或行为潜能的相对持久的行为方式。狭义的学习指人类通过阅读、听讲、研究、观察、理解、探索、实验、实践等手段获得知识或技能的过程，是一种使个体可以得到持续变化（知识和技能、方法和过程、情感和价值的改善与升华）的行为方式。学习研究委员会认为学习是人类的基本功能和习性，人生来就是一个灵活的学习者、主动获取知识和技能的行动者。

学习就是通过人的视觉、听觉、触觉等感觉器官反复刺激大脑的记忆皮层，从而让大脑记住视觉、听觉、触觉所传导过来的信号（知识）的过程，但是人的大脑本身是无法接触到外界信号（知识）的，大脑必须依赖人的五官（眼、耳、唇、鼻、舌）把外界信号（知识）传给它，而且同一个信号（知识）往往需要传导多次才能被记住，这也是大脑记忆的原理，所以要想让大脑记住更多的外界信号（知识），就需要充分调动和发挥人的五官的作用。

目前在国内心理学、教育学理论中普遍接受、流传最广的定义是：学习是指人和动物因经验而引起的行为、能力或心理倾向相对持久的变化过程，这些变化不是因成熟、疾病或药物引起的，而且也不一定表现出外显的行为。

这显然是最广义的学习定义，不仅指人类的学习活动，而且包括动物的学习行为。该定义强调了以下三点：第一，学习活动必须引起外部行为和内部心理结构的变化，包括发展新行为或改变以往的行为，这里强调了学习的结果；第二，这种行为和心理倾向的变化必须是持久的而不是暂时的，以此将学习引起的变化与由药物、疾病等外部原因所引起的暂时变化加以区别；第三，这种变化来自于经验活动，由此将学习与遗传等因素造成的生理发育加以区别。

1.2　学习科学的起源

❖ **研创活动**

请查阅学习科学的起源，讨论学习科学兴起的原因。

1．学习科学的兴起

学习科学源于早期认知科学对人类学习问题的研究。当时认知科学研究成果虽然丰富，但对现实学校教育实践的改进和教育质量的提升并没有多大效果，所以认知科学家希望从传统认知科学研究以外的学习绩效角度出发，开创专门研究人类学习的新领域。

随着认知科学的发展和人工智能理论与计算机技术的日益成熟，一批有远见的认知科学家和计算机科学家在历经努力之后，于20世纪70年代在教育心理学、认知科学、计算机科学、社会学等其他学科领域之外开创了一个研究学习的新领域，即学习科学。

2．学习科学兴起的背景

学习科学最初是一门认知科学，是站在认知科学的肩膀上发展起来的新兴学科。正如达菲（Duffy）所定义的："学习科学是认知科学的一部分，它重点关注真实世界境脉中的思维。"

在20世纪80年代，一些在认知科学领域卓有建树的科学家，如柯林斯（Collins）、科罗德纳（Koloder）等普遍"对当时的认知科学感到沮丧"。沮丧的原因来自于认知科学的关注对象和研究方法过于远离人在真实世界中认知发展的实际状况。

学习科学从认知科学中诞生。学习科学是认知科学家在思考传统的、以实验心理学和计算机科学为主要支柱，从认知科学的局限与困境中，吸收了认识论、社会学、人类学以及脑科学的研究成果和方法所展开的一个新的研究领域。

1.3　学习科学的发展

学习科学（Learning Science）是在反思认知科学等学科关于学习方法的研究方法和观点的基础上新兴起的一门科学。“学习科学”一词是 20 世纪 80 年代由西方学者提出的，最初是一门认知科学，是站在认知科学的肩膀上发展起来的新兴学科，是认知科学的一部分。学习科学在 20 世纪 90 年代走向成熟，21 世纪日益兴盛。

20 世纪 80 年代，为了更好地促进学习，认知科学家同计算机科学家开始应用人工智能技术设计软件，并且发起了“人工智能与教育（AI and Education）”国际会议，共同探讨人工智能的教育应用。1986 年，著名信息技术企业施乐公司的首席执行官大卫·卡恩斯（David Kearns）与著名学者约翰·布朗（John Brown）和詹姆士·格里诺（James Greeno）创建了施乐学习研究所，率先在非正规学习环境开展了专门的学习科学研究。

1987 年，美国西北大学在安达信顾问公司的资助下成立了世界上第一个直接以学习科学命名的专门研究机构，即学习科学研究所（Institute for the Learning Sciences，ILS），学习科学研究所主要开展利用认知科学和人工智能的前沿理论与技术成果创建各种基于计算机的学习环境等相关方面的工作，并对现实中人类的学习、记忆和计算机环境下的学习进行研究。与此同时，施乐学习研究所、范德堡大学（Vanderbilt University）的学习与技术中心、麻省理工学院的 Logo 小组也开始了技术支持的课程学习以及创新学习环境创设方面的研究。

1990 年，美国首次出版发行了国际上学习科学类的第一份学术刊物《学习科学杂志》（the Journal of the Learning Sciences），标志着学习科学的诞生。1991 年，美国西北大学在学习科学研究所的基础上，整合既有的计算机科学、教育学、心理学、信息科学、传播学等学科的研究力量，创建了世界上第一个学习科学专业，主要培养研究生层次以上的研究人员，以对真实环境中的教与学进行科学探索并切实推动学习实践的进步。同年，美国西北大学举办了第一届国际学习科学会议（International Conference of the Learning Sciences）。1996 年，学习科学的专家在美国西北大学单独召开了第二届国际学习科学会议。此后，国际学习科学会议每两年召开一次，为国际学习科学的学术研讨提供了专门的交流平台。

1995 年，美国国家科学院系统所属的国家研究理事会（National Research Council）成立“学习科学发展委员会”（Committee on Developments in the Science of Learning）工作小组，该小组汇集了全美顶级的学习科学研究人员，主要追踪把握学习科学的最新进展，并把学习的基础科学研究取得的一系列研究成果应用到教育与学习实践中。1999 年，工作小组发布了《人是如何学习的：大脑、心理、经验与学校》的研究报告（后来以论著的方式出版发行）。在这份报告中，学习科学家从学习者与学习、教师和教学两方面阐述了当时学习科学的最新进展及其教育价值，并对学习科学未来的研究方向提出了建议。该研究报告是学习科学作为新的学科领域诞生的理论基础。《人是如何学习的：大脑、心理、经验与学校》一书的出版，引起了世界各国对学习科学的关注。

学习科学自诞生起就一直关注真实情境中的学习研究，学习科学在 20 世纪 90 年代后开始走向成熟，开始作为一个独立的学科领域脱颖而出。到 20 世纪末，学习科学已经开始影响学校内课堂教学、校外教育（如家庭教育和社区教育）、教师教育、职业培训、学习组织设计和学习产品设计等各种情境下教与学方面的变革及创新。

2002 年，国际学习科学协会（the International Society of the Learning Sciences）成立，该协会主要致力于对现实情境中的学习进行跨学科的经验研究，并探索如何利用包括技术在内的各种手段促进学习者的学习。

国际学习科学协会成立之后，国际学习科学会议就不再由美国西北大学承办，而是以年会的方式成为国际学习科学协会的常规项目。此外，国际学习科学协会还举办另一个与学习科学密切相关的国际会议，即计算机支持的协作学习会议（Conference of Computer Support for Collaborative Learning），该会议两年一次，与学习科学年会间隔进行。

从 2003～2006 年，美国国家科学基金会（National Science Foundation，NSF）斥巨资支持学习科学研究，以促进学习科学的发展，期间美国学习科学专家基思·索耶等接手《剑桥学习科学手册》（the Cambridge Handbook of the Learning Sciences）的编辑工作，2006 年，《剑桥学习科学手册》一书正式出版发行。全书涉及学习科学的理论基础、研究方法、知识的本质与分类、知识可视化的理论与方法、协作学习的模型与技术、学习环境的设计与构建等众多内容，给各领域研究人员提供了研究学习科学的范式与途径。

1.4　学习科学的内涵

❖ **研创活动**

（1）请讨论学习科学的内涵。

（2）请讨论学习科学的学科特点。

（3）请讨论学习科学主要研究的内容。

（4）请讨论学习科学与教育技术的异同。

学习科学涉及生物医学工程、心理与神经科学及教育学等众多研究领域，是国际上新兴的前沿交叉学科，见图 1-1。

图 1-1　学习科学相关研究领域

学习科学借鉴建构主义、认知科学、信息技术、社会文化研究和关于知识工作等相关领域的研究成果，汇集和整合关于脑的研究与内隐学习、非正式学习、正式学习等已有的学习研究，采用多种现场研究的方法，对不同情境脉络中的学习发生机制进行分析和探索，提出若干关于学习的新观点，通过创新性项目的实践和基于设计的研究，创设新型学习环境，革新学习实践。

学习科学作为一门主要由生物科学和教育科学交叉而形成的前沿学科，旨在建立心智、脑与教育之间的桥梁，将生物科学的最新成果，包括认知神经科学、情感神经科学、基因科学和生物分子学等应用于教育与学习过程。它整合心理学关于认知和学习的心理过程的研究，课程与教学论关于教材组织及教学过程的研究，以及教育技术学关于如何建立动态系统以支持学习的研究，同时综合其他相关学科（如社会学、文化人类学、知识论等）的视角，全面研究学习活动的认知过程、社会情境和设计方式，从而给学习、教育以及政策制定提供科学的指导，以迎接教育的重大变革。

学习科学（Learning Science）是国际上近几年发展起来的交叉学科，并且已成为当今最活跃的研究领域之一。该学科主要由生物学和教育学交叉而成，涉及生物医学工程、信息科学、脑科学、认知科学、心理学及教育学等众多研究领域，通过在心智、脑科学和教育（mind，brain and education）之间建立桥梁，将脑科学的最新成果（从基因到行为）应用于教育与学习过程。

学习科学的研究旨在探索与人类（特别是儿童）学习能力相关的生物学、心理学和社会学机制，研究影响人类学习能力的生物学、心理学和社会学因素及其客观的评价方法与技术，研究不同人群或者不同生长发育阶段儿童的学习能力，研究相应的教育、教学规律和技术方法。

学习科学主要关注的关键问题：第一，学习的本质是什么（学习：从猜测到科学）；第二，人是如何学习的；第三，如何设计有效的学习环境促进深层学习。学习科学从多学科的视角来研究学习，涉及人类学、社会学、语言学、哲学、发展心理学、计算机科学、神经系统科学和心理学等。人类的学习已经成为跨学科研究对象。人类对学习的研究正在走出实验室，关注学习发生的真实情境。正式学习、非正式学习、学习中的学习、工作场所中的学习等进入了研究者的视野。联结学习理论、认知学习理论、行为主义学习理论、社会学习理论、人本主义学习理论、建构主义学习理论、联通主义学习理论等学习理论流派纷呈。

学习科学主要研究如何支持和促进人在整个生命历程中的学习活动，通过教学、技术和社会政策方面的创新来促进教育的改善。学习科学致力于更好地理解产生最有效的学习的认知和社会过程，并运用这方面的知识去重新设计课堂和其他学习环境，让人们更深入、更有效地进行学习。

1.5　学习科学研究机构

❖ **研创活动**

（1）请查阅国内外学习科学的研究机构种类（表 1-2）。

（2）这些研究机构有哪些研究方向？

表 1-2　学习科学研究机构

序号	研究机构名称	网址
1	东南大学学习科学研究中心（中国）	http://rcls.seu.edu.cn/research1.aspx
2	华东师范大学学习科学研究中心（中国）	http://lsc.ecnu.edu.cn
3	大连现代学习科学研究院（中国）	http://www.mlearningsciences.com/
4	“台湾清华大学”学习科学研究所（中国）	http://ils.nthu.edu.tw
5	南洋理工大学国立教育学院学习科学与技术系（新加坡）	http://www.nie.edu.sg
6	加拉德特大学视觉语言与视觉学习科学中心（美国）	http://vl2.gallaudet.edu
7	坦普尔大学空间智力与学习中心（美国）	http://www.spatiallearning.org/
8	加利福尼亚大学圣迭哥分校学习的时间动力学学习科学中心（美国）	http://tdlc.ucsd.edu
9	达特茅斯学院认知与教育神经科学中心（美国）	http://ccen.dartmouth.edu/
10	华盛顿大学非正规与正规环境学习中心（美国）	http://life-slc.org
11	教育、科学与技术中心的卓越学习科学中心（美国）	http://celest.bu.edu/
12	匹兹堡学习科学中心（美国）	http://www.learnlab.org/
13	西北大学联结学习与基于计算机的建模研究中心（美国）	http://ccl.northwestern.edu/
14	诺丁汉大学的学习科学研究所（英国）	http://www.lsri.nottingham.ac.uk/

1.6　学习科学学术会议

❖ **研创活动**

请查阅学习科学的学术会议，并讨论学术会议主要关注的主题。

1. 学习科学国际会议

截至 2016 年，国际学习科学研究协会（International Society of Learning Sciences）已经举办了 12 届学习科学国际会议（International Conference of the Learning Sciences，ICLS）。学习科学国际会议是两年举办一次的盛会，被认为是学习科学领域的国际顶级学术活动。学习科学国际会议自 1996 年起每两年举办一次，致力于让全球心理学、认知科学、教育心理学、计算机科学、人类学、社会学、信息科学、神经科学、教育、设计研究、教学设计等领域的学者形成学习科学研究共同体。

2. 学习科学国际研讨会

学习科学国际研讨会（International Workshop on Advanced Learning Sciences，IWALS）是由美国宾州州立大学和中国台湾师范大学于 2013 年发起，每年举办一次的国际性学术盛会。会议的目标是为各国学者提供一个学习科学的互动交流平台。该平台以语言科学、科学学习及学习科技三大研究领域为发展主轴，通过与世界各顶尖大学进行策略性结盟，推展学习科学相关议题之国际性整合计划，以构建坚实的学习科学之研究基础。通过每年举办国际会议，可以让国内外重要学者持续交流，并以直接对谈的方式分享研究成果，进行多角度的思考及经验交换。

第一届学习科学国际研讨会于 2013 年在美国宾州州立大学召开，第二届学习科学国际研讨会于 2014 年在中国台湾师范大学召开，第三届学习科学国际研讨会于 2015 年在日本东京外国语大学召开。第四届学习科学国际研讨会于 2016 年在中国华南师范大学召开。

1.7　学习科学学术期刊

❖ 研创活动

请查阅学习科学相关的学术期刊，并分析学术期刊关注的主要栏目。

《学习科学杂志》

学习科学研究成果主要发表在认知科学、人工智能、教育心理学、认知心理学、教育技术等相关领域的期刊杂志。《学习科学杂志》(Journal of the Learning Sciences）创刊于 1991 年，Janet Kolodner 担任创始编辑。该杂志关注从认知科学、社会文化理论、教育心理学、计算机科学、人类学等不同领域研究人类如何学习，以及如何支持人类学习的研究成果。

1.8　学习科学代表性著作

❖ 研创活动

请查阅学习科学的代表性学术著作，并阐述代表性著作的主要内容。学习科学相关的学术著作，见表 1-3。

表 1-3　学习科学相关的学术著作

序号	著作名称	作者	出版社	出版时间
1	学习科学与技术	江丰光	电子工业出版社	2016
2	理解脑——新的学习科学的诞生	经济合作与发展组织	教育科学出版社	2015
3	教育与脑神经科学	大卫·苏泽．方彤，等译	华东师范大学出版社	2014
4	心智、脑与教育：教育神经科学对课堂教学的启示	David A.Sousa．周加仙，等译	华东师范大学出版社	2013
5	人类行为、学习和脑的发育：典型性发展	科克，费希尔，道森．宋伟，梁丹丹，主译	教育科学出版社	2013
6	人是如何学习的:大脑、心理、经验及学校	布兰思福特，等．程可拉，等译	华东师范大学出版社	2013
7	Encyclopedia of the Sciences of Learning	Colombo B，Antonietti A	Springer	2012
8	剑桥学习科学手册	索耶．徐晓东，等译	教育科学出版社	2010
9	脑的结构与科学化学习法	池谷裕二．马宋芝，译	正文社出版有限公司	2009
10	脑科学导论	唐孝威，杜继曾，陈学群，等	浙江大学出版社	2006
11	天才脑与学习	David A.Sousa．董奇，主译	中国轻工业出版社	2005
12	脑的学习与记忆	斯普伦格．董奇，主译	中国轻工业出版社	2005
13	学习科学与技术：信息时代大学生学习能力培养	桑新民	高等教育出版社	2004
14	大脑工作原理——脑活动、行为和认知的协同学研究	赫尔曼·哈肯．郭治安，吕翎，译	上海科技教育出版社	2000

拓展资料

1．学习科学（wikipedia）.

Learning science or learning sciences (LS) is an interdisciplinary field that works to further scientific understanding of learning as well as to engage in the design and implementation of learning innovations, and the improvement of instructional methodologies. Research in the learning science traditionally focuses on cognitive-psychological, social-psychological, and cultural-psychological foundations of human learning, as well as on the design of learning environments. Major contributing fields include cognitive science, computer science, educational psychology, anthropology, and applied linguistics. Over the past decade, researchers have also expanded their focus to the design of curricula, informal learning environments, instructional methods, and policy innovations.

维基百科—学习科学

2．南洋理工大学国立教育学院学习科学与技术系.

“Learning Sciences and Technologies” is an interdisciplinary academic group which focuses on understanding learning in social-cultural contexts with the goal of designing and integrating learning environments and technologies.

国立教育学院

3．东南大学学习科学研究中心.

东南大学学习科学研究中心

4．国际学习科学协会.

The International Society of the Learning Sciences is a professional society dedicated to the interdisciplinary empirical investigation of learning as it exists in real-world settings and to how learning may be facilitated both with and without technology.

国际学习科学协会

5．MOOC《学习科学与技术》（课程负责人：焦建利）.

《学习科学与技术》课程

6．赵健，郑太年，任友群，等．学习科学研究之发展综述[J]．开放教育研究，2007(02)：15-20.

7．陈家刚，杨南昌．学习科学新近十年：进展、反思与实践革新——访国际学习科学知名学者基思·索耶教授[J]．开放教育研究，2015(04)：4-12.

第2章　脑科学与学习

● 学习目标

1. 了解人类学习的重要器官。
2. 掌握大脑的结构。
3. 熟悉世界各国脑科学研究计划。
4. 掌握左右脑分工理论。
5. 了解人类聪明的溯源。
6. 掌握大脑发育的关键期。
7. 掌握大脑思维流程。
8. 理解大脑的潜能。
9. 掌握挖掘大脑潜能的方法。
10. 理解考察脑结构和功能的脑成像技术。
11. 学会科学用脑。
12. 掌握记忆原理。
13. 学会利用记忆规律。

● 知识点

脑科学、人类学习的重要器官、左右脑分工理论、大脑工作原理、脑成像技术、人聪明的溯源、大脑发育与学习的关键期、大脑潜能、大脑营养与锻炼、学习与记忆、情绪增强记忆。

● 技能点

学会诊断脑疲劳症状、脑疲劳治疗、开发大脑潜能、运用记忆规律、运用情绪增强记忆。

● 思考题

1. 阐述脑科学的定义。
2. 请列举脑科学的研究方向。
3. 阐述脑科学的研究方法。
4. 脑疲劳有哪些表现?
5. 如何治疗脑疲劳?
6. 阐述左右脑分工理论，它对数字化资源的设计与开发具有哪些启示?
7. 阐述大脑工作原理。
8. 脑成像技术有哪些?
9. 请分析为什么有的人聪明，有的人不聪明。
10. 为什么说大脑具有可塑性?
11. 如何开发大脑潜能?
12. 阐述遗忘的原因。
13. 阐述情绪如何增强记忆。
14. 结合自身的体验，谈谈记忆规律在学习中有哪些具体应用。

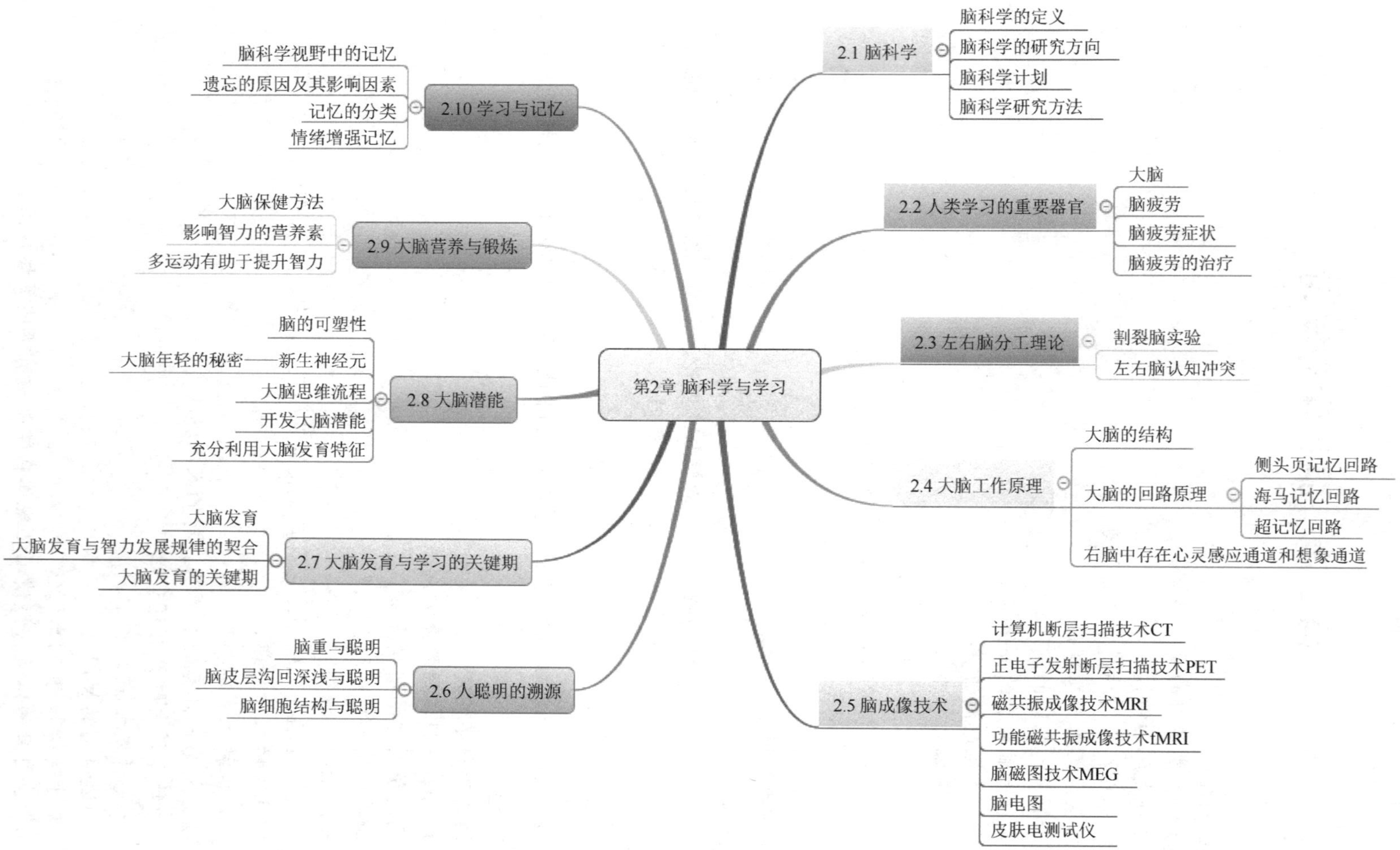

“脑科学与学习”知识导学图

2.1 脑 科 学

❖ 研创活动

请查阅脑科学的定义，谈谈自己对脑科学的理解。

1. 脑科学的定义

脑是人类认识外部世界和认识自我的物质基础，人之所以比其他动物更能适应环境并能主动改造环境，是因为人有高度发达的脑。脑是自然界最为复杂的物质结构，脑功能是自然界最为复杂的运动形式。人类对自身脑的认识还很肤浅，无数的奥秘尚待探索。因此，认识脑和心智的规律是一项吸引无数科学家孜孜不倦追求的事业。脑科学就是进行这方面研究的一门交叉学科。

脑科学，狭义地讲就是神经科学，是为了了解神经系统内分子水平、细胞水平、细胞间的变化过程，以及这些过程在中枢功能控制系统内的整合作用而进行的研究。广义的定义是研究脑的结构和功能的科学，还包括认知神经科学等。

2. 脑科学的研究方向

❖ 研创活动

目前脑科学的研究方向有哪些？你认为还有哪些有待研究的问题？

1）基础神经科学侧重基础理论

神经生物学是研究人和动物的神经系统的结构与功能及其相互关系的科学，是在分子水平上、细胞水平上、神经网络或回路水平上乃至系统和整体水平上阐明神经系统特别是脑的物质的、能量的、信息的基本活动规律的科学。（认识脑）

神经生物学的六个研究分支：分子神经生物学（化学物质）、细胞神经生物学（细胞、亚细胞）、系统神经生物学、行为神经生物学（学习记忆、情感、睡眠、觉醒等）、发育神经生物学、比较神经生物学。

计算神经科学：应用数学理论和计算机模拟方法来研究脑功能的学科。（创造脑）

2）临床神经科学侧重医学临床应用

研究与神经系统有关的疾病及其诊断、治疗方法、技术等。（保护脑）

3）认知神经科学

认知神经科学的最终目的是阐明人类大脑的结构与功能，以及人类行为与心理活动的物质基础，在各个水平（层次）上阐明其机制，增进人类神经活动的效率，提高对神经系统疾患的预防、诊断、治疗服务水平，基本目标如下：

（1）揭示神经元间各种不同的连接形式，为阐明行为的脑的机制奠定基础。

（2）在形态学和化学上鉴别神经元间的差异，了解神经元如何产生、传导信号，以及这些信号如何改变靶细胞的活动。

（3）阐明神经元特殊的细胞和分子生物学特性。

（4）认识实现脑的各种功能（包括高级功能）的神经回路基础。

（5）阐明神经系统疾患的病因、机制，探索治疗的新手段。

3. 脑科学计划

❖ 研创活动

国内外脑科学研究计划有哪些？产生了哪些具有代表性的研究成果？

21 世纪被称为“脑科学的世纪”。大脑是人体的神经中枢，人体的一切生理活动，如脏器的活动、肢体的运动、感觉的产生、肌体的协调以及说话、识字、思维等，都是由大脑支配和指挥的。大脑的复杂性，在于神经细胞在形状和功能上的多样性，以及神经细胞结构与分子组成上的千差万别。关于大脑功能的研究，已经成为现代科学最深奥的课题。为了探索人脑奥秘，攻克各种疾病，开发人工智能技术，欧美等国家纷纷制定了脑科学研究的长远计划，并宣布 21 世纪是“脑科学时代”。

1）国外脑科学计划

人类的大脑一直是科学家不懈研究的一个重要领域，世界各国普遍重视脑科学研究。美国 101 届国会通过一个议案，“命名 1990 年 1 月 1 日开始的十年为脑的十年”。1995 年夏，国际脑研究组织在日本京都举办的第四届世界神经科学大会上提议把 21 世纪称为“脑的世纪”。欧共体成立了“欧洲脑的十年委员会”及脑研究联盟。

日本在 1996 年制定了为期 20 年的“脑科学时代——脑科学研究推进计划”。

第一，了解脑——阐明脑功能。①阐明产生感知、情感和意识的脑区结构与功能（功能定位、认知、运动、情感、学习、思维、直觉、自我意识）。②阐明脑通信功能（语言信息在脑神经网络中表达的机制，人类获得语言能力的过程、语言、思想和智力之间的关系）。

第二，保护脑——征服脑疾患。①控制脑发育和衰老过程（识别与发育及脑分化相关的基因家族、发展调节脑发育和分化的技术手段、促进人类大脑健康发育与防止发育异常、控制人脑衰老）。②神经性精神性疾病的康复和预防（药物成瘾性、修复受损脑组织、单内因性疾病的发病机制、神经组织移植和基因疗法，阿尔茨海默病、帕金森病、精神分裂症的治疗和预防的方法）。

第三，创造脑——开发脑型计算机。①发展脑型器件和结构（具有学习和记忆能力的神经元芯片、智力认知功能，具有智力、情感和意识的脑型计算机）。②脑型信息产生和处理系统的设计与开发（支持人类机能的机器人系统）。

2013 年 4 月 2 日，美国总统奥巴马宣布启动脑科学计划（Brain Initiative），欧盟、日本随即予以响应，分别启动欧洲的大脑计划（the Human Brain Project）以及日本的脑计划（Brain/Minds Project）。

❖ **研创活动**

请查阅各国脑计划网站，讨论脑计划研究的热点内容及其应用前景。

美国的脑计划　欧洲的大脑计划

日本的脑计划　大脑连接组

2）中国脑科学计划

脑科学研究不仅是当前国际科技前沿的热点领域，也是理解自然和人类本身的“终极疆域”。中国虽然在语音识别、脑组织显微成像等个别技术领域在国际水平上可以“领跑”，但要在更多的领域进入“领跑”梯队，还有很长的路要走。

李岚清在 1997 年就提出了通过对脑科学的研究，若能提高人的学习认知效率，将是对人类的一大贡献。目前，“脑科学与类脑研究”作为“科技创新 2030 重大项目”已启动的 4 个试点之一，进入编制项目实施方案阶段。为揭开大脑谜团，脑科学研究成为各国科技发展的“兵家必争之地”，中国也将“脑科学与类脑研究”上升为国家战略。

面对激烈的国际竞争，中国提出了“脑功能及其细胞和分子基础”的研究项目，并列入了国家的“攀登计划”。中国脑科学家早在 2013 年就开始酝酿中国的“脑计划”，并不断取得进展。“十三五”规划纲要草案已经把脑科学和类脑研究列入国家重大科技项目。脑科学和类脑研究在国家十三五重大项目排名第四，凸显了中国大力推进脑科学研究的决心和信心。

中国脑计划分为脑科学以及类脑科学两部分，见图 2-1。“中国脑计划”的名称为“脑科学与类脑科学研究”（Brain Science and Brain-Like Intelligence Technology），主要有两个研究方向：以探索大脑秘密、攻克大脑疾病为导向的脑科学研究以及以建立和发展人工智能技术为导向的类脑研究。

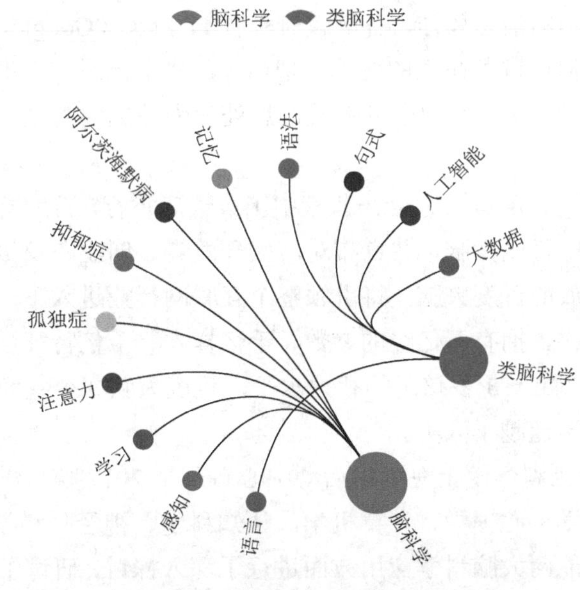

图 2-1　脑科学和类脑研究

这项由中国科学技术部、国家自然科学基金委员会牵头的脑科学计划，已经过国内专家 2 年时间内数次讨论及论证。该计划将作为中国 6 个长期科学项目工程中的一个重要项目，长期资助，资助时间长达 15 年（2016～2030 年）。

“中国脑计划”主要解决大脑三个层面的认知问题：第一，对外界环境的感官认知，即探究人类对外界环境的感知，如人的注意力、学习、记忆以及决策制定等；第二，对人类以及非人灵长类自我意识的认知，即通过动物模型研究人类以及非人灵长类的自我意识、同情心以及意识的形成；第三，对语言的认知，即探究语法以及广泛的句式结构，用以研究人工智能技术。

类脑科学研究，则主要应用于人工智能技术的研发上。通过类人脑神经网络模型和计算方法的建立以及通过类脑计算、处理与存储设备技术的研究，有助于对新一代人工智能机器以及类脑机器人等项目的开发。尽管包括霍金、比尔·盖茨以及马克斯在内的业内知名人士，忧虑人工智能的发展，但是这并不能阻止人工智能如火如荼地发展。“中国脑计划”对这一领域显然很重视，专家表示，这一领域多学科的结合能更好地理解脑科学以及人工智能技术。

“上海脑计划”已先于“中国脑计划”启动。2015 年 3 月 27 日，由上海科学技术委员会主导、复旦大学等 10 多家单位共同参与的“上海脑科学与类脑智能发展愿景”项目顺利启动。根据复旦大学类脑人工智能科学与技术研究院院长冯建峰在“2015 浦江创新论坛”上表示，“上海脑计划”主要目标在如下几个方面：解析复杂数据，模拟脑工作，探究记忆、学习、决策等原理，模拟智能交互，大数据挖掘，智能医疗诊断等。如此看来，“上海脑计划”与“中国脑计划”的发展目标如出一辙。

脑学习记忆对信息的智能加工与处理能力，远远超过现有的任何计算机和信息处理系统。面对目前互联网的信息爆炸，各国政府和各 IT 巨头（Google、IBM、微软、百度等）均在积极探索如何通过革命性的变革，把当今的“信息时代”推入到“智能时代”。要实现这历史性的跨越，需要创制出以脑式信息处理为基础的智慧型超级计算机及各种类脑人工智能系统。

2016 年 9 月 1 日，百度世界大会在北京中国大饭店举行。百度首次向外界全面展示百度人工智能成果，即百度大脑，并宣布对广大开发者、创业者及传统企业开放其核心能力和底层技术。开放的百度大脑，将引领整个互联网行业进入下一幕。百度大脑已建成超大规模的神经网络，拥有万亿级的参数、千亿样本、千亿特征训练，能模拟人脑的工作机制。相比 3 年前 2～3 岁孩子的智力水平，百度大脑如今智商已经有了超前的发展，在一些能力上甚至超越了人类。

2017 年 5 月，中国科学院上海学术活动中心召开了 2017 脑科学与类脑职能学术研讨会，汇聚了神经科学、心理学、计算机学、认知科学、神经外科学等学科专家学者，围绕脑疾病和类脑智能两大脑科学应用方面进行了深入探讨，研讨了脑网络与脑疾病的最新研究进展。

4．脑科学研究方法

❖ 研创活动

目前脑科学的研究方法有哪些？

（1）解剖学方法。采用通常的组织染色方法可以在光学显微镜下观察神经系统各种组织的细胞结构，即神经元的不同形态，以及它们间连接的一般情况。运用电子显微镜可以进一步了解神经元和突触的精细结构。问题：神经系统是怎样布线的，即个别的神经细胞的突起如何排列？伸展得多远？哪些突起和哪些突起相连结？高尔基银染法对神经机制的认识奠定了基础，其原理是利用荧光、放射性标记对神经活性物质进行染色。

（2）生理学方法。运用微电极细胞外记录、细胞内记录技术对单个神经元活动进行分析，利用膜片钳技术对离子通道进行深入的研究。

① 细胞外记录：20 世纪 30 年代后期发展起来的。用金属丝电极 1～5 微米记录幅度较大的瞬间性动作电位，对神经元的功能起了重要作用。

② 细胞内记录：0.1～0.5 微米的玻璃电极，内充高浓度氯化钾或乙酸钾以导电。能记录动作电位、小的分级电位，同时能监视膜电位的变化。此外，能注入物质，进行形态学分析。缺点是造成细胞损伤，记录时间、小细胞受限。

③ 膜片钳技术：20 世纪 70 年代后期，Neher 和 Sakmann 发展了一种新的记录方法，可以用来记录单个离子通道的活动。

（3）分子生物学方法。

① 重组 DNA 技术：分析离子通道蛋白的结构和功能、生理特性。

② 应用单克隆抗体和遗传突变体。

（4）系统生物学方法。20 世纪中叶贝塔朗菲创立了一般系统论，1993 年 Zieglgansberger 和 Tolle 发表神经系统疾病研究的系统生物学方法，随着生物信息学的发展、基因组计划的成功，以及神经系统的细胞信号传导与基因表达调控的研究，系统生物学采用实验、计算与工程的系统论方法，成为脑科学研究的发展趋势。

2.2　人类学习的重要器官

1．大脑

❖ 研创活动

谈谈自己对大脑的理解。

人类的大脑不大、软软的像豆腐，像核桃（图 2-2、图 2-3），但是功能很精密，也很容易受伤。如头痛、头晕、脑震荡、阿尔茨海默病、脑梗死、脑出血、脑积水、脑膜炎、脑功能紊乱等都是大脑功能或结构受损造成的。大脑酝酿了人之所以为人的欲望、道德、学识、爱恨情仇、自我价值等，是灵魂的所在，是自我存在的地方。大脑是人类思维的器官，是人类学习的器官。由此而言，“心里想念一个人”的说法是对大脑功能认识不深刻的产物，心理学更名为脑理学的观点不无道理。人类之所以具有智慧，得益于大脑的持续学习和进化。

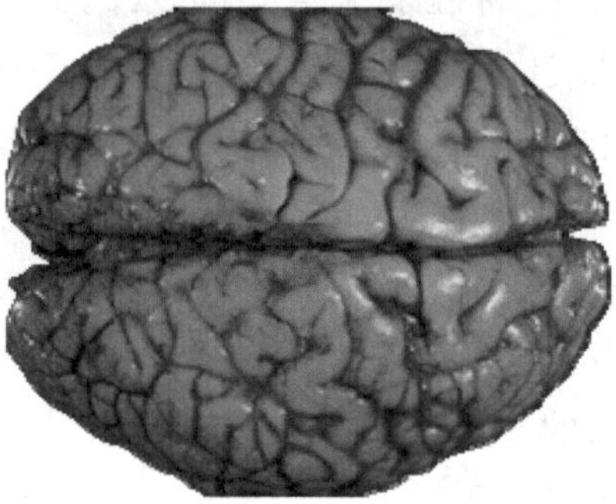

图 2-2　人类大脑（顶视图）

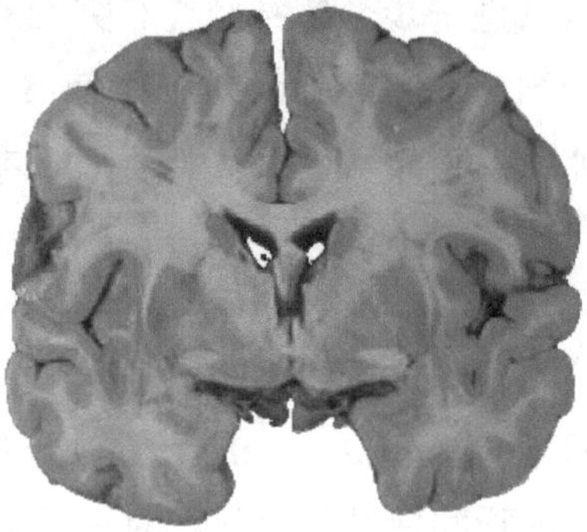

图 2-3　人类脑组织切片（冠状面）

人和哺乳动物的脑特别发达。脑包括端脑（大脑）、间脑、小脑、脑干（脑干包括中脑、脑桥和延髓），见图 2-4。其中分布着很多由神经细胞集中而成的神经核或神经中枢，并有大量上、下行的神经纤维束通过，连接大脑、小脑和脊髓，在形态上和机能上把中枢神经各部分联系为一个整体。脑各部内的腔隙称脑室，充满脑脊液。

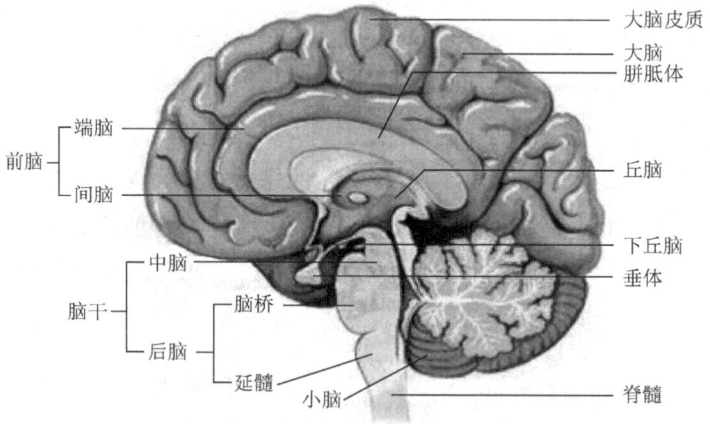

图 2-4　脑结构图

人类的大脑是所有器官中最复杂的一部分，并且是所有神经系统的中枢；虽然它看起来是一整块，但是通过神经系统专家，可了解它的各个功能。人类的大脑可以区分为三个部分：脑核（central core）、边缘系统（limbic system）、大脑皮层（cerebral cortex）。

脑核是掌管人类日常基本生活的处理，包括呼吸、心跳、觉醒、运动、睡眠、平衡、早期感觉系统等。而边缘系统是负责行动、情绪、记忆处理等功能，另外，它还负责体温、血压、血糖及其他居家活动等。大脑皮层则负责人脑较高级的认知和情绪功能，它区分为两个主要大块——左大脑和右大脑，各大块均包含四个部分——额叶（frontal lobe）、顶叶（parietal lobe）、枕叶（occipital lobe）、颞叶（temporal lobe）。

2．脑疲劳

❖ 研创活动

回忆自己是否有脑疲劳的体验，描述所体验的脑疲劳。

脑疲劳是一种亚健康状态，尤以脑力劳动者和在校学生为甚。据专家调查分析，在中国青少年群体当中，至少有50%的人存在着不同程度的脑疲劳。令人忧虑的是，这种现象还有逐步蔓延、上升的趋势，应当引起广大家长与教师的高度重视。

脑疲劳又称为脑疲劳综合征。在持续较久或强度过大的脑力劳动过程中，脑细胞代谢产生的自由基、乳酸等许多有害物质大量淤积，阻塞了大脑的营养通道，造成血氧含量降低，血液循环不畅，在脑部营养和能量极度消耗的同时又阻碍了营养物质的有效吸收和利用，最终导致“大脑新皮质”与“大脑边缘系统”和“间脑”之间的平衡关系遭到损害，脑细胞活力受到抑制，出现信息流的增大和紊乱等造成的慢性疲劳综合征。

脑疲劳的产生，可来自身、心这两个方面。从“身”的角度来看，有两个原因：一是用脑过度，导致物极必反，久而久之，大脑容易疲劳而恢复却十分缓慢；二是护体不当，五脏六腑、四肢百骸的疾病严重影响了脑功能的正常发挥，比如，颈部气血不畅，便会造成营养物质的输送困难。从“心”的角度来看，也有两个原因：一是社会竞争日趋激烈，知识经济时代更强调既拼体力又拼脑力；二是家庭、学校、个人，面对严峻的升学形势与谋职形势，被迫人为地加大了大脑的工作强度，消耗过大而摄入不足，自然会导致脑疲劳。

3．脑疲劳症状

❖ 研创活动

脑疲劳的症状有哪些？

脑疲劳的主要症状如下。

（1）早晨醒来懒得起床。

（2）走路抬不起腿。

（3）不想参加社交，不愿见陌生人。

（4）懒得讲话，说话声音细而短，感觉有气无力。

（5）坐下后不愿起来，时常呆想发愣。

（6）说话、写作业时常出错。

（7）记忆力下降、减退，反应迟钝。

（8）提不起精神来，过分地想用茶或者咖啡提神。

（9）口苦、无味、食欲差，感到饭菜没有滋味，厌油腻，总想在饭菜中加些刺激性调料。

（10）心理紧张、精神不振、心绪不宁、思维紊乱、情绪波动、注意力分散、考前赛前综合征等。

（11）耳鸣、头昏、头晕、目眩、眼前冒金星、烦躁、易怒。

（12）眼睛疲劳，哈欠不断。

（13）下肢沉重，休息时总想把脚架在桌上。

（14）入睡困难，想这想那，易醒多梦。

（15）打盹不止，四肢像抽筋一般。

（16）头痛、焦虑、多疑、强迫等行为。

如果有上述 2～4 项情况时，说明轻微疲劳，需要立即休息；有 5 项以上是重度疲劳，也许潜伏着疾病，这时你应当马上去医院检查。

此外，还可以通过观看脑疲劳测试图片，简单判断大脑是否疲劳，见图 2-5。如果感到有东西在转动，你该休息一会了。

图 2-5　脑疲劳测试图

4．脑疲劳的治疗

❖ 研创活动

如何治疗脑疲劳？

如果出现了轻微的脑疲劳现象，也不必过分紧张。应放松身心，学会科学用脑，做到劳逸适度，并注意饮食与睡眠，也可以做一些适量的脑部运动。缓解脑疲劳可以通过按摩脑部、轻轻拍打头部、深呼吸、观想、缓解脑疲劳仪器等大脑保健方法。

（1）按摩：①全身放松，闭眼静心。用右手中指轻轻点揉眉心，时间是 3 分钟。

②全身放松，闭眼静心。用双手中指同时轻轻点揉太阳穴，时间 3 分钟。③全身放松，闭眼静心。用双手食指同时轻轻点揉双耳耳垂后凹陷处 18 次。如产生大量唾液，可分三口慢慢将唾液咽下，以滋润五脏六腑。④全身放松，闭眼静心。用双手食指轻轻按摩后脑玉枕部位，时间是 3 分钟。

（2）拍打：一旦出现脑疲劳，应立即放松身心，可用双手五指轻轻地拍打头部。注意事项：①拍打力量一定要小，最好以无声为度；②要用指头而非掌心轻轻拍打发梢，能不接触头皮，效果更好；③时间是 3 分钟。

（3）吐纳：用鼻轻轻地吸一口气，意想自己纳入全宇宙一切轻灵之气；用口慢慢地呼一口气，意想自己吐出全身心所有秽浊之物。以上为 1 次，可反复吐纳 36 次。环境宜清新而宁静，意念宜轻巧而淡雅。

（4）观想：站、坐、卧不拘，闭目冥想：①青山绿水；②红日白雪；③丝路花雨；④仙鹤寿龟。这 4 种良性意境，分别观想 3 分钟。可以集中进行，也可以随机分散安排。

（5）缓解脑疲劳仪器：使用必可奕™ B’CHOLE、音乐健脑仪、智能心舒宝等仪器。

另外，据日本研究人员发现，苦味食品中含有较高的氨基酸。他们曾对三十多种氨基酸的味道进行测试和分析，发现其中有苦味的竟达二十余种。研究显示，某些苦味食物是维生素 B_{17} 的重要来源。维生素 B_{17} 的主要成分是某种不活泼的化学物质，对于正常的人体细胞，不起破坏作用，但对于癌细胞却能产生较强的杀伤力。苦味食物与人的精神活动也密切相关。以含苦味的咖啡、茶叶、巧克力及啤酒等为例，食用或饮用后，可产生醒脑、舒适轻松的感觉，消除大脑疲劳。

2.3　左右脑分工理论

❖ **研创活动**

（1）左右脑分工理论在全球产生了很大影响，但是近年来也有学者勇于质疑这种观点。2014 年，胡恩厚在《思维科学通讯》发表论文《罗杰·斯佩里左右脑分工说是错误的理论》，对“左右脑分工理论”进行了质疑。请仔细阅读这篇论文，谈谈你的观点，并设计实验或收集证据，论证你的观点。

（2）结合左右脑分工理论，分析男女思维模式的差异，并讨论理工科男生比较多，文科女生比较多的原因。

1. 割裂脑实验

美国心理生物学家斯佩里（Roger Wolcott Sperry）通过著名的割裂脑实验，证实了大脑不对称性的“左右脑分工理论”，因此荣获 1981 年诺贝尔生理学或医学奖。正常人的大脑有两个半球，由胼胝体连接沟通，构成一个完整的统一体。在正常的情况下，大脑是作为一个整体来工作的，来自外界的信息，经胼胝体传递，左、右两个半球的信息可在瞬间进行交流（每秒 10 亿位元），人的每种活动都是两半球信息交换和综合的结果。

大脑两半球在机能上有分工，左半球感受并控制右边的身体，右半球感受并控制左边的身体。

所谓割裂脑实验就是将大脑左、右两个半球之间的胼胝体割断，外界信息传至大脑半球皮层的某一部分后，不能同时又将此信息通过横向胼胝体纤维传至对侧皮层相对应的部分，每个半球各自独立地进行活动，彼此不能知道对侧半球的活动情况。

从 1952～1961 年，斯佩里先用猫、猴子、猩猩做了大量的割裂脑实验，取得了一些成绩，为以后做“裂脑人”的研究奠定了基础。从 1961 年开始，斯佩里把“裂脑人”作为研究大脑两半球各种机能的研究对象，对“裂脑人”长时间进行了一系列的实验研究。斯佩里做过一个有名的实验。斯佩里切断患者位于左右脑连接部的脑梁，然后挡住其左视野，在其右视野放上画或图形，患者可以使用语言说明图形或画上的东西是什么。可是，如果在左视野显示数字、文字、实物，哪怕是读法很简单，他也不能用语言说出它们的名称。

1976 年，美国的《科学新闻》发表《半脑分工的临床及实验证据》，见表 2-1。

表 2-1 半脑优势之临床及实验证据：1976 年

左脑（右半边身体）	右脑（左半边身体）
语言／文字	空间／音乐
逻辑、数学	整体的
线性、细节	艺术、象征
秩序渐进	同时并进
自制	易感的
好理智的	直觉的、创造力强的
强势的	弱势的（安静）
俗世的	性灵的
积极的	感受力强的
好分析的	综合的、完形的
阅读、协作、述说	辨认面目
顺序整理	同时理解
善于察知重大秩序	感知抽象图形
复杂动作顺序	辨认复杂的数字

左右脑功能图，见图 2-6。左半脑主要负责逻辑理解、记忆、时间、语言、判断、排列、分类、逻辑、分析、书写、推理、抑制、五感（视、听、嗅、触、味觉）等，思维方式具有连续性、延续性和分析性。因此左脑可以称作“意识脑”“学术脑”“语言脑”。右半脑主要负责空间形象记忆、直觉、情感、身体协调、视知觉、美术、音乐节奏、想象、灵感、顿悟等，思维方式具有无序性、跳跃性、直觉性等。

右脑具有图像化机能，如企划力、创造力、想象力；与宇宙共振共鸣机能，如第六感、透视力、直觉力、灵感、梦境等；超高速自动演算机能，如心算、数学；超高速大量记忆技能，如速读、记忆力。右脑像万能博士，善于找出多种解决问题的办法，许多高级思维功能取决于右脑。把右脑潜力充分挖掘出来，才能表现出人类无穷的创造才能。所以右脑又可以称作“本能脑”“潜意识脑”“创造脑”“音乐脑”“艺术脑”。右脑的神奇功能征服了全世界，斯佩里为全人类作出了卓越的贡献，受到全世界人民的爱戴，被誉为“右脑先生”“世界右脑开发第一人”，斯佩里的重要研究成果是对人类大脑科学研究的重大里程碑。

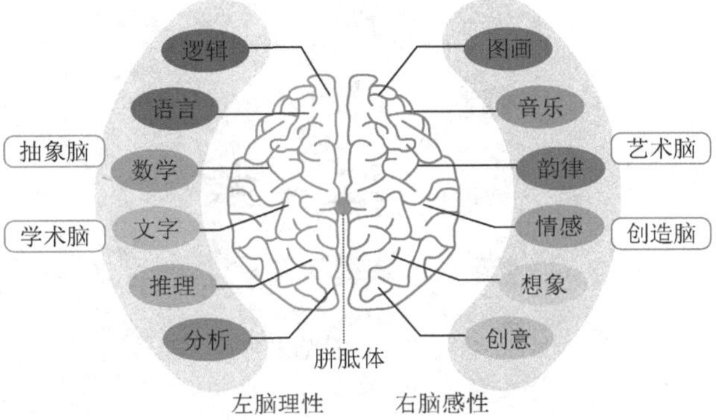

图 2-6　左右脑功能图

人的左脑主要从事逻辑思维，右脑主要从事形象思维，是创造力的源泉，是艺术和经验学习的中枢，深入挖掘左右两半球的智能区非常重要，而大脑潜能的开发重在右脑的开发。左脑是人的“本生脑”，记载着人出生以来的知识，管理的是近期的和即时的信息。

右脑则是人的“祖先脑”，储存从古至今人类进化过程中的遗传因子的全部信息，很多本人没有经历的事情，一接触就能熟练掌握就是这个道理。右脑是潜能激发区，右脑会突然在人类的精神生活的深层展现出迹象；右脑是创造力暴发区，右脑不但有神奇的记忆能力也有高速的信息处理能力，右脑发达的人会突然爆发出一种幻想、一项创新、一项发明等。右脑是低耗高效工作区，右脑不需要很多能量就可以高速计算复杂的数学题，高速记忆、高质量记忆，具有过目不忘的本领，人的大量情绪行为也被右脑所控制。

德国科学家赫尔曼·哈肯（Hermann Haken）在著作《大脑工作原理——脑活动、行为和认知的协同学研究》中指出：“在对大脑的研究过程中发现，特定的功能可能源于大脑的某一区域。大脑的损伤和撞击是判明这种功能区域的第一个指示器。例如，撞击大脑的左半球会引起身体右侧瘫痪，如右腿、右手臂和右手的瘫痪。与此类似，撞击大脑的右半球会引起身体左侧部位的瘫痪。”这是左脑型思维和右脑型思维划分的一些生理依据。

2. 左右脑认知冲突

左脑和右脑存在认知冲突，可以通过图 2-7 测试。你的右脑试图说出颜色，左脑却坚持要读出文字。

测试方法：看下面的文字，逐一说出它的颜色，而不是读出文字。

左右脑之争彩图

图 2-7　左右脑之争

2.4　大脑工作原理

❖ 研创活动

大脑如何工作?

时至今日，大脑依旧是人类认知的黑洞。人类大脑大约有 1000 亿个神经元，它们如何连接以及连接错误导致精神错乱或是出现严重的神经性疾病，目前人类并没有弄清楚其中的奥秘。紧接着，全球人口老龄化时代到来，阿尔茨海默病、帕金森病以及亨廷顿病等神经衰退性疾病日益成为人类的健康负担，人类迫切地希望知道大脑是如何工作的。大脑是人体的主要核心器官，其影响着人类的思考、行为和记忆，要想提高脑力、开发智力，就必须对大脑有一个深层次的了解。

1. 大脑的结构

人的大脑分为左脑和右脑两个半球，它们的功能是不同的，通常左脑称为“语言脑”，它的工作性质是理性的、逻辑的；而右脑称为“图像脑”，它的工作性质是感性的、直观的。

左脑的工作方式是直线式的，可以说是从局部到整体的累积式；右脑的工作方式则是从整体到局部的并列式。左脑追求记忆和理解，它的学习方法是通过学习一个个的语法知识来学习语言；右脑不追求记忆和理解，只要把知识信息大量地、机械地装到脑子里就可以了。

右脑具有左脑所没有的快速大量记忆机能和快速自动处理机能，后一种机能使右脑能够超快速地处理所获得的信息。左脑和右脑的记忆能力是 1∶100 万，然而一般人却只会用左脑记忆!

人类大脑的一部分组织能够增强记忆，如果能够知道增强记忆的方法并用到实践中去，人类对大脑使用的方法也会改变。大脑能够变得更灵活，原先运转比较缓慢的机能开始加快运转速度。这样，学习能力低下的孩子可以提高记忆力，成人则降低了患阿尔茨海默病的危险，并能够长久保持灵敏的头脑。

哪些组织能够增强记忆力呢？人类的大脑分为上下两部分，上面一部分由表层意识（意识）控制，下面一部分由深层意识（潜意识）控制。这两种意识的工作内容完全不同。人们通常使用外部的表层意识，不大使用深层意识，但是出色的记忆力其实存在于深层意识中，人类的大脑分为左右两个半球，表层意识位于左半球，深层意识位于右半球。

通常认为通过理解达到背诵的目的是很重要的，然而理解行为只动用了表层脑。大量反复的朗读和背诵可以帮助人们打开大脑内由表层脑到深层脑的记忆回路，记忆的素质因而得以改善。

浅层记忆发生在表层脑中，很快就会消失得无影无踪。通过大量反复的朗读和背诵，就能够打开深层记忆回路，大脑的素质会发生改变。深层记忆回路是和右脑连接在一起的，一旦打开了这个回路，它就会和右脑的记忆回路连接起来，形成一种“优质”的记忆回路。

左脑的记忆回路是低速记忆，而右脑的是高速记忆，素质完全不同。左脑记忆是一种“劣质记忆”，不管记住什么很快就忘记了。右脑记忆则让人惊叹，它有“过目不忘”的本事。这两种记忆力简直就是 1∶100 万，左脑记忆实在没法和右脑相比。但是，虽然人类拥有这么神奇的右脑，一般人却只使用靠“劣质记忆”来工作的左脑，右脑一直在睡觉。所以说人们一直在错误地使用大脑也不算过分。

2. 大脑的回路原理：侧头页记忆回路、海马记忆回路以及超记忆回路

记忆分为浅层记忆和深层记忆。浅层记忆发生在表层脑侧头叶中的语言区，深层记忆发生在大脑的深层部分，即旧皮层中的海马。海马还被特别称为“记忆信息的管理塔”。它是记忆的中枢，负责收集各种信息，并把这些信息综合起来进行取舍选择。海马不是记忆的最终储藏所，因为记忆能够到达所有脑细胞的领域。但是确定无疑的是，从侧头叶到海马的这一段神经是记忆最重要的回路。

一般地，外界信息进入侧头叶，在这里进行判断、分类、记忆和再生，然后把最重要的信息传达到海马里。海马具有记忆、保持和再生的能力。它与侧头叶中的浅层记忆不同，是一种深层记忆，能够长期保持。如果信息反复、持续地进入大脑，那么这些信息就会越过侧头叶的记忆回路，传递到海马记忆回路中去。

除了常用的侧头叶记忆回路和海马记忆回路，其实还有一种记忆回路存在。如果能够打开这个回路，就能够记住只看过或听过一次的事物，无论何时都能通过想象在脑子里再现。这种回路叫做超记忆回路。

3. 右脑中存在心灵感应通道和想象通道

大脑分为三层。人类大脑首先是由脑干部分（也叫“爬虫类的脑”）开始进化的。这一部分具有“心灵感应通道（telepathy channel）”，所以这部分的语言称为“心灵感应语言（心灵互通的波动语言）”。爬虫类是指蛇和蜥蜴等动物。它们不具有像人类一样的

语言能力，但是有别的通信手段，能够知道同类的意思。这就是“心灵感应”，也就是波动语言。

在爬虫类的脑发展的基础上，哺乳类动物的脑发展起来。这类动物的脑中也有通信手段，能够记忆和思考，这个通信手段就是想象。想象荷尔蒙能够产生分子语言，分子语言也是语言的一种。狗和猫等哺乳类动物虽然没有语言，但是能够明白同类的意思，就是因为能够使用心灵感应语言和想象语言。爬虫类的大脑和灵长类的大脑之间有一条很宽的通道，所以哺乳类动物能够自由灵活地运用心灵感应和想象。

最外面的脑叫做灵长类的脑，这部分脑具有下位层脑的机能，从这一表层脑中几乎没有任何物质产生。当下位层脑打开通往右脑的通路，右脑开始工作起来时，就能够自由地运用心灵感应和想象了。

在右脑出现以前发挥作用的是下位层脑，它具有传递回路，也就是具有心灵感应通道和想象通道。这是因为在脑干（爬虫类的脑）的右半球中存在着一条粗传递回路，可以和旧皮层进行通信；而旧皮层（哺乳类的脑）的右半球中存在着一条细传递回路，可以和新皮层（灵长类的脑）进行通信。这就是有些人具有特异功能、透视能力和预知能力的原因，这两条回路已经打开，因而可以自由运用心灵感应通道和想象通道。只不过一般人的右脑睡着了，这两条回路没有开启，所以无法领悟到右脑的神奇能力!此外，还要知道，右脑和左脑的本质功能是完全不同的。

右脑还具有一种想象机能，能够将收到的信息进行快速转换。右脑是通过图像进行思考的脑半球，所以在听到语言后能够将它变成图像，或者能够把图像变成语言。但还不只如此，右脑还具有如下功能：它能够把图像变成数字，或把数字变成图像；能够瞬间把点的集合（点集）变成数字，或把数字变成点的集合；能够把声音变成图像或乐谱；能够把声音变成颜色，把气味变成图像。

人们之所以能够学习语言，就是因为有右脑的快速大量记忆机能和快速自动处理机能的存在。儿童虽然不学习语法，却能够在听到的语言中发现规律，从而自由地说出话来，这也需要归功于右脑的记忆机能和自动处理机能。成人难以学好外语就是因为右脑没有处于优势地位，而左脑长期居于主导地位。

2.5　脑成像技术

❖ **研创活动**

（1）脑成像技术有哪些？

（2）如何利用脑成像技术开展脑科学研究？

脑成像是通过最新技术使神经科学家可以“看到活体脑的内部”，考查脑结构和功能。脑成像是采用现代物理学与生物化学原理呈现大脑结构和功能活动的多种技术手段。通过脑成像技术，可以理解脑特定区域与其功能之间的关系，对受神经疾病影响的脑区进行定位，发明新方法治疗脑部疾病。

1．计算机断层扫描技术（Computed Tomography，CT）

CT 是利用计算机技术对被测物体断层扫描图像进行重建获得三维断层图像的扫描方式。该扫描方式是通过单一轴面的射线穿透被测物体，根据被测物体各部分对射线的吸收与透过率不同，由计算机采集透过射线并通过三维重构成像。根据所采用的射线不同可分为：X 射线 CT（X-CT）以及 γ 射线 CT（γ-CT）。CT 扫描时，一束射线穿过头部，感光胶片形成图像。这种方法可以产生脑部剖面成像。这种方法只显示脑结构，而非脑功能。

2．正电子发射断层扫描技术（Positron Emission Tomography，PET）

扫描仪通过检测被注射入或被吸入的放射物可以产生脑图像。经常使用葡萄糖、蛋白质、核酸、脂肪酸，标记上短寿命的放射性核素（如 ^{18}F、^{11}C 等），注入人体后，通过对于该物质在代谢中的聚集，来反映生命代谢活动的情况。氧和葡萄糖就会积聚在新陈代谢较活跃的脑区。放射性物质衰变时会发射出一个中子和一个正电子。当正电子撞击电子时，两者都被破坏，放射出两道伽马射线。伽马射线检测器记录下发出伽马射线的脑区。利用现代化计算机断层扫描技术将标记物所参与的特定代谢过程的代谢率以立体成像的形式表达出来，可测定到组织对葡萄糖的利用和脑的局部血流量（灵敏度高达皮摩尔）。

这种方法提供了脑的功能视图，特别适用于在没有形态学改变之前，早期诊断疾病，发现亚临床病变以及评价治疗效果。PET 在肿瘤、冠心病和脑部疾病这三大类疾病的诊疗中尤其显示出重要的价值。优点是提供了脑活动的图像；缺点是价格昂贵、使用放射性物质。

3．磁共振成像技术（Magnetic Resonance Imaging，MRI）

磁共振是在固体微观量子理论和无线电微波电子学技术发展的基础上被发现的。磁共振成像是断层成像的一种，它利用磁共振现象从人体中获得电磁信号，并重建出人体信息。通过强磁场和变频能从组织内部原子（通常是氢原子）产生信号。

用于医学检查的主要是磁共振成像。MRI 通过对静磁场中的人体施加某种特定频率的射频脉冲，使人体中的氢质子受到激励而发生磁共振现象。停止脉冲后，质子在弛豫过程中产生 MR 信号。通过对 MR 信号的接收、空间编码和图像重建等处理过程，即产生 MR 信号。

磁共振成像使用无线电频率信号检测，信号产生于磁场中转移的无线电波。它提供了脑的解剖视图。优点：没有 X 射线或放射物质；提供详细的不同维度的脑图像；安全无痛，非侵入性；患者无需做特殊准备（除了去除所有金属物品），检查之前可以进食。缺点：价格昂贵；不适用于带有金属物品的患者，如起搏器；不适用于不配合的患者，因为患者必须安静地平躺；不适用于患有幽闭恐怖症（害怕狭小地方）的患者，但现在已出现设计更加宽敞的新型磁共振系统。

4. 功能磁共振成像技术（Functional Magnetic Resonance Imaging，fMRI）

功能性磁共振成像是一种新兴的神经影像学方式，其原理是利用磁振造影来测量神经元活动所引发之血液动力的改变。目前主要是运用在研究人及动物的脑或脊髓。功能磁共振成像对流向特定脑区的血液的变化进行检测。它同时提供脑的解剖和功能视图。fMRI 能实时跟踪信号的改变。例如，在仅几秒钟内发生的思维活动，或认知实验中信号的变化。时间分辨率达到 1 秒。大批的脑科学研究人员已经开始从事功能磁共振神经成像的研究，并将它应用于认知神经科学。

借助 fMRI，对大脑的研究便可扩展至记忆、注意力、决定等。在某些情况下，fMRI 技术甚至能够识别研究对象所见到的图像或者阅读的词语。这些对个人内心世界的揭示，使得通过扫描大脑鉴别谎言成为可能。

5. 脑磁图技术（Magnetoencephalography，MEG）

脑磁图集低温超导、生物工程、电子工程、医学工程等 21 世纪尖端科学技术于一体，是无创伤性地探测大脑电磁生理信号的一种脑功能检测技术。脑磁图技术使人类研究大脑的复杂功能、治疗脑部疾病的能力达到了前所未有的境界。MEG 是一种完全无侵袭、无损伤的脑功能检测技术，可广泛地用于大脑功能的开发研究和临床脑疾病诊断。

人的颅脑周围也存在着磁场，这种磁场称为脑磁场。这种磁场强度很微弱，要用特殊的设备才能测知并记录下来。MEG 的检测过程，是对脑内神经电流发出的极其微弱的生物磁场信号的直接测量。同时，测量系统本身不会释放任何对人体有害的射线、能量或机器噪声。目前 MEG 检测过程只需要经过一次测量就可采集到全头的脑磁场信号，且具备抗外磁场干扰系统，可同时高速采集整个大脑的瞬态数据。通过计算机综合影像信息处理，将获得的信号转换成脑磁曲线图等磁线图，并通过相应数学模型的拟合得到信号源定位。MEG 确定的神经信号源可与 MRI、CT 等解剖影像信息叠加整合，形成脑功能解剖学定位，能准确地反映出脑功能的瞬时变化状态。

脑磁图是现代生物工程的超导技术、影像融合技术和计算机技术相结合的产物。医科达 Neuromag® TRIUX™脑磁图系统结构组成主要有：头盔、探测器系统、低温系统、脑磁图系统、脑电图系统、数据采集和分析系统、诊断床或诊断椅等。其核心硬件包括磁屏蔽室、探头部分（内有探测元件 2SQUID）、采集和处理工作站、1.5 TMRI 和专用刺激系统。脑磁场仅有几百 fT（10～15 T），极其微弱，必须要有优良的磁屏蔽室（Magnetically Shielded Room，MSR）。

目前，MEG 已用于如思维、情感等高级脑功能的研究，以及广泛用于神经外科手术前脑功能定位、癫痫灶手术定位、帕金森病、精神病和戒毒等功能性疾病的外科治疗，也在脑血管病以及小儿胎儿神经疾病等临床科学应用。MEG 主要应用有：语言、视觉、听觉、体感诱发等的研究；认知功能及信息处理过程的语言学习与视觉、听觉的关系；司法鉴定和测谎应用。MEG 是在研究脑功能方面具有广阔的前景，但是目前价格比较昂贵，全头型脑磁图系统和配套设备需要 3000 万元，脑磁图检查的费用为 4000～10000 元。

6. 脑电图

脑电图是通过精密的电子仪器，从头皮上将脑部的自发性生物电位加以放大记录而获得的图形，是通过电极记录下来的脑细胞群的自发性、节律性电活动。它对被检查者没有任何创伤。脑电图检查是一种对大脑功能变化进行检查的有效方法。脑电图分为常规脑电图、动态脑电图监测、视频脑电图监测。

7. 皮肤电测试仪

人的情绪变化总是伴随着一系列生理变化。如呼吸、血压、脉搏、血管容积和腺体分泌等。皮肤电传导的变化与汗液分泌相关，而汗腺活动又受到中枢神经系统和交感神经系统的调节和控制。因此皮肤电反应间接地反映了神经系统的活动状态。

人在情绪状态时，皮肤内血管的舒张和收缩以及汗腺分泌等的变化，能引起皮肤电阻的变化。例如，当你感到镇定和放松时，皮肤电阻会增大（电流减小）；而当紧张、兴奋、心烦意乱时皮肤电阻会降低，使电流计指针发生偏转。这种由刺激引起的心理兴奋或抑制产生的皮肤电传导变化的现象称为皮肤电反射，简称 GSR。皮肤电传导的变化受刺激强度、工作进程、工作性质、适应水平、情绪强度等因素的影响。因此，它可以用作评价情绪唤醒水平和某些心理活动的指标。皮肤电测试仪就是以此来测定植物性神经系统的情绪反应。皮肤电测试常用来作为个体情绪和紧张的一种间接性指标。它可测量情绪、紧张和唤醒水平的强度。

2.6 人聪明的溯源

❖ 研创活动

请查阅有关爱因斯坦大脑的研究资料，讨论爱因斯坦聪明的原因。

一个成人的脑大约有 140 亿个神经细胞，大约相等于银河系星星的数目。人脑约有 1000 亿个神经元，神经元之间约有上万亿的突触连接，形成了迷宫般的网络连接。每个神经元包含有数百万的蛋白质，各种蛋白质之间的相互作用形成了复杂的脑网络，执行不同的功能。同样的细胞数量和神经元，为什么有人聪明，有的人不是那么聪明呢？

脑科学家不断追问大脑聪明的根本原因，现代脑科学从脑重与聪明、脑皮层沟回深浅与聪明、脑细胞结构与聪明三个方面进行了深入研究。

1. 脑重与聪明

成年人脑平均重 1400 克，象脑平均重 4000 克，小白鼠脑平均重量不足 1 克，麻雀脑平均重量 1 克左右；如果计算脑与体重之比，人为 1∶34，象为 1∶500，小白鼠为 1∶28，麻雀为 1∶34；人类的大脑皮层的表面积很大，2/3 应藏在沟回中，但是海豚的沟回比人还要多。

大脑皮层的几个大沟，将大脑从面部往上往后依次分为颞叶、额叶、顶叶、枕叶四个大区，这里面负责判断推理等高级思维活动的区域是额叶，从额叶占大脑皮层的比例来看，人为 30%，黑猩猩为 17%，狗为 7%，兔为 2%。

人的相对脑量是最大的，但是和海豚相比没有太大的差异，人类的大脑占自身体重的 2.1%，海豚的大脑占自身体重的 1.7%，考虑到海豚在水中生活，脂肪比较厚，经过充分瘦身的海豚相对脑量很可能能赶上甚至超过人类。所以这都不是本质的区别，人脑的最根本特点在于各个脑区的形态和功能。

人脑的脑量大约是黑猩猩的 3 倍，人脑并不是黑猩猩脑的简单放大，而是在结构上有明显的差别，见图 2-8。人脑并不是任何部分都比黑猩猩大，看图可知人脑的小脑和大脑枕叶部分和黑猩猩基本相等，在图上看不到的丘脑和边缘系统，人和黑猩猩差别也不大，因此人不会比黑猩猩视力更好，更具运动天赋，或者感情更丰富。人脑比黑猩猩脑明显增大的地方是颞叶、顶叶、额叶。顶叶向上向后增大，排挤并覆盖了部分枕叶，导致人的后脑勺更浑圆饱满，颞叶向两侧并向上发展，让脑壳加宽加高，顶叶和颞叶基本是同比例增大的，而最大的变化在于额叶，额叶不仅仅是简单增大，而是以比其他部分更快的速度增大，在大脑中占的比例急剧增加，这也形成了人外貌上区别于猩猩、猿类的最根本特点，人类有竖直饱满的前额，而猿类的前额低平倾斜。从发掘到的类人猿头骨化石来看，越是早期前额越低平，越到晚期前额越高耸，十万年前的原始人，前额已经与现代人类非常接近了。

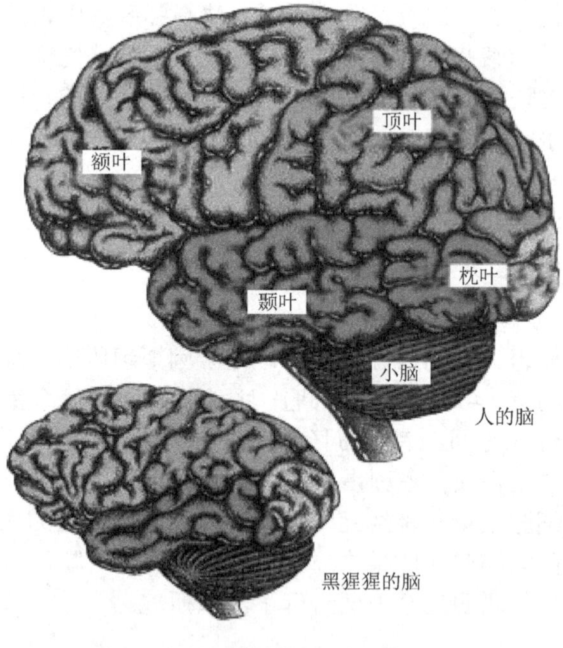

图 2-8　人脑与黑猩猩大脑的比较

人类大脑和其他动物的大脑的区别：人类脑的特点首先是大脑皮层发达，当然这不是人类所特有的，黑猩猩和海豚也都拥有发达的大脑皮层。大脑的重量，重量与体重之比，大脑皮质的褶皱面积，都不能够说明为什么人比其他的动物聪明。大脑的体积并不能反映出智商高低，爱因斯坦的大脑就不比普通人的大。例如，爱因斯坦的大脑有 1230 克，这个重量比与爱因斯坦同一年龄段的男性大脑的平均重量还轻一些。

人类的行为主要是学得行为，只有人类才有第二信号系统，能够形成复杂的高级思维活动。人类的大脑与动物的大脑除了大脑皮层的表面积、大脑的重量与体重之比占优势，最大的区别是人有第二信号系统，而大脑又有以第二信号为刺激条件的高级神经活动区域，这是人类的高级智能所在，是任何动物都达不到的。

2．脑皮层沟回深浅与聪明

2007 年 4 月，美国麻省理工学院和哈佛医学院等机构的科学家获取了 11 名不同年龄婴幼儿的核磁共振头部图像，利用先进的图像处理和人工智能技术对其进行分析，建立了大脑皮层沟回发育的定量模型。利用这些模型，可以精确地测量不同尺度的大脑沟回的发育时间和速度。最终，发现大尺度的沟回比小尺度的沟回发育得早，也更慢。

大脑沟回的形成似乎是一个单纯的物理过程，不过研究者也指出，不排除分子生物学层面的机制也发挥着作用。在大脑发育过程中，主要的沟回是在妊娠中迅速成长并在婴儿出生时完全成型，随着进一步发育，大脑沟回的形状和深度也会发生相对变化直至成年。大脑中的沟回是一部分大型哺乳动物的独有特征。从演化的过程来看，大脑沟回起着重要的作用，它可以让我们在体积有限的颅腔里装下足够大的皮层，同时也使信息的传导变得更有效率。

首都医科大学三博脑科医院吴斌接受科技日报采访时说："大脑皮层是形成人类思维能力的重要部位，皮层表面积越大，思维能力也就越强，这是人类大脑进化的方向。"

在大脑体积上，不同家庭成员之间没有明显差别，但大脑沟回存在明显差异。更重要的是，人类沟回差异的变异程度显著超过黑猩猩。黑猩猩兄弟之间的大脑沟回几乎一样，但人类兄弟之间的大脑沟回相差悬殊。这说明黑猩猩在出生后大脑的发育出现的变化不如人类那么明显，可能是人类更聪明的原因。

有研究表明，脑表面的复杂程度与大脑皮层厚度有着密切的联系，沟回的复杂度的变化程度至少有一半可以由皮层厚度来决定。同时，这种复杂程度也是与智商、受教育程度的高低是相关的。

人的大脑沟回是比较特别的，越是高等哺乳动物，沟回就会越明显。有沟回才会形成褶皱，沟回会容纳更多的大脑皮层，大脑皮层就会容纳更多的神经元，从而有助于从事更高级的智力活动。在高等动物的世界里，尤其是它们中的大型种类，沟回的数目非常多，沟回的结构也相应地变得复杂起来。像海豚、猿猴及人的大脑表面都出现了迷宫路径般的迂回褶皱。类人猿的大脑沟回已经在细节上与人的大脑沟回相差无几了。

但人类中也会出现大脑没有沟回的个例，医学研究表明，一些大脑缺少沟回或是沟回比较少的原因是一类名为无脑回畸形的罕见畸形病症，胚胎发育时期的不正常神经元迁移是造成这种疾病的原因。患有无脑回畸形病症，但是无脑回面积不大的患者，经常会感觉吞咽困难、肌肉痉挛而且学习困难，患有该种疾病的人大多死在十岁之前。

3. 脑细胞结构与聪明

关于大脑，人们一直有个假设，认为人类在出生前后的几年间，大脑便具备了一生所需要的神经细胞，也称为神经元（neuron）。一旦大脑内的组织结构已经形成，日后就很难有改变和塑造的余地。随着年龄的增长，这些神经元也会慢慢衰亡，而且大脑以后也不会再生长出新的神经元。同时，年龄的增长也会让人们在学习、记忆等方面的心智能力逐渐退化。这个观点在十几年前仍是主流的教条，这恐怕也是使人们以为大脑会越用越笨的来源，但事实真的是这样吗？

在 20 世纪 60 年代，麻省理工学院的研究者在成年老鼠的脑中发现了新生的细胞，到了 90 年代末，加州索尔克（Salk）生物研究所弗莱德·盖奇（Fred Gage）和瑞典科学家皮特·埃里克森（Peter Eriksson）证实成人的大脑也是富有张力的，部分神经元在人的一生中会不断地再生并形成新的联结，这个过程被称为神经元再生（neurogenesis），会一直进行到生命终止。据目前的研究，神经元的再生尚只局限于大脑的某些区域，如海马回（hippocampus），顾名思义，它的结构形态像海马，位于大脑的内侧颞叶，那里对人们的学习和记忆起着关键的作用，可以帮助人们记住东西的位置并找到回家的路。

想要知道神经元再生是否可以强化心智功能，研究者仍以老鼠继续下面的研究。将一批成年的老鼠置身于刺激丰富的环境之中，给它们玩球、钻管道、跑转轮。40 多天后，解剖它们的大脑，发现这批老鼠与一般笼舍中饲养的老鼠相比，它们的海马回容积增大了 15%，神经元的数量也同时增加了。而在这种环境中生长了 10 个月的老鼠，它们的海马回中神经元的数量是一般老鼠的五倍，同时它们在动作、学习、探索等测试中都比那些没有在丰富刺激环境中成长的老鼠强，这证明了长期的丰富刺激环境对成年，甚至年老的大脑神经再生有着重要的影响。同时，研究者还认为新的环境之所以可以激发神经元的再生，就如同我们如果只置身于一个房间内生活，这个房间就是我们全部的经验，大脑不需要再生新的神经元，因为我们已经知道这个房间内的一切，现有的知识就足够适应这种环境了。所以，为了使大脑保持最佳的状态，我们需要了解新的内容、学习新的知识、积累新的经验，而不是每天重复已经做得很熟练的事情。

人类的大脑会根据环境刺激和学习经验产生改变，并且会一直不断地适应外在环境的变化，这种现象称为可塑性（plasticity）。可塑性是学习的必要条件，也是大脑的固有属性，脑的一生都能根据学习经验发生显著的变化，同时适应环境的能力也是与生俱来的。当每个人在学习新事物的时候，如新的语言、新的技能、回家的新路径，还有当看见一张新面孔时，大脑内都发生这样的历程。过去 20 年的研究表明，脑的可塑性可以持续终生。

在另外一些例子中，更可以看到终身学习的必要性。英国伦敦的街道非常得错综复杂，那里的出租车驾驶员需要具备高超的空间记忆能力，据说为了得到出租车的驾驶执照，驾驶员需要通过一项难度很高的考试，包括记住两万多条街道以及数以百计的路标。扫描他们的大脑并记录脑波活动，研究者发现，出租车驾驶员在思量从 A 点到 B 点的路径时，激活的脑区正是海马体。同时发现，出租车驾驶员的海马回比同年龄段的非出租车驾驶员的海马体要大得多。而且，海马回的大小与驾驶出租车的资历有关。这显示出，海马回的大小视个体使用空间记忆的多少而定，也就是说，经常使用自己的空间记忆能力，海马回也会变得较大。大脑就像肌肉，经常使用会更加强健，闲着不动就会日渐松弛无力。类似的研究在音乐家、双语者和杂技演员的大脑中都可以得到证实。具有挑战性的新经验有助于大脑的发展，新的经验会激发大脑生长出新的突触、联结和其他神经结构，从而增进大脑处理信息、储存记忆和认知能力。

通常说的“笨”与“聪明”，的确可以用“智力”这个概念来界定。瑞士心理学家皮亚杰（Jean Piaget）曾说，智力是你不知怎么办时会动用的东西。每个人都对智力有一定的理解，源于各自文化中约定俗成的看法，西方认为智力是形式思维与理性辩论的能力；而东方则认为智力是理解与处理关系的能力；心理学领域认为智力是理解世界、理智思考、有效运用资源解决问题的能力。关于智力的理论也由单一因素逐渐向多维方向的发展，从最初的G因素、流体与晶体智力，到斯滕伯格（Robert Sternberg）的智力三元论与成功智力理论、加德纳（Howard Gardner）的多元智能理论，再到信息加工论、情绪智力、发展智商以及智力的进化理论等。综合来看，可以将智力当作认知能力、情绪智商、判断力、创造性、社交技巧、生活经验以及自我意识等能力的融合。人生有许多复杂而微妙的层面是不可能快速学会的，因此经验在很多领域里才显得如此重要。将这些能力融合、协调至成熟之境，也需要随着年龄的增长才能逐渐成熟，展现唯有年龄才能带来的智慧。

大脑内的变化会随着使用状况而发生改变，用进废退，大脑并不像计算机那样，不需要练习就能将一项新技能永远保存。而学习，是任何年龄的人都可以做的事情，而且永远都不嫌晚。智力是一个大家都接受的衡量聪明和笨的标准，包括逻辑思维、抽象思维、学习新东西的能力、理解能力、自我认知、交流能力、计划能力、解决问题能力和情商等。而“用脑”则是一个很模糊的说法，实际上从没有不用脑的时候，即使是在睡觉无意识的时候，脑内也有一部分是活跃的。所以这里的“用脑”应该指的是进行（或保持）认知活动（cognitive activity），即主动接受外来信息、主动进行思考的活动。具体有哪些呢？学习新东西，还包括看书看报、打牌下棋等，甚至与人聊天这样的日常行为都包含了提取记忆、运用语言的能力。当然，在“知乎”写答案也属于其中之一。

近20年来脑的可塑性（plasticity）已经被各种各样的研究所证明。过去常认为脑的结构在儿童早期的一个关键时期后就不会再改变。而现在普遍认识到，人的行为、环境和神经活动是有可能改变脑结构的。以最重要的突触可塑性（synaptic plasticity）为例，突触是脑内信号传递的基本单位，一般在两个神经元之间形成，通常前端是一个神经元的轴突，后端是另一个神经元的树突，见图2-9。

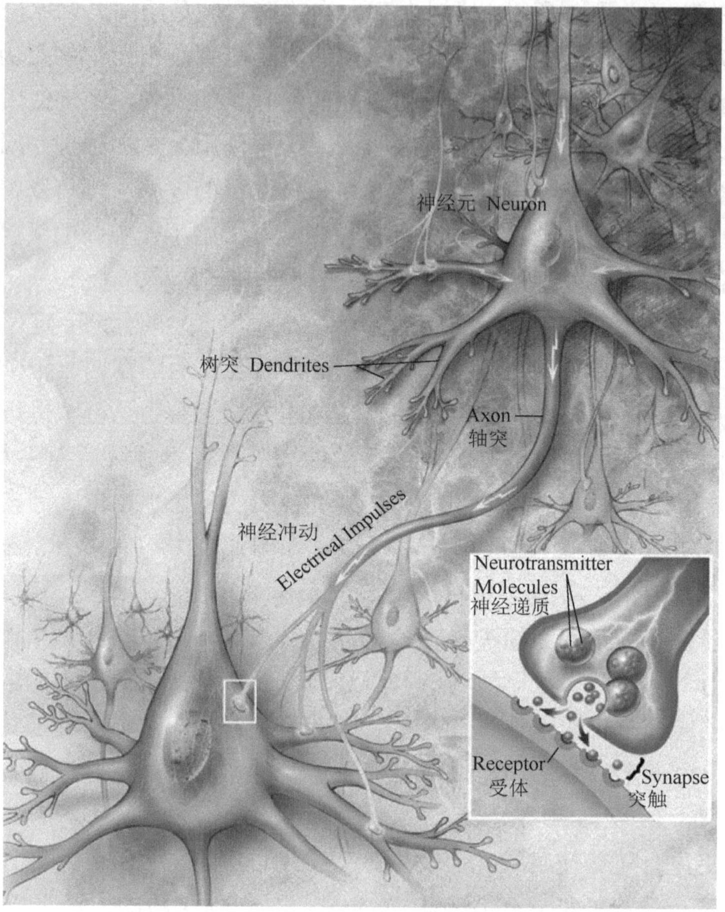

图 2-9　神经元信息传递

因此，从这方面看，人们聪明的差异主要是脑细胞结构差异造成的，即树突的多少及其连接方式不同。大脑的基本单位是神经元。功能相关的神经元的交接点是突触。突触是信息传递的关键部位，依靠这些突触，神经元相互连接，构成神经网络，进行功能转换。如果要想更聪明，就需要多长树突。要想促进大脑生长发育，既需要为大脑提供丰富的营养，又需要给予大脑丰富、全面、优质的文化刺激。

教师是“大脑的变革者”。如果教育者能够充分掌握人脑是如何学习的，就容易在教育教学中取得成绩。研究表明，某职业要求越复杂，从业人员脑中神经元上的树突数量就越多，而树突的增加使神经元之间的联系增加，从而产生更多的学习成果储存所。

2.7　大脑发育与学习的关键期

❖ 研创活动

（1）大脑发育有什么规律？

（2）大脑发育是否有关键期？

（3）如何利用大脑发育的关键期开展学习？

1．大脑发育

脑不仅是人身体的指挥部，而且也是人智慧的所在。人类大脑的形成受三大因素的制约和影响：生物进化、先天基因、后天刺激。脑的发育会受到许多因素的影响，如遗传、环境、教育、营养与疾病等。在优先的基础上，为孩子创造良好的生活环境，给予丰富的环境刺激，良好的教育、充足的营养，大脑就会健康地发育起来。

从脑开始发育时算起，神经元的数量就以每分钟 25 万的速度递增，到出生时最多，达到 1000 亿～1400 亿个。神经元的形态大小各异，标志着它们最终将要行使的职责不同。

一个高等级“脑硬件”的指标：脑神经细胞能达到 1000 亿、胶质细胞 9000 亿以上；脑反应速度千分之一秒；脑神经传导速度 10 米/秒；神经突触数量 50 亿个。以上这些高级脑的标准，都与大脑在发育过程中接受信息刺激的多少及好坏有关：良性信息刺激越多大脑活性越强，可以带动突触的增多，从而加强各类神经元之间的联结，反复刺激会强化联结紧密度以及传导速度。

痴呆儿大脑神经元树突非常少，无法产生联结也无法传递信息，见图 2-10。而正常儿的神经元从在母亲子宫里就开始不断地生长并产生各种各样的联结了。

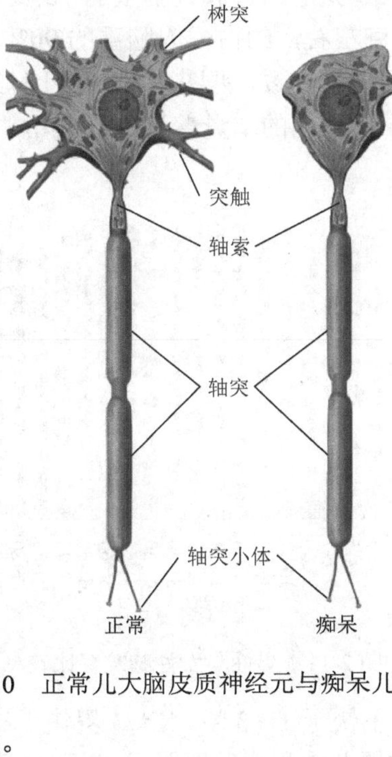

图 2-10　正常儿大脑皮质神经元与痴呆儿的比较

大脑发育过程如下所述。

妊娠第 20 天左右，胚胎的大脑原基存在。人的大脑发育并非从出生以后才开始，而是从孕 4 周开始，这时胚胎就已形成三个原始脑泡。

2 个月时，大脑沟回的轮廓已经很明显。孕 8 周起，胎儿脑神经细胞开始增殖，到妊娠第 3 个月脑细胞增殖进入第一个高峰。这个阶段，胎儿的脑细胞以平均每分钟 25 万个的增长速度急剧增加，外界信息刺激也能够促进脑细胞增加数量。

3 个月时，脑细胞发育进入第一个高峰期。

4～5 个月时，脑细胞仍处于高峰期，并偶尔出现记忆痕迹。

6 个月时，大脑表面出现沟回，大脑皮层的层次结构也基本定形，脑细胞 1400 亿个，具备了一生的脑细胞数量。

7 个月时，大脑中主持知觉和运动的神经已经比较发达，开始具有思维和记忆的能力。孕 7 个月进入第二发展阶段，脑细胞开始增大，脑细胞功能开始逐渐形成。已经拥有记忆的能力、表达情绪的能力，甚至还会做梦。

8 个月时，大脑皮层更为发达，表面的主要沟回已经完全成形。孕八九个月的宝宝的大脑能力已经与新生儿相似。脑细胞的质量等级决定性地影响出生后宝宝的脑反应速度、记忆力、思维能力，对孩子的智商影响最大。

出生时的脑量：350～400 克，大约是成人脑重的 25%。此时，虽说在外形上已具备了成人脑的形状，也具备了成人脑的基本结构，但在功能上还远远差于成人。小儿刚生下来时，不会说话、不会自主活动，这些能力需要在日后脑发育的基础上才能逐渐具备。

1 岁时的脑重：950 克。脑的重量达到出生时的两倍，达成人脑重的 50%（第一年是一生中脑量增长最快的）。

2 岁时的脑重：1050～1150 克，约占成人脑重的 70%。

6～7 岁时的脑重：1260 克左右，约占成人脑重的 90%。

男性与女性大脑发育过程基本一致，见图 2-11。胎儿时期，男女脑的重量相差不大，胎儿出生后，在人的一生中，女性脑的重量普遍比男性小。

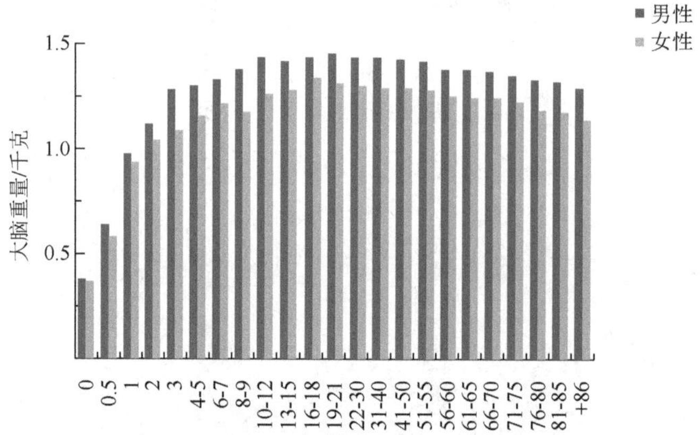

图 2-11　男性与女性脑发育比较

大脑发育快速期：1 岁以下快于 1～3 岁，1～3 岁快于 3～6 岁。新的研究显示儿童的大脑比成人忙。3 个月大的婴儿由于大脑听觉区、视觉区和触觉区的活动量增加而需要燃烧更大量的葡萄糖。大约 2 岁时，大脑的能量估计完全达到了成年人的水平。3 岁儿童的大脑，其活跃程度是成年人的两倍。这种强劲的、2 倍于成人的活动力会一直保持到 9～10 岁。然后会一直减弱，大概 18 岁时便会退到成年人的水平。这种强劲的活动力背后是什么？大脑繁忙地建设它的网络。中枢皮层中的每一个细胞都约有 2500 个突触。到 2～3 岁期间，突触发展到最高峰，此时每个细胞已达到 15000 个突触，比成人多很多。学前儿童的大脑的确比成人更活跃，更有联结力和更有弹性。从神经学的角度看，这的确是奇特的天赋。

出生后，神经元的数量就不会增加了，但是会急剧地生长出很多的树突和轴突。这些突触的连接非常重要，因为脑神经细胞的连接方式决定着婴儿的大脑如何处理新的信息。这些神经细胞的连接 70%～80%是在 3 岁前形成的，见图 2-12。人从刚出生一直到成年的大脑神经，刚开始很单纯，越长大越复杂，每个人大脑的神经系统不一样，就跟人的指纹一样，由此决定了每个人的聪明程度不同。

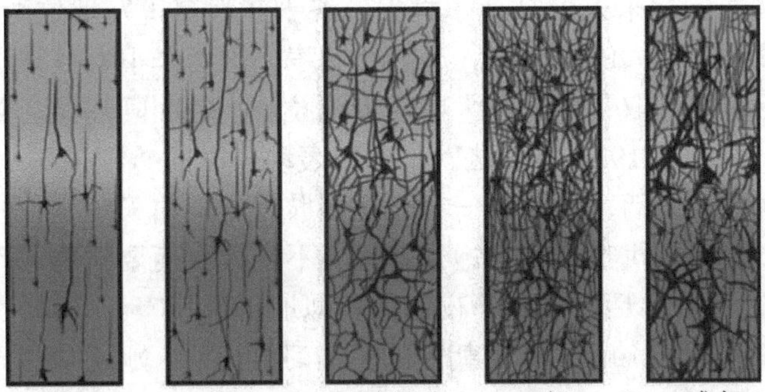

图 2-12　脑神经元的发育

2．大脑发育与智力发展规律的契合

幼儿期大脑发育十分快速，连系脑细胞的突触呈等比级数地增加，幼儿期大脑会自行发生显著的调整与重组，大脑内部架构会快速形成，大脑的脑细胞和内部组织的成长在幼儿时期最为活跃与快速。

5 岁以前是智力发展最迅速的时期，每个人的智力尽管多种多样，但是它的发展趋势都是到 4 岁就约有 50%的智力；4～8 岁期间获得 30%的智力；最后的 20%是 8～17 岁获得的。一个人智力发展的量度与最初潜在的量度无关，但是与一个人在智力迅速发展时期所处的环境条件关系重大，幼儿期被剥夺了智力刺激的人，将永远达不到原来应该达到的水平。由此可见，环境对智力发展的影响是：在智力发展极为迅速的时期为最大，而在变化极为缓慢的时期则甚小。

3．大脑发育的关键期

最近这 30 多年来，数以百计的脑科学专家对“关键期”做了大量研究并已取得相当的进展。其科学结论是，脑的不同功能的发展有不同的关键期，某些能力在大脑发展的某一敏感时期最容易获得，此时相应的神经系统可塑性大，发展速度快。

所谓关键期，也就是说在这段时间内小儿最容易学习某种知识和经验，错过这个时期就不能获得或达到最好的水平。相反，在这段关键期内，大脑也最容易受到损伤，但代偿恢复能力也最强，如果损伤不能得到及时修复，严重的损伤往往会造成不可逆的后果，影响至终身。

适宜的外部环境的丰富刺激和良好的营养条件，使突触数量迅速增加，童年达到高峰，成年后又下降。研究表明，突触的生长遵循“用进废退”的原理，如果信息刺激不足，突触数量就会逐渐减少，导致神经元的程序死亡。突触的增多与学习过程有关，它在很大程度上标志着脑的发育状况，反映了人的智力发展水平和相关的能力。

世界上有没有完全被剥夺早期教育的人呢？有！动物养大的婴儿就完全失去了人类的早教，这样的孩子叫“兽孩’。

1920 年，在印度加尔各答东北的一个名叫米德纳波尔的小城，人们常见到有一种“神秘的生物”出没于附近森林，往往是一到晚上，就有两个用四肢走路的“像人的怪物”尾随在三只大狼后面。后来人们打死了大狼，终于在狼窝里发现这两个“怪物”，原来是两个裸体的女孩。其中大的七八岁，小的约两岁。这两个小女孩被送到米德纳波尔的孤儿院去抚养，还给她们取了名字，大的叫卡玛拉，小的叫阿玛拉。到了第二年阿玛拉死了，而卡玛拉一直活到 1929 年。这就是曾经轰动一时的“狼孩”一事。

狼孩刚被发现时，生活习性与狼一样。用四肢行走，白天睡觉，晚上出来活动，怕火、光和水。只知道饿了找吃的，吃饱了就睡。不吃素食而要吃肉（不用手拿，放在地上用牙齿撕开吃）。不会讲话，每到午夜后像狼似地引颈长嚎。卡玛拉经过 7 年的教育，才掌握 45 个词，勉强学几句话，开始朝人的生活习性迈进。她死时估计已有 16 岁左右，但其智力只相当三四岁的孩子。

人类的知识与才能不是天赋，直立行走和言语也并非天生的本能。所有这些都是后天社会实践和劳动的产物。从出生到上小学以前这个年龄阶段，对人的身心发展极为重要。因为在这个阶段，人脑的发育有不同的年龄特点，言语的发展可能有一个关键期（发音系统逐渐形成比较稳定的神经通路，以后要重新改变，非常困难）。错过这个关键期，会给人的心理发展带来无法挽回的损失。因此长期脱离人类社会环境的幼童，就不会产生人所具有的脑的功能，也不可能产生与语言相联系的抽象思维和人的意识。成人如果由于某种原因长期离开人类社会后又重新返回时，则不会出现上述情况。这就从正反两个方面证明了人类社会环境对婴幼儿身心发展所起的决定性作用，说明了关键期对儿童大脑发育的重要性。狼孩在大脑发育的关键期里，就脱离了人类社会环境，处在狼的生活环境中，学习了狼的生活习性和狼的言语，因而就不能发展起人的智力，即使长大后被人发现带回人类社会环境中，因为过了关键期也就很难达到正常人的智力水平了。

幼儿期是掌握口语的最佳年龄期。在正常的生活和教育条件下，口语发展可分为三个阶段：乳儿期，主要是语音发展阶段；婴儿期，主要是掌握词汇阶段；幼儿期，3～4 岁时掌握语音、语法和口语表达能力方面都有迅速发展，6 岁前基本掌握口语。国外有的学者认为，从 2 岁到青春期是言语发展的关键期或最适宜期。从出生到 2 岁，儿童两侧大脑的语言潜能是均等的。从 2 岁到青春期，由于成熟和环境等因素使儿童大脑形成了不对称，而脑的不对称形成过程有助于语言的成熟，因此它是言语发展的关键期或最适宜期。国内也有学者认为，2～12 岁或 14 岁是言语获得的关键期，超过了 12 岁或 14 岁，第一语言就很难习得。此外也有学者提出 2～3 岁是儿童学习口头言语的关键期，4～5 岁是开始学习书面言语的关键期等。

关键期是指一个有机体生命中的一段时间，在这段时间里，某些外部条件对有机体的影响可以超过在其他时间所能达到的程度。语言获得的关键期的研究由来已久。认同“越早开始学习外语，成效越好”的人，在学理上常引用“语言学习关键期假说”（the critical period hypothesis）来论证此项观点。1959 年，神经生理学家彭菲尔德（Penfield）和罗伯茨（Roberts）从大脑可塑性的角度，提出 10 岁以前，是学习语言的最佳年龄。哈佛大学心理学教授埃里克·勒纳伯格（Eric Heinz Lenneberg）（1967）则从医学临床经验出发，以“神经生理学的观点”系统地解释语言学习关键期，他认为人的大脑从 2 岁开始边化（lateralization），在边化完成前，人是用全脑来学习语言，在 11～19 岁，大脑会完成边化，从此，语言学习主要由左边大脑负责。人脑“边化”后的语言学习不如全脑学习时期效果好。因此，语言学习最好在大脑完成边化之前，这也就是所谓的“语言学习关键期”。

目前，关于大脑学习是否有关键期的观点还存在争议，还是人们亟待研究的课题。早教专家多数认为儿童学习有关键期，见表 2-2。

表 2-2　儿童学习的关键期

年龄	关键期
1～3 岁	口语学习关键期
0～4 岁	形象视觉发展的关键期
4～5 岁	书面语学习关键期
5 岁左右	掌握数概念的关键期
5 岁以前	音乐学习的关键期
10 岁以前	动作技能掌握的关键期

2.8　大 脑 潜 能

❖ **研创活动**

（1）目前，广泛流传“人类的大脑只开发了 10%”的观点，请查阅相关资料，谈谈你的观点。

（2）观看法国导演吕克·贝松执导科幻电影《超体》，《超体》中女主角露西的脑潜能被开发到 100%，变得无所不知，可以用脑电波“隔空移物”，还能任意改变形体。如何理解主人公露西大脑潜能从 10%直到 100%的过程的各种表现，谈谈你的观点。

1．脑的可塑性

最初发现大脑具有可塑性是源于脑损伤的研究。一些研究者发现，在经过学习和训练之后，大脑发生病变的脑区所代表的功能可以部分得到恢复，其原因或者是发生病变的脑区部分得到恢复，或者是邻近的脑区具有了病变脑区的功能。

脑的可塑性，也叫神经可塑性，是指脑按照新经验对神经通路进行重组的能力。当你记忆一项事实或学习一项技能时，大脑必须发生功能上的改变来代表新知识。为了使新知识能够保留在记忆中，脑中必须发生一定的变化来代表新知识。当发生新体验和感官刺激时，脑神经功能必须重组。大脑随学习而变化的能力就是可塑性。

脑可塑是指大脑可以为环境和经验所修饰，具有在外界环境和经验的作用下塑造大脑结构和功能的能力，分为结构可塑和功能可塑。脑的结构可塑是指大脑内部的突触、神经元之间的连接可以由于学习和经验的影响建立新的连接，所以影响个体的行为。它包括突触可塑和神经元可塑。功能的可塑性可以理解为通过学习和训练，大脑某一代表区的功能可以由邻近的脑区代替，也表现为脑损伤患者在经过学习、训练后脑功能在一定程度上的恢复。

长期以来，脑科学研究者一直认为，生命早期人脑拥有了所有细胞。而成年人的脑细胞不断凋亡，记忆和学习能力下降，脑的结构与功能缺乏可塑性。但是最近的研究表明，成年人、甚至老年人的脑也具有可塑性。脑的可塑性的研究在一定程度上说明大脑的某些功能在成人之后仍然可以通过学习和训练习得。脑损伤患者脑功能的恢复和语言、视知觉能力的习得，都为此提供了实验依据。这些研究为了解大脑发展的本质和开发大脑的潜在能力提供了理论基础。

学习与脑可塑性的研究对理解学习的本质规律，揭示脑学习的奥秘具有重要的意义，并将影响教育决策与课程教学设计。

（1）学习与环境经验对脑的结构与功能区会产生影响。环境中输入的触觉、味觉、声音、视觉、感觉运动经验以及语言、乐器演奏、运动等技能的习得都会使神经系统产生生物性变化。学习经验不仅可以形成不同的突触连接，增加树突密度，增多树突分枝层次，改变树突棘的形状，还可以在一定程度上增大脑的功能区。

（2）特定的学习与经验影响大脑特定的区域。空间学习主要改变海马区的结构，而运动技能的习得主要影响小脑的结构。第二语言学习增加了左侧下顶叶的灰质密度，音乐演奏技能则导致中央前回、左侧颞横回、右上顶叶皮层灰质体积的增加。这些研究提示我们，设计有针对性的教与学活动可以对大脑特定的区域进行训练，从而改善大脑特定区域的功能。这种针对性教学不仅有助于提高正常学习者的学习水平，而且对恢复学习障碍儿童的认知功能具有积极的作用。

（3）不同类型的学习与经验以不同的方式改变大脑的结构。同样是脑的活动，但是学习与练习可能对脑产生不同的影响。学习增加突触的密度，而练习增加的是血管的密度，这表明突触和血管受不同的生理机制和行为事件的影响。

（4）受教育的程度、挑战性的学习经历、学习技能的掌握水平以及学习的起始年龄等是影响脑结构重组的因素。

（5）突触连接的细微结构与功能区的大小受到整个生命过程中的经验包括教育的影响。因此，脑的可塑性并不是仅局限于幼年、童年和青年期，而是持续终身的过程。这些研究对于理解终身学习的脑机制具有重要的意义。

总之，学习与脑可塑性的研究表明，学习与大脑之间存在着密切的关系。大脑是学习的物质基础，而学习为大脑形成适应性的行为创造了条件。

2. 大脑年轻的秘密——新生神经元

脑科学的最新研究成果显示，“脑细胞处在一种连续不断地死亡且永不复生增殖的过程，死一个就少一个，直至消亡殆尽。这是一种程序性死亡，也叫凋亡。人到 20 岁之后，脑细胞就开始以每天 10 万个的速度递减”的说法是错误的。成年人的大脑能产生新的神经元。心理状态是新生神经元和大脑皮层连接建立的决定性因素：当内心有目的性地、积极主动获取某种感觉时，新生神经元与大脑皮层产生的连接会比被动获得感觉时更丰富，从而更趋成熟。

有个测评大脑年轻度的指标，就是海马里面的“新生神经元”的活跃度。海马像是大脑的司令塔，所有的信息通过海马传递到控制感情的大脑新皮质，将该信息作为记忆积累到大脑上。海马控制压力，消除不好的记忆和情绪，新生神经元则助力海马，增强海马里面的齿状回的功能并且固定记忆。此外新生神经元还有强化思考能力、创造力、意志力、环境适应能力的作用。大脑受到刺激越多，新生神经元越活跃，大脑反应越灵敏。

因此，要想保持一颗年轻的大脑，最好的办法就是不断给大脑新的刺激，如看书、看电影，挑战新的工作或目标等。受刺激的大脑和未受刺激的大脑神经元有显著差异，见图 2-13。

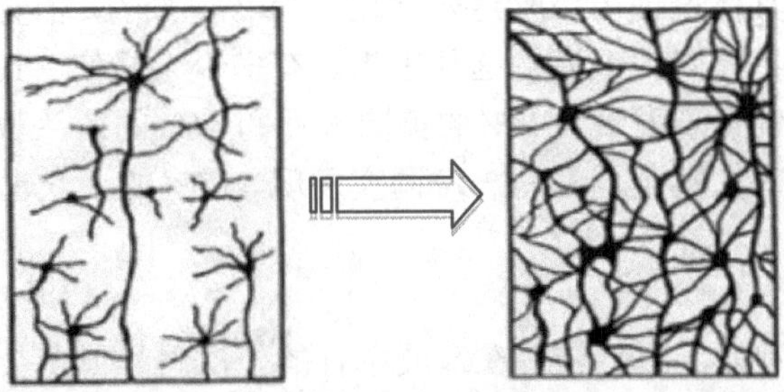

图 2-13　受刺激后大脑神经元的变化

3．大脑思维流程

大脑思维，主要是指人类自出生便与生俱来的生理功能，这也是人类智商的关键组成，是建立在大脑活体基础之上的一种人类特有思维。

大脑思维的思维流程：信息采集 ⟹ 资源整理 ⟹ 数据分析

信息采集：主要依靠人的眼睛、耳朵、手、皮肤等一切可对自然产生感应的器官进行信息采集的，所采集的信息将会全部记录大脑。作为智商高低的鉴别要素，信息采集能力越强的人越可能发现世人难以探知的事物。

资源整理：主要是将采集后的信息进行整合，其主要目的是选取优先分析项，依次排序，便于分析。同时支持分析，在分析缺乏数据时，再次进行资源整理，以此对数据分析提供支持。人的资源整理能力直接影响其数据分析结果的准确性。

数据分析：主要是对整理出来的资源进行分析，进而形成有用的并可被自身理解的数据。这是人类逻辑思维能力高低的决定因素。

4．开发大脑潜能

“人类的大脑只开发了 10%”，这一说法广为流传，大部分人甚至对此深信不疑，并对 100%开发的大脑充满想象。正常人的脑细胞为 140 亿～150 亿个，但只不足 10%被开发利用（目前，这个观点存在争议，详见拓展资料：Do We Use Only 10% of Our Brains?），其余大部分在休眠状态，更有研究统计认为有 98.5%的细胞是处于休眠，甚至有专家认为只有 1%参加大脑的功能活动。而人在 30 岁以后每天脑细胞是以 10 万个的速度在死亡，虽然这对大脑 150 亿脑细胞来说是微不足道的，但如果死亡的是已开发的、有功能的脑细胞，必然影响脑效能，必显迟钝呆板。

中山大学医学院神经科学研究中心的蒋斌认为：这一说法的确切来源并不明确，大多数人认为出自美国心理学之父威廉·詹姆斯之口。詹姆斯在自己的著作中说过一句，“普通人只发挥了其潜在智能的 10%”。但结合上下文，他所指的不单是大脑潜能，而是更为模糊的“潜在的心智能量”，至于 10%是如何算出来的，詹姆斯没有给出实验依据，至今也没有科学家去严肃验证这个数字。另一个疑似来源是，20 世纪 30 年代，神经外科医生怀尔德·潘菲尔德在研究中的发现，当他用电流刺激该部分大脑时，大脑皮层毫无反应，这即是被认为“未开发的 90%部分”。“当然，随着现代医学发展，如今我们明确知道，这些寂静的区域其实有其他功能。”

尽管从来没有人具体论证出 10%这一数据是怎么得来的，但无数的广告、宣传手册均印有这样的标签，不停向大众灌输这种思想。有多少人坚信“10%”这一观点呢？一项对英国和荷兰教师的调查发现，48%的英国教师和 46%的荷兰教师都赞同这一观点；而去年，美国帕金森研究基金会做的一份调查发现，65%的大众也选择相信人类的巨大潜能。

1）大脑超剩余说

植物潜能例证。例如，1985 年，在筑波举行的一次科学博览会上，展出了一株巨大的西红柿植株，上面结出的果实竟然多达 12000 个，成为博览会的关注焦点。这株西红柿并不是用近年兴起的高科技转基因技术培育而成，而是用普通的西红柿品种，采取无土栽培法培育出来的。无土栽培法的发明者野泽重雄认为：“所有的生命都有非凡的生命力，而这种生命力远远超乎我们的想象。”2016 年 09 月 27 日，《南京日报》报道，马鞍农耕文化园的航天育种南瓜重达 300 多斤（1 斤 = 0.5 公斤），一株 1 吨重的西红柿树，可结出 2000 斤西红柿。瑞士媒体报道，瑞士农场主培植了世界上最大的南瓜，重 953.5 公斤。当植物身处不同寻常的环境时，其生命也以一种不同寻常的、难以想象的姿态和特征出现在我们的面前。植物虽然没有动物的大脑，但是植物的生命力、植物的潜能不得不让人类惊叹。

动物大脑的剩余性。例如，2016 年 10 月，中央电视台《挑战不可能》节目中，警犬草根闻出稀释 2000 万亿倍的血液，受过训练的警犬的嗅觉灵敏度超乎人们的想象。研究表明，人的嗅觉细胞只有 500 万个，覆盖着鼻腔上部黏膜的一小部分，面积仅有 5 平方厘米左右；而狗的嗅觉细胞为 12500 万～20000 万个，有的品种数量还要多，一种牧羊狗的嗅觉细胞竟达 22000 万个，这些嗅觉细胞在鼻腔上占的面积达 150 平方厘米左右。狗会根据人类的指令和亲密行为做出坐下、躺下、摇尾巴等动作。一项最新研究表明人类最好的伙伴不仅能听懂人类语言的意思，而且能够理解语言背后的情绪。大象经过训练，可以画出漂亮的画。信鸽能够从 2000 多千米外飞回家。诸如此类，动物大脑具有超能力的例子还有很多。

世界上潜力最大，开发却最少的宝藏是人脑。江苏卫视《最强大脑》节目，众多选手在脑力竞技中展现了人类的超能力，科学家从科学角度传播了脑科学知识。具有超忆症的人，大脑拥有自动记忆系统。有超忆症的人利用左额叶（通常这个区域是用来处理语言的）和大脑后方的后头区（通常用来储存图片记忆）储存长期记忆。所有这些似乎都是在潜意识下发生的。具有超忆症的人，没有遗忘的能力。能把自己亲身经历的事情，记得一清二楚，能具体到任何一个细节。

2）有关大脑潜能的数据

苏联著名学者叶夫里莫夫所说："人类学、心理学、生理学、逻辑学的最新发现证明，人具有巨大的潜力，一旦科学发展到能够更深入地了解脑的构造和功能，人类将会为储存在脑内的巨大潜力而震惊。人类平常只发挥了大脑功能的极少部分。如果人类能够发挥大脑的一半功能，将会轻而易举地学会几十种语言背诵整本的百科全书，拿十二个博士学位。"

即使刚出生的婴儿也有 3 万亿个细胞。人体的一个细胞的细胞核中所包含的基因的基本信息量是用 30 亿个化学文字写出来的。如果以书本来计算，每本 1000 页的书就有 1 000 本。而我们人类就是依靠写在 DNA 中的庞大的信息存活着。基因的信息量如此庞大，而 60 万亿个细胞，每一个都记录着相同的信息，这意味着，无论取下人体内的任何部位的一个细胞都有可能制造出一个克隆人。人只显现了基因信息量的极少部分。基因的作用会因受到周围环境的影响或外来的刺激而发生变化。人的精神作用也会对基因产生影响。

3）从计算机功能看人脑潜能

计算机组装完就可以使用，计算机用电路和有数的芯片集合而成，当把所有计算机的电路网络连接起来，就可以首次激活和开始使用。计算机的硬件是不会自动变化。

但人脑的运作却不同，一是它具有天文数字的芯片（神经细胞）；二是大脑一旦启用便会不停地自我连接。更重要的是它会深深地依赖经验去埋下线路图。早期的经验不断地改变着大脑。婴儿所看见、听见、嗅到、触到和尝到的每一种东西都会影响大脑争取联络的方法。

人不停地建构大脑，同时因为每个人有独特的经验或经历，所以每个人的大脑都是独特的。据估计成人的脑有 100 万的 4 次幂，即 10^{12} 万亿的连接点。大脑特有的连接模式如同一个电路图，使你成为一个独特的个体。人具有很强的创造能力，但是计算机的创造能力不如 3 岁婴儿。

4）从大脑受损者看大脑潜能

美国加利福尼亚大学的布鲁斯·米勒（Bruce Miller）曾在人的大脑内成功地发现了"天才按钮"。1996 年，布鲁斯·米勒在医学期刊《柳叶刀》上报告了三个在患额颞叶失智症（Front Temporal Dementia，FTD）后成为出色画家的案例。患者在患病前对艺术并没有特别的兴趣和造诣，但随着失智症的发展却突然拥有了惊人的绘画才能。

米勒在自己的实验室里对 72 名因各种原因使大脑受过损伤的患者进行过研究，发现了一个规律，一旦人的右颞下受过伤，就有可能变成某个领域的天才。例如，一名 9 岁的男孩在部分大脑受损后竟成了一名天才的力学专家；还有一位 56 岁的工程师，大脑右半球皮质的部分神经元因病受到损伤后却激发了绘画天分，成了一位大画家。米勒认为这是因为受损神经元坏死后，大脑"天才区"被压抑了一辈子的天分被释放出来。

澳大利亚弗林德斯大学的科学家认为，借助磁场切断人大脑内一些区段，就完全可以激活那些超级数学和艺术天分。不久前，澳大利亚科学家在 17 名志愿者身上进行了试验，结果证明了这一点。研究人员对志愿者的整个大脑进行磁刺激，把他们大脑皮层的有关部分断开几秒钟，获得了惊人的结果。有 5 个人能很快算出某个日子是星期几；还有6个人能凭记忆把马头画得一点儿也不差，其余的人轻易就能记住好几个通信地址。

1955 年，著名的美国脑神经专家格兰 · 多曼（Glenn Doman）创办了美国费城人类潜能开发研究所。50 年来，研究所成功地改变了世界医学界对儿童脑损伤的看法，出现了很多奇迹：智力障碍儿童经过训练能显著提高智商；失去走路能力的儿童能重新走路；失去说话能力的儿童能重新说话；智力迟钝的孩子能成为聪明的儿童；视力障碍的儿童能重新获得光明；听觉障碍的儿童能重新获得声音；无感觉的儿童能感觉事物；懒惰的儿童能勤快。

2011 年，江阴一名 10 岁男孩由于得了罕见脑炎，为了保全性命其左侧大脑被全部切除，而因此带来的后遗症便是低智商和右半身完全瘫痪。左脑被切除，右半身一度瘫痪，通过康复训练，右脑逐渐“接管”左脑功能。2012 年，贵州省桐梓市的 8 岁男孩切除了左半脑。8 年前，他刚出生不久，大脑不慎受伤，癫痫频发。他的左侧大脑组织几乎完全软化，左侧脑室已经没有正常的脑组织。左侧大脑功能几乎完全丧失，而且左半球大脑发出的异常脑电波还干扰了右侧大脑功能，影响说话和行动。左脑对运动和语言功能起着很大作用，但没了左脑的男孩，为什么还能正常走路说话？这是大脑的代偿功能在起作用。大脑左半球的运动和语言功能区相对于右功能区更具优势，所以一般人都是右手更灵活。左侧大脑因为外伤，发育受到抑制，但其右侧大脑发挥了很强的代偿功能，承担了通常该由左侧大脑肩负的语言和运动等功能。在日常生活中，很多人是右撇子，但为了锻炼自己的右脑，会刻意地用左手写字、握筷吃饭，这就是代偿大脑训练的方式。

2016 年媒体报道，美国瘫痪患者伊恩 •伯克哈特因五年前一场车祸而导致全身从肩部以下瘫痪。不过其在两年前接受了大脑芯片植入手术，现今 24 岁的他终于又能自由控制右手臂和右手腕了，为全球首例通过大脑芯片植入“复活”瘫痪肢体的人。通过在大脑中植入芯片，以绕过受损的脊椎将大脑指令传递给手部肌肉。一块微小的芯片如何收集大脑的意念？当人脑产生某一动作的想法时，这种想法会以电传导的方式在特定神经元细胞之间传导，并最终在感觉运动区形成具有一定电信号特征的神经冲动，这种神经冲动通过神经纤维最终传导到手、脚等产生动作的肌肉，完成动作的实现过程。在大脑植入芯片，还有阻止认知能力下降、治愈精神疾病、恢复盲人视觉、恢复聋人听力等功能，比如，针对帕金森病或者阿尔茨海默病的患者，或是唤醒植物人，甚至修补记忆。

学者症候群（savant-syndrome）是指有认知障碍，但在某一方面，如对某种艺术或学术，却有超乎常人的能力的人。孤独症患者中有 10%是学者症候群（故称自闭学者，autistic savant），大脑损伤患者中则约 1/2000 的概率是。他们的 IQ 大部分低于 70，但在一些特殊测试中却远胜于常人，故俗称为白痴天才（idiot savant）。他们的天赋有多种不同的形式，有演奏乐器、绘画、记忆、计算及日历运算能力。不少专家认为，当左脑受损后，右脑负责弥补左脑失去的功能，从而激发大脑潜能。

5. 充分利用大脑发育特征

充分利用大脑的发育特征，有针对性地开展教育，有利于开发大脑潜能。大脑发育特征及教育策略，见表 2-3。

表 2-3　大脑发育特征及教育策略

大脑发育特征	教育策略
大脑不同功能的发育具有不同的关键期（最合适学习的时期，错过很难弥补）	研究关键期状况，选择性学习，促进不同功能的迅速发展
大脑具有不同的功能分区	强化左右大脑半球的同时开发
不同个体的大脑一般具有优势功能区域（多元智能理论）	加强优势功能的识别和针对性的开发
大脑功能具有可塑性	贯彻“用进废退”原则，积极用脑
大脑在特定时段下有承受力极限	贯彻“科学用脑”原则，劳逸结合，多种学习方式结合，避免用脑过度造成机能损伤

2.9 大脑营养与锻炼

❖ 研创活动

（1）大脑保健的方法有哪些？

（2）自己是否有保健大脑的体验，采用了哪些方法，效果如何？

（3）如何提升自己的智力？

1. 大脑保健方法

大脑是全身耗氧量最大的器官，占人体总耗氧量的四分之一，因此氧气充足有助于提高大脑的工作效率，保持高度的注意力。用脑时，需特别注重学习、工作环境的空气质量。

大脑 80%以上由水组成，大脑所获取的所有信息都是通过细胞以电流形式进行传送，而水是电流传送的主要媒介。所以，在读书或做功课前，先饮一至两杯清水，有助于大脑运作。

听听舒缓的音乐，对大脑神经细胞代谢十分有利；与朋友或者陌生人聊天也会促进大脑的发育和锻炼大脑的功能；多读书多看报，不是用书来消遣时间，而是让你的大脑更加丰富起来；观察周围的事物，并注意及时往大脑中储存信息，然后加以记忆，活跃思维。

2. 影响智力的营养素

脂肪、蛋白质、糖、钙、维生素 C、维生素 E 是主要的健脑营养素，它们能增强智力，提高记忆力及反应速度，并能使人精力充沛、情绪高昂，还能消除妨碍大脑正常发挥功能的不良物质，防止大脑老化。

有益智力的食品有：牛奶、芹菜、鸡肉、鸡蛋、大豆、芝麻、黑糯米、小米、花生、鱼类、动物肝脏和肾脏、蒜等。为促进大脑发育，为大脑提供丰富的营养，建议饮食能够多餐少食、荤素搭配、食物品种多样化、食物色彩多样化。

3．多运动有助于提升智力

健身活动对中枢神经系统具有调节作用，可消除疲劳，可以调节大脑物质代谢，提高脑力劳动的效率，可以提高学习效率，可促进右脑开发与利用。

规律的有氧运动和有一定技巧性的复杂运动相结合，最能起到锻炼大脑的作用。研究人员说，规律的有氧运动包括快走、慢跑、游泳、蹬车、瑜伽等，这些运动能让我们的心情平和愉悦，远离失眠的困扰。坚持有规律的有氧运动，可以让你在工作的时候“灵光”闪现，好创意源源不绝。

有一定技巧性的复杂运动，包括球类、爵士舞、拉丁舞等，需要身体多个部位协调配合，有助于锻炼大脑的控制力。在进行这些运动时，常常需要用脑思考，例如，棒球手在投球时需要思考如何运用手臂的细微动作投出各种变幻莫测的球；舞者不只要舞动身躯，还要注入情绪，一个眼神、一个表情都要经过设计；飞镖运动，需要大脑左右半球紧密配合，眼、心、手协调一致。

运动还能增加血流量，向大脑源源不断地供应氧气和葡萄糖，保证脑细胞良好的工作状态。脑力工作者经常过度用脑，这就像一根皮筋长期处于紧绷的状态。一般人因此需要消耗更多的氧气和葡萄糖来提高用脑效率，对他们而言，运动就显得更为重要了。

大脑是人体进行思维活动最精密的器官。养生首先要健脑，要防止脑功能衰退，最好的办法是勤于用脑。而懒于用脑者，久而久之就会出现脑功能的衰退。科学用脑，则需要：勤思考、适时休息、多运动、多户外、少“宅”着、学会换脑思考、养成豁达乐观的性格。

“用进废退”是自然界的普遍法则。实践证明人用脑越勤，大脑各种神经细胞之间的联系越多，形成的条件反射也越多。古代著名历史学家司马迁就说过：“精神不用则废，用之则振，振则生，生则足。”明朝的高濂也曾在《遵生八笺》中指出：“精神不运则愚，血脉不运则病。”意思是说大脑经常不运用就会愚蠢，血脉不运行或运行不畅则会生病。医学研究证明人类在生活中，勤奋工作，积极创造，可以刺激脑细胞再生，并能恢复大脑活力，是延缓人体衰老的有效方法。但大脑又不宜过度使用，要注意合理用脑，保持生活有规律。

2.10　学习与记忆

❖ 研创活动

（1）从脑科学视野，如何理解记忆？

（2）遗忘的原因有哪些？遗忘的影响因素有哪些？

（3）记忆如何分类？

（4）你认为情绪影响记忆吗，为什么？

1. 脑科学视野中的记忆

从脑科学看，学习（learning）是获取新信息和新知识的神经过程。记忆（memory）是对获取信息的保存和读出的神经过程。学习和记忆是相辅相成的关系。

人类有着惊人的记忆力，全是大脑的功劳。记忆活动使人不但能够制定计划，而且能够把思想和观念整理得井井有条，进而进行逻辑思维，将感觉到的信息加以分析和综合，以揭示不能直接感知到的事物的本质和运动规律。可以看出，人类在认识和改造自然的同时，也在不断地认识和改造自己，从而更进一步地去探索大自然的奥秘。

记忆是人脑对经历过的事物的反映，包括识记、保持和回忆三个基本环节。记忆是信息的输入、加工、储存、提取和输出的过程。记忆是人脑对经验过事物的识记、保持、再现或再认，它是进行思维、想象等高级心理活动的基础。人类记忆与大脑海马结构、大脑内部的化学成分变化有关。

记忆作为一种基本的心理过程，是和其他心理活动密切联系着的。记忆联结着人的心理活动，是人们学习、工作和生活的基本机能。把抽象无序转变成形象有序的过程就是记忆的关键。

关于记忆的研究属于心理学或脑科学的范畴。现代人类对记忆的研究仍在继续，尽管当今的科学技术已经有了长足的发展。运用经过实践后能有效提高记忆力的方法、技巧，可以使之更好地服务于人类的工作、生活、学习中。

2. 遗忘的原因及其影响因素

遗忘是对识记过的材料不能再认与回忆，或者错误的再认与回忆，是一种记忆的丧失。遗忘分为暂时性遗忘和永久性遗忘，前者指在适宜条件下还可能恢复记忆的遗忘；后者指不经重新学习就不可能恢复记忆的遗忘。遗忘是保持的对立面，也是巩固记忆的一个条件。如果不遗忘那些不必要的内容，要想记住和恢复那些必要的材料是困难的。

德国心理学家艾宾豪斯研究发现，遗忘在学习之后立即开始，而且遗忘的进程并不是均匀的。最初遗忘速度很快，以后逐渐缓慢。他认为“保持和遗忘是时间的函数”，他用无意义音节（由若干音节字母组成、能够读出、但无内容意义即不是词的音节）作记忆材料，用节省法计算保持和遗忘的数量。并根据他的实验结果绘成描述遗忘进程的曲线，即著名的艾宾豪斯记忆遗忘曲线，见图2-14。

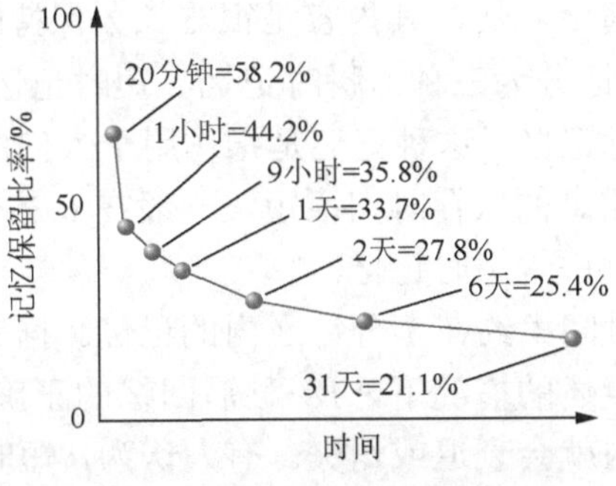

图2-14 艾宾豪斯记忆遗忘曲线

对遗忘的原因一般有两种解释：消退和干扰。消退理论认为，遗忘是记忆痕迹得不到强化而逐渐减弱直至最后消退的结果。干扰理论认为，长时记忆中信息的遗忘主要是因为在学习和回忆时受到了其他刺激的干扰。一旦干扰被解除，记忆就可以恢复。干扰又可分前摄干扰与倒摄干扰两种。前摄干扰指已学过的旧信息对学习新信息的抑制作用，倒摄干扰指学习新信息对已有旧信息回忆的抑制作用。

遗忘的影响因素有：识记材料的性质与数量、学习的程度、识记材料的系列位置、识记者的态度等。

3. 记忆的分类

1）根据记忆内容，记忆分成四种：形象记忆、情绪记忆、逻辑记忆、动作记忆

（1）形象记忆是以感知过的事物形象为内容的记忆。这些具体形象可以是视觉的，也可以是听觉的、嗅觉的、触觉的或味觉的形象，例如，人们对看过的一幅画，听过的一首乐曲的记忆就是形象记忆。这类记忆的显著特点是保存事物的感性特征，具有典型的直观性。

（2）情绪记忆是以过去体验过的情绪或情感为内容的记忆。如学生对接到大学录取通知书时的愉快心情的记忆等。人们在认识事物或与人交往的过程中，总会带有一定的情绪色彩或情感内容，这些情绪或情感也作为记忆的内容而被存储进大脑，成为人的心理内容的一部分。情绪记忆往往是一次形成而经久不忘的，对人的行为具有较大的影响作用。如教师对某个学生的第一印象会在很大程度上影响对该生的态度、行为，就是因为这一印象是与情绪相连的。情绪记忆的印象有时比其他形式的记忆印象更持久，即使人们对引起某种情绪体验的事实早已忘记，但情绪体验仍然保持着。

（3）逻辑记忆是以思想、概念或命题等形式为内容的记忆。如对数学定理、公式、哲学命题等内容的记忆。这类记忆是以抽象逻辑思维为基础的，具有概括性、理解性和逻辑性等特点。

（4）动作记忆（运动记忆）是以人们过去的操作性行为为内容的记忆。凡是人们头脑里所保持的做过的动作及动作模式，都属于动作记忆。如上体育课时的体操动作、武术套路，上实验课时的操作过程等都会在头脑中留下一定的痕迹。这类记忆对于人们动作的连贯性、精确性等具有重要意义，是动作技能形成的基础。

以上四种记忆形式既有区别，又紧密联系在一起。例如，动作记忆中具有鲜明的形象性；逻辑记忆如果没有情绪记忆，其内容是很难长久保持的。

2）根据保存时间，记忆分为三种：瞬时记忆、短时记忆、长时记忆

（1）瞬时记忆又叫感觉记忆，这种记忆是指作用于人们的刺激停止后，刺激信息在感觉通道内的短暂保留。信息的保存时间很短，一般在0.25～2秒。瞬时记忆的内容只有经过注意才能被意识到，进入短时记忆。

（2）短时记忆是保持时间大约在1分钟之内的记忆。据L·R·彼得逊和M·J·彼得逊的实验研究，在没有复述的情况下，18秒后回忆的正确率就下降到10%左右。如不经复述大约在1分钟之内就会衰退或消失。有人认为，短时记忆也是工作记忆，是一种为当前动作而服务的记忆，即人在工作状态下所需记忆内容的短暂提取与保留。

短时记忆有三个特点：第一，记忆容量有限，据米勒的研究为 7±2 个组块。"组块"就是记忆单位，组块的大小因人的知识经验等的不同而有所不同。组块可以是一个字、一个词、一个数字，也可以是一个短语、句子、字表等。第二，短时记忆以听觉编码为主，兼有视觉编码。第三，短时记忆的内容一般要经过复述才能进入长时记忆。

（3）长时记忆指信息经过充分的和有一定深度的加工后，在头脑中长时间保留下来的记忆。从时间上看，凡是在头脑中保留时间超过 1 分钟的记忆都是长时记忆。长时记忆的容量很大，所存储的信息也都经过意义编码。平时常说的记忆好坏，主要是指长时记忆。

瞬时记忆系统、短时记忆系统和长时记忆系统虽各有自己的对信息加工的特点，但从时间衔接看是连续的，关系也是很密切的。

长时记忆可分为：非陈述性记忆（nondeclarative memory）和陈述性记忆（declarative memory）。非陈述性记忆，又称内隐记忆（implicit memory）、程序性记忆（procedural memory）。非陈述性记忆是指不依赖于意识或认知的记忆。该记忆的形成需要多次重复测试才能逐步形成，主要包括感知觉和运动技巧、程序和规则的学习，是很难用语言表达的记忆。陈述性记忆需要语言来描述记忆内容，而非陈述性记忆不行；陈述性记忆容易形成也容易遗忘，而非陈述性记忆需多次重复练习，但一旦形成则不容易遗忘。陈述性记忆主要是对人名、事实、音乐以及物体的记忆，主要是由海马和小脑进行加工。

陈述性记忆中的项目往往需要意识的参与才能提取，因而这些项目可以借助语言来表达。陈述性记忆又可进一步分为情境记忆和语义记忆。情境记忆是指对个人生活事件的记忆，它有助于个体区分事件发生的时间和地点。语义记忆是有关事实的知识，它可能与任何事件都没有关联。

陈述性记忆和程序性记忆似乎是以不同的方式存储的。有关脑损伤者和健忘症患者的研究表明，他们能够很好地骑自行车（程序性记忆），但是却不能识别单词"自行车"，或者记不得他们学习骑车的时间地点（陈述性记忆）。程序性记忆和陈述性记忆似乎存储在不同的脑区，在程序性记忆完好无缺的情况下，陈述性记忆可能会丧失。

3）根据心理活动是否带有意志性和目的性，记忆分成无意记忆和有意记忆

（1）无意记忆具有四个特征：一是没有任何记忆的目的、要求；二是没有做出任何记忆的意志努力；三是没有采取任何的记忆方法；四是记忆的自发性，并带有片面性。

（2）有意记忆相对于无意记忆，也具有四个特征：一是有预定的记忆目的和要求；二是需要作出记忆的意志努力；三是需要运用一定的记忆方法；四是具有自控性和创造性。

无意记忆和有意记忆是相辅相成的，并在一定的条件下可以相互转化。也就是说，无意记忆可以向有意记忆转化，有意记忆也可以向无意记忆转化。这些条件包括：①实践或认识任务的需要是两者相互转化的根本条件。②信息强度的变化是转化的重要条件。③人的主观处于何种状态是转化的重要条件。④所掌握的记忆技能的熟练程度是转化的必要条件。⑤精神高度集中，然后思想放松，常常是有意记忆向无意记忆转化的有利时机。

4）根据记忆的感知器官，记忆分为六种：视觉记忆型、听觉记忆型、嗅觉记忆型、味觉记忆型、肤觉记忆型、混合记忆型

（1）视觉记忆型是指视觉在记忆过程中起主导作用的记忆类型。视觉记忆中，主要是根据形状印象和颜色印象记忆的。

（2）听觉记忆型是指听觉感知在记忆过程中起主导作用的记忆类型。

（3）嗅觉记忆型是指嗅觉感知在记忆过程中起主导作用的记忆类型。嗅觉记忆是常人都具备的一种记忆。

（4）味觉记忆型是指味觉感知在记忆过程中起主导作用的记忆类型。味觉记忆也是常人都具备的一种记忆。

（5）肤觉记忆型是指肤觉感知在记忆过程中起主导作用的记忆类型。

（6）混合记忆型是指两种以上（包括两种）感知器官在记忆过程中同时起主导作用的记忆类型。

4．情绪增强记忆

脑在加工外部的环境输入时，那些刺激边缘区域的信息会优先被加工。当刺激对个体的生存可能存在威胁时，它们会最先得到加工。如烧焦的气味、狂叫的恶狗、有威胁性的人等此类的刺激，脑会立即进行加工。一旦接受刺激，脑干就会迅速将肾上腺素传递到全脑，停止其他无关的活动，将注意的焦点集中在相关刺激源上。

然而，在有些情况下，情绪也能增强记忆。这是因为情绪刺激会引发脑释放激素，释放的激素会刺激杏仁核向相应的脑区发出增强记忆的信号。在加工某些事件时，强烈的情绪会停止对事件的有意识加工，同时增强对它的记忆。在学习和记忆的过程中，情绪是一种强大的动力，但有时有可能具有误导性。

拓展资料

1．爱因斯坦的奇异旅行：天才的大脑和不朽的灵魂[EB/OL].http://learning.sohu.com/20160511/n448864753.shtml[2016-05-11].

2．疲劳自评量表.

3．左右脑优势测试.

4．德国左右脑测试．截至 2017 年 1 月，全球 205 个国家的 6000 多万用户进行了测试。该测试可以形象、直观、全面地展示用户的左右脑偏好。

5．哈佛大学心理学男女思维模式差异心理测验.

6．大脑工作基本原理（视频资源)．优酷：http://v.youku.com/v_show/id_XMzM3OTc3MzIw.html?from=s1.8-1-1.2&spm=a2h0k. 8191407.0.0

7．关于大脑的工作原理与结构——大脑是如何工作的[EB / OL].http://www.xuexila.com/naoli/younao/313870.html[2016-08-30].

8．唐孝威，杜继曾，陈学群，等．脑科学导论[M]．杭州：浙江大学出版社，2006.

爱因斯坦大脑研究　疲劳自评量表

左右脑优势测试　德国左右脑测试

中国西部心理网　大脑工作基本原理

9．胡恩厚. 罗杰·斯佩里左右脑分工说是错误的理论[J]. 思维科学通讯，2014(3): 1-11.

10．近 10 年十大重要的脑科学进展[J]. 中华神经创伤外科电子杂志，2015(1): 62-63.

11．路浩，周新林. 数学认知与学习的脑科学研究进展及其教育启示[J]. 教育学报，2012(4): 62-69.

12．李强，宾祖昌. 基于脑科学进展的教材编写理念革新[J]. 教学与管理，2011(33): 96-98.

13．那杰，高飞. 日本“脑科学与教育”研究的进展[J]. 比较教育研究，2008(5): 16-19.

14．王丽. 脑科学新进展与儿童早期教育[J]. 当代学前教育，2007(3): 4-8，18.

15．王成刚. 脑科学关于儿童早期数学学习研究的新进展——三重编码模型的脑机制简介[J]. 学前教育研究，2004(Z1): 54-55.

16．王德林，王春丽，王艳芝. 脑科学的新进展带给学前教育的启示[J]. 学前教育研究，2003(2): 7-10.

17．郑洁. 脑科学与美国小学科学课程改革新进展[J]. 外国中小学教育，2003(2): 33-35，41.

18．陈惟昌，邱红霞，王自强. 脑科学进展的跨世纪回顾与展望[J]. 世界科技研究与发展，2000(6): 24-28.

19．胡玉华. 脑科学及其研究进展[J]. 北京教育学院学报，2000(1): 41-44.

20．张志勇. 脑科学的新进展及其对当代教育改革的影响[J]. 教育科学，1990(4): 8-12.

21．彭德倩. “上海脑计划”，为脑科学留“接口”[N]. 解放日报，2016-05-10(001).

22．姜澎. 上海脑科学研究计划启动[N]. 文汇报，2015-10-29(007).

23．费明钰，陈骞. 人类脑计划：21 世纪的重大挑战——主要国家和企业脑科学研究计划分析[J]. 华东科技，2014(6): 66-68.

24．美国正式公布脑科学研究计划[J]. 中国食品学报，2013(4): 171.

25．科学美国人：十大脑科学研究盘点，了解智慧之源[EB/OL].http://www.ithome.com/html/ discovery/283964.htm [2016-12-28].

百度大脑

26．百度大脑.

27．脑科学与类脑人工智能技术的突破前沿简析[EB/OL].http://mt.sohu.com/20161213/n475775108.shtml[2016-12-13].

脑的发育

28．脑的发育.http://faculty.washington.edu/chudler/dev.html.

29．脑仅使用了 10%吗?[EB/OL].http://faculty.washington.edu/chudler/ tenper.html.

脑仅使用了 10%吗

30．10 岁男孩患罕见脑炎左脑切除重学走路仍想读书[EB/OL].http://www.whjy.net/jydt/jyxw/ 121777.shtml[2011-07-03].

31．男孩受伤左脑被切除术后说话走路毫无障碍[EB/OL].http://news.sina.com.cn/s/2015-06-25/111431986994.shtml[2015-06-25].

32．当大脑植入芯片，奇迹发生[EB/OL].http://scitech.people.com.cn/n1/2016/0429/c1007-28314222.html[2016-04-29].

33．遗忘的记忆从未真正消失：大脑如何再学习[EB/OL].http://tech.huanqiu.com/discovery/2008-12/302237.html[2008-12-04].

34．从“BAM”到“BRAIN”：美国“脑计划”借鉴[EB/OL].http://china.caixin.com/2017-03-20/101067931.html[2017-03-20].

第3章　教育神经科学与学习

● 学习目标

1. 掌握教育神经科学的发展历史。

2. 掌握教育神经科学的内涵。

3. 掌握教育神经科学的研究对象、研究目的、研究内容和研究范畴。

4. 理解教育神经神话。

5. 理解情绪对学习的影响。

6. 学会运用教育神经科学、学习科学、教育学、认知神经科学、教育技术学等学科知识开展跨学科研究。

● 知识点

教育神经科学、教育神经科学的三种取向、脑的终身可塑性、教育神经神话、元情绪、情绪与学习。

● 技能点

掌握教育神经科学，能够设计教育神经科学研究课题，运用情绪促进学习，运用教育神经科学、学习科学、教育学、认知神经科学、教育技术学等学科知识开展跨学科研究。

● 思考题

1. 为什么会兴起教育神经科学？

2. 教育神经科学产生的动力有哪些？

3. 阐述教育神经科学的定义。

4. 阐述教育神经科学的三种取向。

5. 教育神经科学的研究对象、研究目的、研究内容和研究范畴是什么？

6. 为什么脑具有终身可塑性？对人的终身学习有哪些启发？

7. 你是否认可教育神经神话？并阐述理由。

8. 教育神经科学对教育教学有哪些启发？

9. 什么是元情绪？

10. 情绪对学习有哪些影响？如何利用情绪促进学习？

11. 如何运用教育神经科学、学习科学、教育学、认知神经科学、教育技术学等开展跨学科研究？

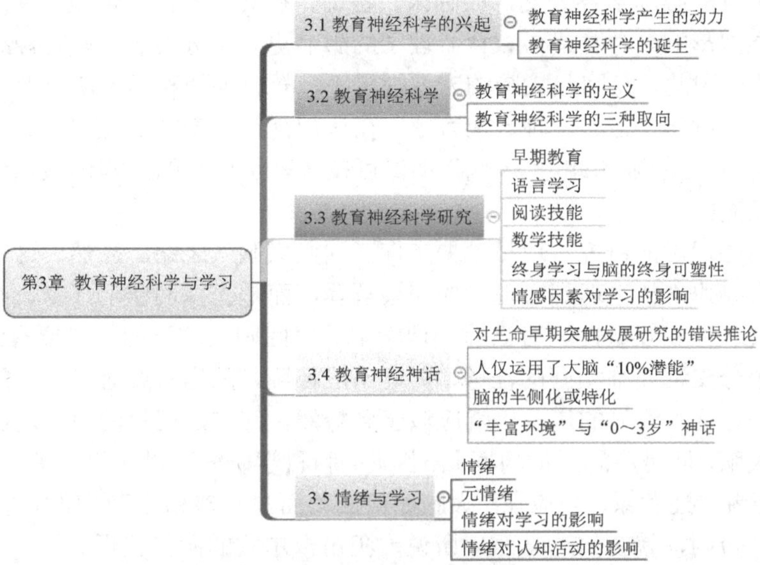

“教育神经科学与学习”知识导学图

3.1　教育神经科学的兴起

❖ **研创活动**

查阅文献资料，分析教育神经科学产生的动力，阐述教育神经科学诞生的过程。

1．教育神经科学产生的动力

1）心理学学科自身的发展

《笛卡儿的错误：情绪、推理和人脑》为结束心理和身体两者之间的鸿沟提供了科学的基础。神经科学家安东尼奥 · R.达马西奥（Antonio R. Damasio）的研究表明：情绪和感受的缺失不仅会影响理性，甚至可以摧毁理性，使明智的决策变得不再可能。安东尼奥 ·R.达马西奥认为，理性决策不仅是逻辑思维的产物，还需要情绪与感受的支持。此外，他还从一个全新的视角对情绪的本质进行了诠释：它是对我们身体状态的直接观察，是身体和以生存为目的的身体调节之间的连接，同时还是身体和意识之间的连接。

近代西方有关心、身关系的思潮，总体而言是对笛卡儿二元论的反思与疏离。教育神经科学的产生是对所谓“笛卡儿错误”的疏离，以及当代心理学研究“回归大脑”的转向，是“第二代认知科学”在教育领域的深刻反映。在心理学领域，则表现为第一代认知科学（认知心理学）向第二代认知科学（认知神经科学）转换的总体趋势。这一转换的标志性特征，一言以蔽之，就是“离开计算（图灵意义上的计算）而走向大脑”，于是产生了一股强劲的回归大脑的“具身化运动”的旋风。

目前，这股旋风所至，不仅影响到科学主义传统的所谓科学心理学，而且对长期受到人本主义影响的心理学各分支，如临床、咨询、社会、人格、管理、经济、文化心理学等也产生强烈影响。对发展与教育心理学的影响更是十分显著，教育神经科学就是这一影响的产物。因此，在回归大脑的宏观视野下，教育神经科学中所涉及的神经研究只不过是多种“具身化”中的一种。换言之，在认知神经科学之后还应有其他各种“××神经科学”。事实也的确如此。“××”不仅可按心理学自身的结构体系也可按心理学的应用领域来填充。

任何一门心理学的研究，迟早都要走向“回归大脑”之路。当然，这种回归之终极目标，不是去寻找“从生理到心理”的因果解释，而是去探明它们（身、心）在同一动力系统中的关联性和互塑性。对当前心理学中的“回归大脑”的趋势要有清醒的认识。心理学的每个分支都面临相同的任务，对此不应怀疑，因为只要想到“人的心理是发生在人的脑中的”这一浅显的道理，就应该感到释然。回归是迟早的事。现在的问题不是要不要回归大脑，而是应思考如何回归。因此，脑科学研究可以在更合理的科学水平上，解读身、心两者上述关系，即应在“大脑如何活动而与心理相伴”的研究方向上解读身、心两者关系。否则，就会如达马西奥所说，犯笛卡尔式的同样错误。

2）教育未来发展呼唤教育神经科学

教育技术学是连接技术与教育之间的桥梁性学科，教育神经科学则是连接神经学与教育学之间的桥梁性学科。现在已有越来越多的有识之士认识到“神经科学与教育相关”，认为“理解人类大脑的运行规律有助于设计适合每个人的教育”，并可为教育政策的制定者提供“与教育相关的认知神经科学研究成果的信息”。教育未来的精细化发展，需要教育神经科学的支持。从教育现代化、教育智慧化的自身需求来说，“教育”回归大脑更有紧迫性和必然性。

2. 教育神经科学的诞生

自 21 世纪以来，随着脑科学的研究成果在教育实践中的广泛应用，产生了一门新的学科即“教育神经科学”。“教育神经科学”又称为“神经教育学”（educational neuroscience；neuroeducation）。它是心理学、神经科学和教育实践进行深度整合的产物，是构筑在后两个学科之上的桥梁（a bridge between brain science and educational policy and practice）。日本学者小泉英明（Koizumi）甚至认为其学科性质已不是一门简单的跨学科（inter-disciplinary）而是融合（merge）与沟通（communication）了完全不同学科的超学科（trans-disciplinary），至少，它处于朝向这一超学科演变的进程之中。

西方发达国家的“经济合作与发展组织”（Organization for Economic Co-operation and Development，OCED）的“教育研究与革新中心”（Centre for Educational Research and Innovation，CERI）在 1999 年启动的“学习科学与脑研究”著名项目（主持人奇萨 B. D. Chiesa）标志着这一新学科的肇始，那么 2003 年“国际心智、脑与教育协会”（International Mind，Brain & Education Society）的成立和 2007 年该协会主办的《心智、脑与教育》（*Mind，Brain and Education*）杂志的创刊则宣告其正式面世。西方发达国家均极其重视这一新兴的学科领域，并在相应研究机构的设立和专业人员的培养上投入了大量资金。

国际上教育神经科学的研究也是刚刚起步。哈佛大学自 2002 年起启动心智、脑和教育博士项目。教育神经科学目前在中国基本上仍经历着“外货内销”的初始阶段，且多少还有些“内销不畅”。目前主要有北京师范大学“认知科学与学习教育部重点实验室”（2000）和“认知神经科学与学习”国家重点实验室（2005）、东南大学的“学习科学研究中心”（2002）以及华东师范大学“教育神经科学研究中心”（2010）少数单位开展着教育神经科学的研究。2010 年 12 月，华东师范大学适时成立了中国首个教育神经科学研究中心。目前，进一步在理论上构建更适当的学科框架，拓宽研究领域，增强所涉学科从业人员的合作和融通意识，乃是保证教育神经科学健康、持续发展的当务之急和关键所在。

3.2　教育神经科学

❖ **研创活动**

（1）查阅文献资料，阐述教育神经科学的定义。

（2）教育神经科学有哪些研究取向？

1．教育神经科学的定义

教育神经科学是将生物科学、认知科学、发展科学和教育科学等学科的知识与技能进行深度整合的具有独特话语体系的一门新兴学科。该学科的发展凝聚了跨学科专业研究者的共同智慧，汲取了多门相关学科中的知识精华与哲学理念，从而形成自己独特的概念结构。该学科的诞生改变了长期以来教育学缺乏科学实证依据的状况，为教育奠定了坚实的科学基础。

2．教育神经科学的三种取向

（1）取向之一：跨学科或超学科。

比较典型的说法有：教育神经科学是“一座架起脑科学与教育政策和教育实践的桥梁”，尽管有人（如 John Bruer）指出：这是一座“过于遥远的桥梁”（Education and the brain：A bridge too far）。遥远与否全赖于心理学或认知神经科学介入的深度如何。将“认知神经科学”理解为第二代的认知心理学，依赖于它们能否为教育政策的制定和教育实践提供多少有价值的研究成果。因此，从某种意义上来说，心理学是这座桥梁的桥墩和桥身，是教育神经科学主体部分。

这种跨学科的定义还有另一种更为简洁的说法，即“教育神经科学是神经科学运用于教育实践而产生的一门学科”。人们“希望神经科学研究者与教育者不仅能够相互交流，而且双方能够合作创造出新的知识”，即“认识到本领域之外的问题，并从新的角度来看待各自的问题。”

（2）取向之二：从“学习”的角度把教育神经科学定义为一门（新的）学习科学。

简言之，教育神经科学就是认知神经科学时代的学习科学。广义的学习概念也包括“教”的方面，因为所指的“学习”是一种“合目的”的学习。需要指出的是，学习科学所指的“学习”，既指学龄阶段的课堂学习，也泛指非课堂的社会学习和终身学习。

用“学习科学”而不用“学习理论”一词，实际蕴涵着如下思想。

不结合脑科学的研究，不整合脑科学研究成果于学习过程中去的有关学习的各种学说和理论，只能把它们称为学习理论。一言以蔽之，“学习理论”一词只属于前认知神经科学时代；而“学习科学”的概念只特定地用于与脑研究相结合的有关学习理论。因此，由于教育神经科学将神经科学（生物学）引入教育，所以就要对学习和教育作出新的界定：“学习被看做是根据外部环境的刺激所作出的神经连接的过程；而教育是控制或增加刺激，激发学习愿望的过程。”

可见，教育在学习过程中，并不直接与脑相联系，而是要通过心理学或通过认知神经科学与脑相沟通，因为如何“控制或增加刺激”才能“激发学习愿望”，这需要从心理学加以研究。

从“学习”的角度来定义教育神经科学，可以凸显心理学在其中的地位。这是一种立足桥墩（心理学），顾及两端（教育与神经科学）的定义。如果只立足于心理学而不去思考两端，那就永远只是心理学或认知神经科学的研究，也永远不会产生教育神经科学（新的学习科学）了！

因此，人在学习时或人在被要求学习时（“教”及由此而导致的“合目的的学”），必然要去了解心理上到底发生了什么以及怎样发生的，要求了解知识的获取是否适合（匹配）或遵循着已知的心理及其发展的规律。这是所有学习理论赖以存在的基础，所有的认知神经科学前的学习理论都是基于行为层面的认知心理学。但仍应继续追问，在学习的同时，大脑本身究竟发生了什么？追问的结果，有可能证实，也有可能否认以前的认知心理学所得到的心理层面的规律，这就是当前认知神经科学一直在做并且继续在做的工作。换言之，不仅应该知道儿童是怎样学习的（认知心理学），还应知道人在学习时，脑中究竟发生了什么，即还应将这一表述应用于教育：所有教育活动发生时，脑中发生了什么、是否发生、如何发生（从认知神经科学到教育神经科学），不考虑脑的教育是浅层的、只有暂时效果的教育。因此，不能把神经科学排除在学习之外。

强调教育神经科学与如何组织和促进“某种合目的的”学习有关，是基于如下思想：无论认知心理学还是认知神经科学，都还只是属于对“批判的武器”的研究，而重要的是进行“武器的批判”之探索。要使好武器有其用武之地，教育就是它的最直接、最重要的应用领域（合目的性的体现）。

教育神经科学就是“从脑、认知与行为三个层次来理解人的一生中不同阶段的学习能力，解决学生在学习过程中普遍存在的问题，为教育政策、课程与教学改革实践提供科学的依据”。具体而言，教育神经科学所要做的工作就是：“在对学生学习数据（来自脑、认知与行为三个层次）进行科学分析的基础上，确定学生的发展阶段、特长与弱点、擅长学习的教学内容、学习生涯中可能出现的问题等，并根据每一个学生成长与成熟的状况，扬长避短，设计出适合其发展的最佳教育计划”；同时，“还能够及早鉴别出有特殊需要的学生，尽早采取有效措施进行教育干预”。

换言之就是：“教育神经科学就是探索人类学习的脑与认知的机制，并将其研究成果用于教育实践（决策与教学）”，故有学者干脆把教育神经科学称为“神经学习（the neuro learning）”。

（3）取向之三：从“心理表征的发展”角度定义教育神经科学。

英国剑桥大学的斯祖克斯（D. Szucs）和格斯瓦米（U. Goswami）在 2007 年提出了一个新的定义：教育神经科学是关于“心理表征的发展研究”。这里重要的是“发展”二字，“研究心理表征的发展就可以使教育神经科学区别于一般的认知神经科学”，因为“教育的一个重要方面是系统地塑造儿童的认知系统。发展儿童的认知系统部分地依赖于脑的结构和功能”。这一观点有些学者又称为“神经建构论”（neuro constructivism）。因此，教育意味着“通过教室中获取的目标设定的（targeted）经验来塑造（shaping）每个儿童的脑，这就是所谓的‘教’”。

斯祖克斯（D. Szucs）和格斯瓦米（U. Goswami）把教育神经科学定义为“认知神经科学和行为方法相结合的研究心理表征的发展”之后，又把“心理表征”定义为“脑中的神经活动”（neural activity in the brain）。又说“心理表征意指脑的神经网络的活动，它以电化学活动的形式对信息加以编码”（Code information in the form of electrochemical activity）。

神经科学的研究显示：人类信息加工依赖于脑中延展的、相互联结的神经网络。而所有的心理的活动依赖于分布的心理表征，后者是具身于（体现于）神经网络的。联结主义就是企图通过神经网络来研究学习并建立心理表征的简化计算模型。心理表征本质上是分级的。例如，一个表征可以根据相关的神经元激活的数目、激活的比例、激活形式的连贯性，以及它们发出信息的清晰程度而处于不同的等级。

传统的认知心理学是在一个较高的描述水平上来定义和研究表征并认为表征本质上是符号性的。它通常把心理表征视为心理的概念单元（conceptual uints）。大部分认知理论是假设符号表征，其在形式上是离散。人的认知行为可以运用这种符号表征的假设来加以分析。但当人们现在已认识到所有的心理活动都依赖于脑功能时，那么对脑的神经网络的活动的思考就可使我们对这些较高描述水平有更好的理解。实际上，认知神经科学最重要的方面就是在一个共同的框架下，既解释了高水平的心理（如认知理论及其符号表征），也解释了较低水平的数据（关于脑中神经网络的激活）。

因此，对教育神经科学来说，它为了实现其最终目标：理解脑的功能如何产生心理功能的（Understanding how brain function gives rise to mental function），也需要一个类似的整合的框架（integrative framework），在“一种共同的框架上去思考心理和生物现象”。斯祖克斯和格斯瓦米认为他们提出的“心理表征的发展”就能为教育神经科学展开多层次的跨学科研究提供这样“一个共同的分析水平”，即“共同的思考框架”。

斯祖克斯和格斯瓦米关于心理表征之新观点的一个关键点是：不存在一个复杂的表征可定位于脑的一个部分！复杂的心理表征是通过多个相互联结的神经网络的相互作用来编码的。“心理表征依赖于分布的神经网络”这一事实对教育神经科学极具挑战性。

以下所举“数的心理表征”的例子，它就依赖于几个不同的编码。例如，编码非数字的数量的网络主要是在顶叶皮层（parietal cortex）；存储记忆的计算的 facts 的网络主要在角回（angular gyrus）和脑的语言加工区域。这些心理表征使对符号数的认知理解和对数字符号的操作成为可能。构成数的心理表征的神经网络和在这些表征上进行心理加工的操作的神经网络，它们的协调活动引起了对数概念的理解。

教育神经科学涉及三个学科而非两个学科的整合，即教育、神经科学和认知心理学。神经科学是研究人的神经系统，教育的目标是发现形成和丰富个体的认知系统的最佳方法，心理学科提供分析个体认知系统的工具。因此，认知心理学是神经科学和教育之间的必要的中介。虽然不能把神经科学和教育整合成为一个整体，但可以通过使我们聚焦于认知心理学中感兴趣之处，即心理表征研究来整合教育和神经科学之研究活动于最相容的水平。

上述关于心理表征的新观点必然导致对认知系统采取与符号隐喻不同的隐喻。克拉克（A. Clark）认为，整个认知系统应被理解为是一种“松散的织品”（loose-knit），即分布的表征组织（economy）。在发展的过程中，完全可能在组织中的一些元素发展了而与其他元素产生冲突。这是不可避免的，因为不存在什么“小矮人”（“homunculus”）或一个所谓“中央推理机制”来决定发展。相反，在整个推理经济（reasoning machinery-economy）中有许多相互作用的部分（它们是按不同速率发展的），而“所有这些部分的活动就是认知”（the activity of all these parts is cognition）。

大脑中没有“全知的，内部执行官”来支配认知发展，这一观点如果从神经网络本质的角度来看，它显然对教育具有挑战性。这意味着教育必须要平等地对待那些“具有或多或少影响力的广泛而平行的成员”（vast parallel coalition of more-or-less influential）；而且，正是这些成员影响力的展开，才“使我们的每一个人的思维表现得如我们自己”（Unfolding makes each of us the thinking beings that we are）。

费希尔（K. Fischer，曾是新皮亚杰学派的代表人物之一、“国际心智、脑与教育协会”的创始人之一及首任会长）及其同事讨论了认知与脑之间的“发展的循环”，他们认为这种循环展现了重要的类似阶段的特征。例如，儿童在某一年龄期间，会对蕴涵着某种特别结构的认知技能进行最宜（optimal）的操作，表现出明显的发展（spurts）。由于对皮层活动的研究也能揭示出这种发展，故费希尔认为：皮层的改变可以联系于认知的改变，它为把心理、脑与教育联系起来提供了机会。

分布的心理表征的发展可以通过认知心理学、联结主义、神经建构论和教育等加以整合以形成其理论的和方法论的框架。联结主义对学习的研究提供了一种新的框架，它是通过从简单的加工单元的网络构建心理表征的计算模型来进行的。神经建构论提供了一种新的框架，它是通过对构成心理表征的神经激活形式的生物限制条件加以审视来实现的。认知心理学已经揭示对教育具有关键作用的某类心理表征的本质特征，例如，对语言获得（literacy acquisition）的语音表征，以及对数的获得的近似模拟量的表征。教育研究寻找的是发展儿童表征的最佳方法。

这种整合凸显了对各种“神经变量”（neural variable）加以研究的重要性。把“神经变量”结合进来的最关键的好处是：它使我们对脑活动的观察成为可能。

例如，EEG就是对神经元构成之神经网络中的电活动的一种直接测量。如果在假设的认知加工过程和神经表征、神经变量（不限于EEG）之间，探明了一种有意义的联系，那么，这些神经变量就成了产生相应认知加工的特定心理表征和加工过程的神经标记（neural marker），这些神经标记将使心理功能的研究即使在无注意情况下也成为可能。而且，这些研究神经变量的技术也为研究心理表征和教育行为之间的关系提供了独特的方法。当前大多数认知神经科学就是把由认知心理学所假设的认知结构（如工作记忆、语法规则知识）映射到人脑中的心理表征上。在此建议：这些心理表征的神经测量可能对教育具有重要意义，因为神经标记是与认知结构有着系统联系的。因此，找出神经标记并对其进行发展的分析，这将为作为认知发展基础的心理表征的发展研究提供一种方法。

对成功的教育神经科学来说，需要把神经变量与教育行为联系起来。神经变量可以产生影响心理学理论的新知识，并能够进一步影响教育的研究。例如，认知神经科学发现：事件相关电位（ERP）的振幅可以作为人脑中数量信息的指标。因此，这一变量可被视为数量加工的神经标记。发现这一标记就使测量脑中数量加工的反应成为可能。最近的研究揭示：与数字相关联的数量信息（magnitude information）被迅速激活的速度幼儿与成人相同。但是，儿童在数量加工任务中的行为反应则比成人慢得多。儿童认知行为操作远在他们的数量加工技能之后（后者以神经标记 ERP 作为指标）。对数学教育的一个挑战是随后如何解释：为什么儿童不能在简单的数字任务中表现得像成人一样。

另一个潜在神经标记的例子是 N100 对语言发展的意义。N100 是当声音被登记时所出现的早期负波。虽然 N100 在潜伏期和振幅上有发展上的变化，但它适合作为脑所接受的听觉刺激性质的早期加工的指标。可以测量熟睡儿童的 N100 以评估其对言语声音的反应性。因此，即使在完全没有认知或行为的变量存在时，像 N100 这样的神经标记也可以提供关于言语声音的心理表征的数据。这表明语言功能的语音认知方面就能很早得到测量，甚至不需要注意的参与。这意味着神经科学的方法能够研究教育方面的某些问题，即当这些问题不能由心理学中传统的认知的、行为的研究方法所回答时，脑成像等技术手段也可以广泛应用于通常难以研究的对象，如听障儿童、语前婴儿等。

3.3　教育神经科学研究

❖ **研创活动**

（1）目前，教育神经科学的主要研究领域有哪些？

（2）为什么脑具有终身可塑性？对人的终身学习有哪些启发？

认知神经科学中具有丰富教育含义的内容构成了教育神经科学的主要研究领域。

1. 早期教育

由于素朴知识（naive knowledge）的存在，因此儿童很早就形成了各自的“关于世界（语言、智力、人、动物、植物、物体）的理论”。因此，应该“以儿童在早期环境中所获得的知识作为学校实践的基础”。有学者甚至主张“学校甚至应该为最小的孩子提供成为科学家的机会，而不仅仅是告诉他们关于科学的知识”，如在低年级开设日常心理学，或从现实的自然概念（或者错误概念）入手来教育孩子，使他们真正理解科学概念。另外，就教学方式而言，早期教育要求施教者应更好地考虑幼儿独特的思维方式和个别化概念（儿童自己的素朴知识），并从脑的层次上，特别是从其可塑性的角度延伸这一探索。

2. 语言学习

语言学习主要涉及语言的理解和产生及第二语言学习。语言的理解和产生所涉及的语法与语义两个加工过程依赖于不同的神经系统（当然还包括对情境与意图的理解、韵律与语音加工等其他过程）：语法加工，主要在左前额叶；语义加工，主要在左、右脑的后部外侧区域。语言功能不是由单一脑区而是整个脑中的不同神经系统来执行的。

认知神经科学研究的主要成果如下所述。

（1）语法学习开始越晚，脑变得越活跃（表明难度越大），如专家型读者比新手型读者的脑激活更少。起步晚的学习者不是只在左半脑加工语法，而是两半球加工相同信息（使用不同的策略）。进一步研究表明，两半球都激活的被试，在语法的正确运用上存在更大的困难。

（2）对第二语言学习者来说，越早学习，掌握语法就更快更容易。但语义学习将持续终身，不受时间限制。这说明语法学习的研究是学习敏感期及经验期待型学习的一个例子。不是说晚学者不能达到高水平，而是说在生物限定的时间段内，没有接受相关经验，学习会更加困难。

（3）上述研究结果对教育政策的启示显而易见：①13 岁以后学习第二语言很可能会导致对该语言的语法掌握程度不高：与第二语言学习有关的任何公共政策与干预措施（如提高起步晚者的学习语言的能力）必须考虑大脑是如何加工语言的，才能保证其有效性。②如果能确定脑的哪个系统受敏感期的限制，哪一个不受限制，那么开发与实施合理的教育与康复计划就可以成为教育决策者的一个目标。如语音辨别能力的习得也存在“敏感期”，有人做过调查：母语为日语的人区别 load 和 road 相当困难，即使在美国生活多年，当“你听到有人用外地口音来说你的母语的时候，你（就）可以肯定他（她）是在 12 岁以后学的”。但是，切不可产生以下误解：“学习障碍在敏感期以后成为永久的了！”事实不是如此，成人能够进行新的学习。上例中，如对母语为日语的被试者，在对之大量输入 r 和 l 的语音并使其可以区分，在受过这样的短期训练之后，他们在听没有训练过的语音时，也能够迁移这种能力。脑成像表明：这种训练影响了负责母语语音感知的大脑皮层。

3. 阅读技能

认知神经科学的研究表明：从牙牙学语到认识字词，到掌握句法和理解句子的情境，再到学习阅读，它们激活的是不同的脑机制。教育神经科学的视角主要关注这些发现对字词识别困难者进行鉴别和干预的应用与启示。

在鉴别阅读障碍的孩子时，至少一个脑区，即左侧颞上回非常重要，它用于注意词汇的声音结构。它们不能正常激活该区，但额叶却代偿性地活跃（尽管智力正常）。

至于对阅读障碍的干预，一方面，单纯靠教育手段很难矫治阅读障碍；另一方面，当能够借助认知神经科学工具，将阅读技能分解为一个个信息加工步骤和功能模块之际，或许可以乐观期待，它就是为克服阅读障碍设计有效的矫正项目之时。当然，它们同样也可服务于为正常儿童设计更好的教学方法。

中文与西方拼音文字相比，虽有其自身特点但原则也许是通用的，关键是要将中文阅读的技能也分解为一个个认知过程及寻找到对应的神经机制。在这方面，中外的认知神经科学家做着同样的工作并不断收获着成果。有人乐观地预言：阅读障碍的研究与治疗将在不久的将来成为认知神经科学的一个重要的“成功故事”!

4．数学技能

法国著名认知神经科学家迪昂（S. Dehaene）的研究发现：婴儿天生具有某种数感，它构成了婴儿初步的数的“概念”。负责这种能力的脑区在脑顶内沟（intraparietal sulcus）。它用于表征数量，使婴儿能够理解“许多”和“一些”的差异。这是一种天生的估算能力。

数学运算的认知神经科学研究成果丰富。现在了解到数学加工涉及的脑区很多，如精确的算术运算在左前额叶（词汇记忆任务）；数学估算还包括左右顶叶下部（与视觉和空间任务相连）。

除了上面提到的脑区，其他脑区也参与数学加工，而且两半球各个脑区是协同而不是单独运行的。如额叶前部皮层和前扣带脑皮层通过控制非自动化的策略而在复杂计算中发挥重要作用。

迪昂还提出一种模型来描述脑半球协同运行实现儿童在学习或进行数学运算时脑区的激活系统，即著名的三重编码模型（the triple code model）：三种基本数字操作运用三个不同脑区（激活）。

看到阿拉伯数字“3”，激活梭状回（fusiform gyrus）；

听或读到言语数字“three”，激活外侧裂区（perisylvian area）；

比较数量大小，如“3 比 1 大”，激活顶间叶（interparietal lobes）。

但是，导致脑网络损坏的脑损伤或其他任何形式的伤害都可能产生计算能力缺失或者计算障碍。

脑损伤是物质本体（硬件）的损伤，还有至少两种被认为是软件意义上的原因会导致数学困难：一是可能某些与数量有关的神经网络受到损害而解体，故而很难理解数字中所包含的信息；二是儿童还未学会把数量表征与词语符号（即视觉符号）联系起来。但是这种分离也证明了不用语言来进行数学思维的可能性，如以强调数字的空间物体（如数列）或者具体物体隐喻（如算盘）的数学材料来培养数字意识。这方面已有成功的案例：通过所谓“适时开端项目”（the right start programme）传授数学的基本技能如数数，将数字、数量与数列概念对应起来，利用数量表征系统来说明教学的有效性。该计划还运用物体如“蛇和梯子”的游戏来教孩子数字的空间类比概念。通过此类训练，可成功地矫正儿童的数学障碍。

有研究者据此认为，认知神经科学下一步可以进行的研究是：人们是在何种程度上运用图像图式（即空间关系，如容量、密度、中心与边缘等）与概念隐喻（不同集合间的对应关系，保留了推理的结构）来构建与理解数学的？对这些问题的深入研究需要神经层面的介入。

5. 终身学习与脑的终身可塑性

教育神经科学关注老年人的学习，它涉及脑的可塑性、认知衰退等问题。老年社会的到来，极大促进了这一领域研究的开展。从终身学习的角度来看，老年人的学习无疑是其题中应有之义。

以下误解需要澄清：并非年老之渐至必然地伴随着认知能力的降低，尽管大多数认知能力的普遍衰退发生于 20～80 岁（如字母比较、范式比较、心理旋转、计算范围、阅读范围、线索回忆、自由回忆等），但有些能力在此期间却反而会有所提高，甚至显著提高；有些则要到 80 岁后才会衰退（如 shipley 词汇测验、同义词与反义词测验等）。

上述认知心理学的发现，可获得认知神经科学关于脑可塑性研究的支持。因为随着年龄增加，脑并不是走向一条不断衰退的不归路，而是终身都具有可塑性。脑可塑性既表现在神经元和突触数量的变化上，也表现在神经回路、神经网络的调整和重组等方面。对“脑可塑性与学习的关系”的深入研究，可澄清一些时下流行的“神经神话（神经谬误）”。

对脑可塑性与学习在个体生命周期中不断变化的研究已经取得了新的成果。以前认为：脑每天损失大量神经元（据说有 10 万之多），但新近的研究发现，皮层内每一个区域总神经元数与年龄无关。年龄上升，则大神经元下降而小神经元上升（但总数基本维持不变）。随着神经元变小，会产生两种后果，即神经回路增多和突触数量减少。突触数量减少是把双刃剑：一方面，它意味着可塑性下降；另一方面，它又并不必然意味着认知能力的下降，这是因为神经回路的增加保证了某种认知技能的获得，突触数量的减少实际意味着修饰了一些神经元连接并同时强化了另一些神经元连接！这一事实或许可启示从如下角度理解脑的可塑性：是否有这样的可能，尽管脑是终身可塑的，但可塑性本身的水平的确是在逐渐减低的，主体认知学习的高水平同时也伴随着这种可塑性水平的降低？这一问题值得进一步研究。

脑终身可塑性和终身学习（某些认知能力的终身提高）两者是相互影响、相互塑造的，尤其不应忽视后者对前者的作用，即所谓流水不腐、用进废退的功能进化之效果。近来对“学习经验使脑作出反应的可塑性（或灵活性）”的研究令人瞩目。人们开始关注成年人因长期学习对脑中突触形成（在脑细胞之间形成新的连接）的作用。这种新的连接，实际修饰和改变了脑的生理形态。

要抛弃有关 0～3 岁的“神经神话”（神经谬误）。2000 年，珀斯纳（M. I. Posner）在“脑机制与早期教育——纽约论坛”上说：“我们确实抛弃了 0～3 岁的谬误，取而代之的是可塑性与阶段性的重要性。换言之，脑是可塑的，然而在我们生命的某个阶段发生的某些事情对早期学习和终身学习都非常重要。”

可塑性不是 0～3 岁儿童的专利，各年龄阶段有各自的可塑性形式。说到底，可塑性都是学习经验对脑的作用所致。但这种经验对幼脑和成人脑的影响方式与价值还是有区别的，在这个意义上可以说存在两种不同性质的可塑性：生命早期自然发生的突触形成，称为“经验期待可塑性”（experience-expectant plasticity）；生命历程中因复杂环境影响而产生的突触形成则是另一种“经验依赖可塑性”（experience-dependent plasticity）。

经验期待可塑性更多体现的是种属发展的特征；而经验依赖可塑性则被理解为是健康脑的自然条件，它使我们终身都能学习，同时也反映出个体的差异。学者试图从认知神经科学层面阐明经验期待可塑性和经验依赖可塑性的神经机制，探索特定脑区和具体技能可能的联系，研究环境对学习的影响，同时加深对脑可塑性的理解，这似乎对经验依赖可塑性来说更为重要。现已发现，海马参与空间记忆和空间导航能力任务；听觉皮层与音乐技能发展正相关；运动区与手指运动之间正相关等。

两种可塑性导致两种学习：从学习发生的难易程度上说，依赖敏感期的学习过程（如语法学习），期待在一定的时间段（敏感期）发生相关的经验，这就是经验期待现象。人们认为经验期待学习发生于生命的早期。人们把不依赖于敏感期的学习过程（如词汇-语义学习）称为经验依赖现象，它发生的时间段不受年龄或时间的限制，这类学习是终身的。

6. 情感因素对学习的影响

众所周知：情绪影响认知水平。人们质疑现在的教育系统（学校体系和教育政策等）并未把非认知的方面（情绪、个性等）作为主要关注点。

科学家已确定情绪表达的生理结构。在人脑中央，有一称为边缘系统的结构（与额叶皮层相连），它的主要结构是杏仁核和海马。人们称这一区域为“情绪脑”，它与情绪的生物基础和脑机制有关。

当代认知神经科学为具体任务的加工过程进行细致的成分分析提供了工具。这种方法同时适用于情绪和情感领域的分析，可惜人们还未充分认识到情绪成分在有效认知功能中的作用。当然，毋庸讳言，由于测量工具的缺乏与理论基础的薄弱，所以这在很长的时间内制约了人们对情绪调节功能研究的深入。

一门新的学科，即情感神经科学（affective neuroscience）最近正在兴起。情感神经科学（affective neuroscience），是研究情绪的神经机制的一门学科。凡是有情感、有情绪的生物都是情感神经科学研究的对象。

根据达马西奥的观点，传统西方神经科学的研究长期偏向于重视认知的研究，相对忽视对情感的研究。近年来随着脑科学的飞速发展，情况发生变化，原因在于人们越来越认识到情感研究的重要性。目前东南大学的“学习科学研究中心”在情感神经科学与学习科学相结合的领域正展开富有开拓意义的研究，韦钰在其博客中也对教育神经科学（她称为“神经教育学”或“学习科学”）发表了一系列非常重要的观点。

认知和情感两个过程构成了人的精神生活的主要基础，所有高级精神功能都需情感伴随；认知和情感的协调决定了每个人的性格特点；情感是智慧、道德和自尊的基础；情感是创新的驱动力，“创新是激情支配下的直觉思维”（韦钰）；认知和情感相协调产生思维和决策；情感是影响人们生活质量的核心因素；情感也是许多暴力行为和精神疾病的成因等。当代教育神经科学在这一领域的研究主要集中在基本情绪反应的脑回路和系统、情绪对认知的影响、气质和性格、情绪的社会行为等方面。

人们现在说得较多的一个概念是情绪能力。情绪能力是社会能力的基础。情绪能力有五个方面的表现和功能：①正确评估和认识自己的感情；②控制自己的情感，使之适当表现并能分析其原因，找到办法处理恐惧、焦虑、愤怒、悲伤等所谓消极情绪；③激励自己，克服自满与迟疑，调动自己情绪达到某一目的并较持久地保持这种动力；④了解并理解别人的情感，欣赏别人对事物不同的认识和感情；⑤善于处理人际关系，掌握别人的情绪，具备社会能力和社会技巧。

在教育神经科学的视野下，特别重视对儿童情绪能力的培养。人类从孩提时代起就能判断一定的情境，使我们"不仅仅是加工信息的计算机，因为它（还）让我们判断与思考这种信息的价值，让我们拥有感情，并能感受到美"（所谓"情绪价"（emotional valence））的意义。

至于"随意控制""自我调节""有意行为""自动控制行为"等说法，实际含义相近，它们都是儿童适应社会环境所需要的一种或一些重要的行为与情绪技能。

目前，在行为层面，儿童"随意控制"的水平可通过"集中注意"（专心活动的倾向）、"抑制控制"（克制力的训练）、"低强度快乐"（享受低强度的刺激）、"知觉敏感性"（对环境中细微变化的意识）等研究范式的操作结果加以判断。控制冲动而延迟满足的能力是随意控制的一个很好的指标，并有预测性：4 岁儿童抵制吃软糖的时间与以后取得的学业成功之间有显著的相关性。

调节情绪的脑区也在著名的"前扣带回"（anterior cingulate），它在所谓眶额皮层（orbito-frond cortex）的后面。这个脑区作用很大，不仅调节认知过程，还负责调节情绪，获得所谓有意行为或自动控制行为。

情感神经科学研究发现，杏仁核是恐惧回路的基础部分，是情绪学习和恐惧记忆的主要部位。而且，它也是构成儿童的不同气质倾向的主要生物基础，是具有神经可塑性的学习和恐惧记忆的主要部位。杏仁核起两方面的作用：首先决定直接呈现的刺激是否对生物主体有威胁性。如果有威胁性，它必须指挥相应的行为反应、内分泌反应等。同时，杏仁核与脑中的感知系统、认知系统有广泛联系（这是直接与皮层联系）；杏仁核也可以投射到不同的激励系统，间接地影响知觉皮层对信息的处理。

情绪调节与想象的关系是情感神经科学另一活跃的研究领域，其研究成果阐述了以下丰富的教育含义：情绪脑与感知区域相连接。枕叶（occipital lobe）是这些感知区域的一部分。脑枕叶不仅参与感知，还参与心理想象。想象会激活与感知相同的许多区域！心理想象会改变情绪状态，无论是正性刺激还是负性刺激，它们不仅会被记录而且会影响身体；想象有助于记忆，如通过想象与某词语相关的物体与情境来记住该词语（情绪记忆参与的记忆术应用）；把想象作为心理辅助手段，克服（考试）焦虑和恐惧症；将想象作为一种激素调节物，间接影响认知能力，例如，睾丸激素会影响空间能力，比赛胜利会提高其在血液中的水平等。

3.4　教育神经神话

❖ **研创活动**

你是否认可教育神经神话？并阐述理由。

1．对生命早期突触发展研究的错误推论

哈腾罗切尔（Peter Huttenlocher）和诸格尼（Harry Chugani）发现：出生不久，神经细胞突触数量开始快速增长，10 个月达到顶峰，持续到 2～3 岁，然后开始下降，10 岁左右稳定在成人水平，呈现出所谓倒 U 形曲线：其上升意味着突触连接大量形成，即所谓“突触形成”；下降则指突触连接数量的减少，即所谓“删除”。突触形成和删除都是发展过程中的正常而必要的过程。但是面对这种现象，“神经神话”出现了：一些人将神经突触密度与智力水平直接联系起来，认为突触数量越多，人越聪明，学习能力也越强，于是陷入“突触迷信论”。

人类神经科学的研究未能证明突触密度与学习能力之间存在如此简单的线性关系，尽管表面看来似乎可以理解。其反驳的证据至少有二：其一，人的智力与学习能力的发展并未遵循倒 U 形曲线。在出生和成年初期，突触密度相近，但后者比前者更具智慧能力，更灵活，复杂学习和推理能力更强。随着突触密度的降低，青少年和成人的能力并没有下降，而是开始掌握更加抽象的知识体系和更复杂的技能（这个论据似不充分，因为它可能混淆了绝对量与速度两者的区别）；其二，对不同种类智障者的研究发现，例如，唐氏综合征会突触密度降低，脆性 X 综合征会由于遗传缺陷造成突触删除异常，因而导致突触密度很高。这也许恰恰说明适当的密度是智力和学习能力的保障，因此两者的线性关系只在一定范围内存在。

2．人仅运用了大脑“10%潜能”

该神话来源乃是对脑功能定位研究的误解。早在 18 世纪末，研究者就发现了布罗卡、威尔尼克、角回三个语言区以及与视觉、听觉和运动控制相关之脑区，显示了神经和心理功能定位于脑的具体结构上。当时的确仅绘出了 10%的结构和功能。“10%潜能”神经神话的另一来源可能与错误解释著名神经科学家拉希里（Karl S. Lashley）在 20 世纪 20 年代所设计的系列迷宫实验结果有关：在保留老鼠一定量的大脑皮层而切除其皮层中较大一部分后，其解决简单任务如走迷宫、视觉辨别的能力并不受影响。甚至在皮层的切除量达到 58%时都不会影响某种类型的学习。很可能人们对这些数据的过度解释与夸大，造成了“10%论断”的流传。对“静息皮层”（silent cortex）概念的误解也是该神话的来源之一。所谓静息皮层指的是在电刺激下没有引起明显反应的脑区，但这并不意味这些脑区是“不活跃的或没有使用过的”。目前，人们已将这些脑区改称为“联想皮层”，它是负责语言、想象等人类特有行为的重要脑区。

3．脑的半侧化或特化

错误理解脑科学与学习的著名例子是所谓“右脑学习与左脑学习”概念，即“脑的左半球主管逻辑与语言信息代码，而右半球具有创造性，主管视觉信息代码”，即所谓艺术家是“右脑型的”，数学家是“左脑型的”。

迪昂的研究表明（运用词汇掩蔽和无意识启动范式）：加工数字单词（“one”“two”）是由左半球负责，但在辨别阿拉伯数字（“1”“2”）时，左右半球都被激活。在文本阅读这类高层次加工时，对书面文字的解码或者辨别言语的声音，大脑两侧的系统都被激活。

再如，所谓纯粹的“右半脑能力”之空间关系编码，其实也是在两半球的共同参与下而完成的，只不过两者活动方式不同：左脑善于对“分类”空间关系进行编码（如上、下或左、右）；右脑善于对距离的空间关系进行编码。脑成像显示，即使在这两种情况下，两半球区域也是都被激活的。因此可得出如下结论：脑是高度综合的系统，单独脑区几乎不独立运行。尽管像面部识别及言语发声以某半球为优势，但大多数任务都要求两半球并行工作。难怪有人将这种所谓两半球学习的神经神话戏说为“left no left；right no right”！

4．“丰富环境”与“0～3 岁”神话

“丰富环境”可以刺激神经生长，形成新的突触，可以提高智力和学习能力。这个神话的典型应用是 0～3 岁婴幼儿早期教育。该神话认为 0～3 岁的发展期具有决定性作用，3 岁时脑的重要方面就已经决定好了。这个神话可能来自于这样的认识：婴幼儿早期的神经元增长数量最多，而学习是由新突触的产生形成的，因此，儿童早期的学习能力最强。某些决策者、教育者、玩具商以及家长过分强调这些现象，形成了神经神话。John Bruer 第一个系统驳斥了“0～3 岁”神话。真实情况是：人的一生都可以产生新的神经元，脑终身都具有可塑性。

3.5 情绪与学习

❖ 研创活动

（1）如何理解元情绪？

（2）情绪对学习有哪些影响？

（3）情绪对认知活动有哪些影响？

1．情绪

情绪，是对一系列主观认知经验的通称，是多种感觉、思想和行为综合产生的心理与生理状态。最普遍、通俗的情绪有喜、怒、哀、惊、恐、爱等，也有一些细腻微妙的情绪如嫉妒、惭愧、羞耻、自豪等。情绪常和心情、性格、脾气、目的等因素互相作用，也受到荷尔蒙和神经递质影响。无论正面还是负面的情绪，都会引发人们行动的动机。

尽管一些情绪引发的行为看上去没有经过思考，但实际上意识是产生情绪重要的一环。人的情绪有天生也有后天控制的成分。

情绪可以被分类为与生俱来的“基本情绪”和后天学习到的“复杂情绪”。基本情绪和原始人类生存息息相关，复杂情绪必须经过人与人之间的交流才能学习到，因此每个人所拥有的复杂情绪数量和对情绪的定义都不一样。

关于“情绪”的确切含义，心理学家还有哲学家已经辩论了 100 多年。情绪是指伴随着认知和意识过程产生的对外界事物态度的体验，是人脑对客观外界事物与主体需求之间关系的反应，是以个体需要为中介的一种心理活动。情绪有 20 种以上的定义，尽管它们各不相同，但都承认情绪是由以下三种成分组成的：①情绪涉及身体的变化，这些变化是情绪的表达形式。②情绪涉及有意识的体验。③情绪包含了认知的成分，涉及对外界事物的评价。由于情绪与情感表现表达极易混淆，如爱情的满足感总是伴随着快乐，所以在情绪定义中情绪与情感的关系是辩论争议的重要方面。

人类有几百种情绪，此外还有很多混合、变种、突变以及具有细微差异的“近亲”。情绪的微妙之处已经大大超越了人类语言能够形容的范围。情绪不可能被完全消灭，但可以进行有效疏导、有效管理、适度控制。情绪无好坏之分，一般只划分为积极情绪、消极情绪。

研究人员一直在争论到底哪些情绪属于基本情绪，甚至到底是否存在基本情绪。基本情绪即情感的红、黄、蓝三原色，以此为基础可混合成千上万种的情绪。美国加利福尼亚大学旧金山分校心理学家保罗·艾克曼的发现在一定程度上证实了，人类的确存在少数几种核心情绪。艾克曼指出，人类的四种基本情绪（喜、怒、哀、惧）所对应的特定面部表情，为世界各地不同的文化所公认，包括没有文字、尚未受到电影电视污染的人群，这说明情绪具有普遍性。

按照情绪状态可将情绪分为心境、激情和应激三种。情绪状态划分来源于情绪维度理论，情绪的维度是指情绪所固有的某些特征，主要指情绪的动力性、激动性、强度和紧张度等方面。心境是一种微弱、弥散和持久的情绪，即平时说的心情。激情是一种猛烈、迅疾和短暂的情绪，类似于平时说的激动。应激是机体在各种内外环境因素及社会、心理因素刺激时所出现的全身性非特异性适应反应，又称为应激反应。这些刺激因素称为应激原。应激是在出乎意料的紧迫与危险情况下引起的高速而高度紧张的情绪状态。应激的最直接表现是精神紧张。

2. 元情绪

沙洛维（salovey）和梅耶（mayer）认为情绪智力是一种对情绪的知觉、表达和评价的准确的把握能力，是一种接近并产生感情以促进思维的能力、理解情绪及情绪知识的能力，以及调解情绪以促进情绪和智力发展的能力。他们发现在情绪智力的心理结构中有一种能力对情绪的监控和调节更为具体，这就是元情绪。

元情绪是主体对自己情绪的体验的觉知、内省、表达、描述监控和调节，并对其产生的原因、过程、结果作反应分析、合理归因及自身调控的能力，是对情感的反身认识。无论主体产生的是积极情绪还是消极情绪都可以通过元情绪的调控功能进行调节，使自身的情绪保持在适当的动态平衡水平上，这也是使个体身心能够健康发展所必要的条件，可以通过改良元情绪的每个成分使其达到理想的状态，可以通过提高个体元情绪水平来进行心理干预。

元情绪是一种能力，它包含了三个方面，感知和体验情绪的能力、表达与归因情绪的能力和调节与控制情绪的能力，而这三种能力在情绪机制中也扮演着不同的角色。感知与体验情绪的能力是前提，面对自身情绪时个体首先要察觉到并且能够体验到自身情绪的起伏变化以及该情绪达到了什么程度才能进一步有效地调控自身的情绪。表达与归因情绪的能力是中间环节，从对情绪的感知与体验到对情绪的调节与控制，表达与归因是必不可少的步骤，对于在意识层面之下的很模糊的情绪只有通过表达与归因才能使个体更加清晰地理解，从而更好地监控情绪的发展变化。只有把元情绪的动态调节和静态监控相结合，元情绪才可以使积极情绪与消极情绪达到动态平衡，最终和谐统一。

元情绪把个体自身的情绪当成认知对象，把自身产生的情绪当成认知和调控的客体，是人们对自己情绪所产生的情绪，即初级情绪时的次级感受或情绪，不仅指对感受的感受还包括对情绪的感受和思维，并在元情绪的基础上提出了元情绪理念。元情绪理论是指个体对自我与他人情绪的一套有组织的感受与认知。梅耶（mayer）等把元情绪划分为状态性元情绪和特质性元情绪。状态性元情绪强调正在进行的情绪反思的变化性，有五个维度：控性性、清晰性、接受性、典型性、变化性，但他们认为元情绪是情绪智力的信念、自我效能感。

元情绪有短期与长期之分，长期的元情绪可以激发某些特定情绪，还会影响个人特质、心理动力、家庭和群体动力、组织气氛、情绪障碍及认知加工。元情绪能力强的学生，具有更好的学习适应能力。注重从情绪注意、情绪辨别和情绪恢复三个层面进行元情绪的心理教育，有助于学生发展学习适应性和提高学习成绩。

3．情绪对学习的影响

教育工作者已经知道情绪会对学习活动产生影响。比如，研究发现，学生情绪的积极程度与学业成绩呈正相关关系，情绪状态对学业成绩还具有一定的预测力。与中性状态下相比，积极情绪中的个体表现出更高的创造性，能提出更多的创造性问题，问题解决的效率更高，决策更全面。而恐惧情绪下，个体的创造力会有所降低，具体表现在对创造性问题的提出有显著的抑制作用，而焦虑状态会使个体在创造性测试上的得分显著下降。此外，消极情绪会削弱学习动机和努力程度，干扰注意和记忆活动，使学生更多地采用外部奖励的学习策略，不利于取得良好的成绩。

情绪对学习的影响可以通过它与各种认知过程（如注意、记忆、决策、执行控制）的相互作用来实现。同时，情绪是心理健康的重要成分，积极的情绪状态保证了个体在健康的身心状态下展开学习，并有助于学习态度的培养及良好师生关系的建立。另外，在生活实践中，个体也需要通过情绪线索和社会反馈来指导各种行为。情绪作为心理活动的发起者、组织者和维持者，深刻地影响着注意、记忆和决策等认知活动，这些作用是以一定的脑结构和脑功能基础为支撑。

4．情绪对认知活动的影响

任何一项高级的学习过程都是由注意、记忆和执行控制等基础的认知活动构成的。个体的情绪状态以及当下受到的情绪刺激通过脑区之间的神经连接和信息链直接或间接地影响到各方面的认知活动。

1）情绪与注意

已有大量研究证实个体对环境中的消极情绪信息尤其是威胁性信息存在特殊的敏感性，这种现象称为情绪的负性偏向。也就是说，相对于积极和中性情绪信息而言，消极情绪信息会得到机体的优先加工，在有限的注意资源下仍能引起较大的神经活动。消极情绪信息会增加个体的注意警觉性，这一点在对学生的提醒督促和批评教育上具有积极意义。但就学习活动本身而言，积极情绪往往具有更好的促进作用。

行为学研究发现，积极的情绪状态有助于学生保持较好的注意水平。积极情绪有助于提高学生的选择性注意和持续性注意能力，而消极情绪则显著降低学生的持续性注意水平，减少其对认知活动的资源分配。相比悲伤状态，个体在愉快的情绪状态下更倾向于利用整体信息重构图片记忆以及对图片进行分类。这表明积极情绪状态下的个体更关注事物整体，而消极情绪下则更关注局部信息。

2）情绪与记忆

研究者很早就意识到情绪对个体的记忆有着重要影响。大量证据表明情绪对认知的影响可能主要是通过影响工作记忆来完成的。根据存储信息的不同，工作记忆可分为空间工作记忆和言语工作记忆两种类型。空间和言语工作记忆存在不同的情绪效应，消极情绪会选择性地损害空间记忆。相较于言语记忆，空间记忆更依赖于视觉注意资源，而消极情绪则更多地占用了此资源，从而对空间记忆造成影响。功能性磁共振研究也进一步印证了上述发现。在消极情绪状态下完成空间工作记忆任务时，前额叶和顶叶的许多区域相对于中性基线条件有显著激活。而言语任务对情绪背景不敏感。这些实验结果表明，情绪对工作记忆选择性影响的潜在神经机制很可能是注意资源的竞争。

情绪对工作记忆存在选择性的影响，并与注意和认知控制机制相关联。由此可以推想，情绪对学习活动的影响也必将是一个十分精密和复杂的过程。

3）情绪与执行控制

鉴于实际学习活动和学习情境的复杂性，良好的执行控制功能是正常执行学习任务、获得好的学习效果的必要保障。目前的研究对于执行控制功能范围的界定尚有争论，但一般认为执行控制包含三个基本的功能：行为抑制、任务转换和信息更新。

情绪与执行功能之间的交互作用较为复杂，理论构想和实证研究都尚在发展之中。可以肯定的是，情绪对执行功能具有重要的影响，因此合理、有效地管理情绪状态将有利于学习活动的开展。

除了基本的认知过程，越来越多的神经科学研究试图考察情绪与创造力、问题解决等复杂认知活动的关系。目前研究已发现积极情绪下个体解决问题的数量显著增多，并更倾向于采用顿悟式而非分析式的解决模式。脑成像数据也表明积极情绪对顿悟式问题的解决具有促进作用。

积极情绪能扩展注意广度、增加注意转换的灵活性，也有助于个体对问题空间的全局表征，使更多的信息进入工作记忆，增强工作记忆的更新以及在各种信息之间迅速转换选择，使个体更有可能接近正确的问题解决策略。愉快、满足等积极情绪通过调节特定脑区的活动来优化注意和工作记忆的认知加工，协调执行控制功能，从而促进个体学习活动。积极情绪可以扩大注意范围，增加与问题相关的认知要素的广度，增加认知灵活性和认知联结的多样性，从而提高个体的创造性和决策效率。而焦虑、恐惧等消极情绪损害认知活动，不利于学生的学业成绩。

实际教学中应创造相对宽松的学习情境，使学生保持愉快舒适的心情，并关注不良情绪的疏导。情绪输入理论（mood-as-an-input theory）提示情绪对认知和行为的影响取决于个体在任务情境中如何解释其情绪。教育工作者应重视学生情绪调节能力的培养，指导学生以恰当的方式看待环境中的情绪刺激，最大限度地利用积极情绪的促进作用，减弱消极情绪对学习的干扰。

4）情绪对认知的作用

美国心理学家霍夫曼（Hoffman M.L.）根据多个相关研究，把情绪对认知的作用概括为以下几个方面。

第一，情绪可能引发、终止或中断信息加工。例如，在从语言线索中提取意义这种复杂任务中，中等强度的情绪能促进信息加工，高强度的情绪会中断或终止信息加工。积极的情绪有助于信息加工，消极的情绪会阻碍信息加工。

第二，情绪可能导致选择性加工。情绪既可以决定对环境中的哪一部分信息进行加工，也可以影响以怎样的方式进行加工。

第三，情绪可以组织回忆。情绪对于回忆有着重要的影响，人的情绪状态有助于回忆与该情绪相一致的信息，积极的情绪在这方面的作用尤其突出，消极情绪也有助于回忆与该情绪状态一致的信息。

第四，情绪有助于对带有情绪成分的事件进行归类。当人们对事件进行归类时，会产生与这些事件有关的情绪，这种情绪体验可以赋予这些事件以相应类别的情绪。

第五，情绪可以为社会认知输入信号。人在情绪反应上存在着模仿和条件反射作用，成人可以从自己的情绪体验中意识到别人的同样的情绪体验，可以从他人外在化情绪反应中判断他人内心的情绪体验，这为人与人之间的社会认知提供了输入信号，有助于观察和评价他人的行为。

第六，情绪可以影响决策和问题解决。当人们处于低等或中等强度的积极情绪时，往往倾向于采用最简单的策略，一般不太考虑留有多方面选择的余地。

拓展资料

1．李其维，周永迪．教育神经科学：一门极具实践意义和发展前景的新型学习科学[J]．心理与行为研究，2011(B06)：46-56．

2．张金凤，周加仙．教育神经科学视野下的发展性计算障碍研究及教育对策[J]．教育生物学杂志，2016(4)：169-176．

3．周加仙．教育神经科学与信息技术的跨学科整合研究——访英国著名教育神经科学家保罗•霍华德•琼斯教授[J]．开放教育研究，2016(6)：4-10．

4．王道阳，戚冬，陈天刚．教育神经科学的发展现状、影响及对策[J]．教育生物学杂志，2016(3)：144-147．

5．周加仙．基于证据的教育决策与实践：教育神经科学的贡献[J]．全球教育展望，2016(8)：90-101．

6．周加仙．“教育神经科学”与“学习科学”的概念辨析[J]．教育发展研究，2016(6)：25-30，38．

7．高振宇．教育神经科学视野下教师专业的重构与发展[J]．全球教育展望，2015(11)：95-103．

8．周加仙，王臻璐．教育神经科学视野下的有害压力研究及教育对策[J]．华东师范大学学报(教育科学版)，2014(4)：71-79．

9．周加仙．教育神经科学：创建心智、脑与教育的联结[J]．华东师范大学学报(教育科学版)，2013(2)：42-48．

10．姜永志．教育神经科学的理论与实践——从“实验室”到“教室”的学习科学[J]．开放教育研究，2013(3)：71-77．

11．姜永志．整合心理、脑与教育的教育神经科学[J]．心理研究，2013(3)：3-10．

12．姜永志．教育神经科学：揭开大脑学习的“黑匣子”[J]．科技导报，2012(35)：80．

13．周加仙，蔡永华．教育神经科学的超学科研究范式[J]．教育发展研究，2012(22)：53-58．

14．钱雨．文化、脑与教育——人类学启迪中的教育神经科学[J]．教育发展研究，2012(22)：59-63．

15．周加仙．教育神经科学与文化适宜性教学[J]．远程教育杂志，2012(5)：20-25．

16．柯特•费希尔，周加仙，柳恒爽，等．教育神经科学的未来：建构学习发展路径的工具[J]．全球教育展望，2011(9)：44-49．

17．佘燕云，杜文超．教育神经科学研究进展[J]．开放教育研究，2011(4)：12-22．

18．周加仙．教育神经科学：创建心理、脑与教育之间的永久连接——哈佛大学 Kurt W．Fischer 教授访谈[J]．全球教育展望，2011(1)：11-16，21．

19．王亚鹏，董奇．基于脑的教育：神经科学研究对教育的启示[J]．教育研究，2010(11)：42-46．

20．胡谊，桑标．教育神经科学：探究人类认知与学习的一条整合式途径[J]．心理科学，2010(3)：514-520．

21．周加仙．教育神经科学：架起脑科学与教育政策和实践的桥梁——经济合作与发展组织 Bruno della Chiesa 访谈[J]．全球教育展望，2010(4)：3-6，84．

22．周加仙．教育神经科学的演进与分析[J]．全球教育展望，2009(12)：7-12．

23．周加仙．教育神经科学的领域建构[J]．华东师范大学学报(教育科学版)，2009(3)：69-74，82．

24．范春林．社会性—情绪学习的研究及其对我国基础教育的启示[J]．教育研究，2015(9)：138-145．

25．毛梦钗，黄宇霞．情绪与学习——来自认知神经科学的证据[J]．教育发展研究，2013(Z2)：85-88．

26．张振新，徐宪斌．情绪状态对学习判断的影响及其机制[J]．心理科学，2012(1)：153-159．

27．钟志贤，邱娟．论远程学习者的情绪管理[J]．远程教育杂志，2009(5)：58-63．

第4章　多维视野中的学习

● 学习目标

1. 了解中国传统文化视野中的学习。

2. 能够从行为主义、格式塔、建构主义、人本主义、信息加工理论、联通主义等视野深入理解学习。

3. 能够从教育哲学视野深入理解学习。

4. 能够从管理学家视野深入理解学习。

5. 能够从教育技术视野深入理解学习。

6. 能够从历史哲学视野深入理解学习。

7. 能够从脑科学视野深入理解学习。

● 知识点

中国传统文化视野中的学习、学习理论视野中的学习、教育哲学视野中的学习、管理学家视野中的学习、教育技术视野中的学习、历史哲学视野中的学习、脑科学视野中的学习。

● 技能点

多维视野阐述学习的内涵。

● 思考题

1. 为什么需要从多维视野透视学习的内涵？

2. 中国传统文化中如何理解学习，对学习有哪些认识？

3. 学习理论视野中如何理解学习？

4. 教育哲学视野中如何理解学习？

5. 管理学家视野中如何理解学习？

6. 教育技术视野中如何理解学习？

7. 历史哲学视野中如何理解学习？

8. 脑科学视野中如何理解学习？

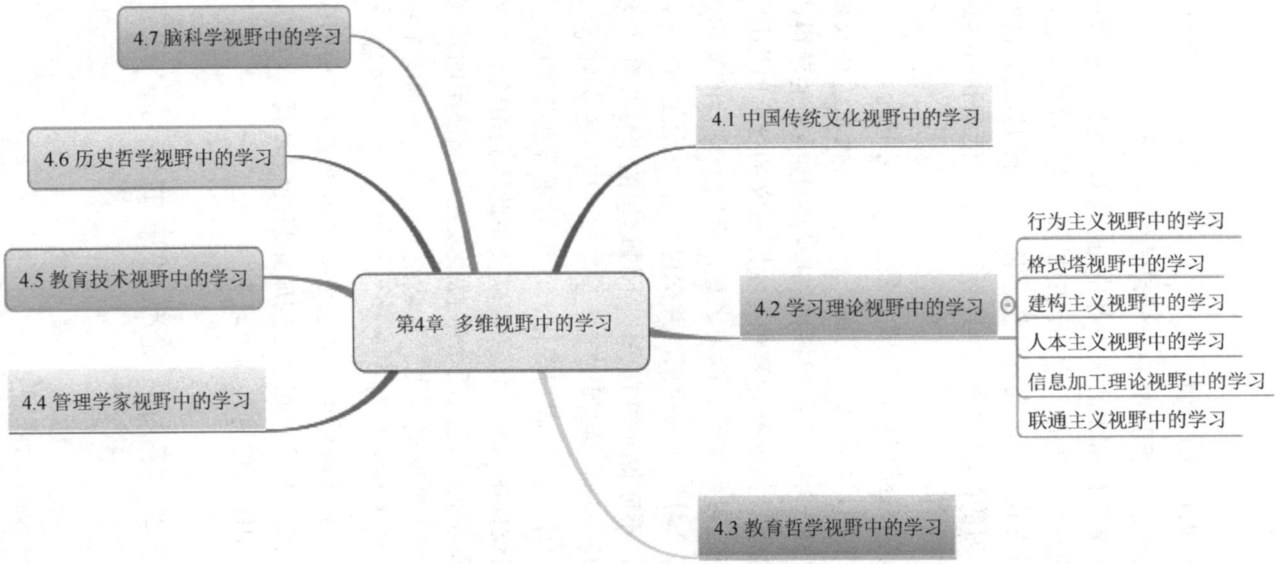

“多维视野中的学习”知识导学图

4.1 中国传统文化视野中的学习

❖ **研创活动**

（1）调研古代人是如何理解学习的。

（2）归纳总结中国传统文化视野中关于学习的主要观点。

人类最初的学习活动是在日常生活和生产中进行的，是在直接经验中的学习。随着语言和文字等符号体系的发展，尤其科学知识的扩展，人类要学习的内容越来越多，并且创造出相应的间接学习方式，即借助各种符号体系进行的学习，这既是一种高效率的学习，又始终不能离开学习的经验背景，并且必须在实践活动和直接经验中对所学内容进行理解、消化、巩固和提高。

对人类早期学习活动的总结概括，形成了最初的学习概念。在中国古代，“学”与“习”两个字一般是分开使用，而不是并列在一起的。古代表达获取知识、提高认识的含义时多用“学”字或“知”字，主要指各种直接与间接经验的获得，有时还兼有思的含义；表达熟悉和掌握技能、修炼德行等带有实践意义的行为时则用“习”字，“习”指巩固知识、技能，含有温习、实习、练习之意，有时兼有行的意思。

中国最早将“学”与“习”联系起来，并探讨二者关系的是孔子。他在《论语·学而》中说：“学而时习之，不亦说（悦）乎!”不过这里的“学”和“习”尚未直接联在一起组成一个复合词，但孔子揭示和强调了“学”与“习”之内在联系，“学”是“习”的基础与前提，“习”是“学”的巩固与深化。这里需要特别强调的是，早在2000多年以前，孔子就强调了学习过程中的知行统一，以及由此所获得的愉悦情感体验，而这恰恰是学习的本质所在!而最早把学习这两个字直接联在一起使用的是《礼记·月令》中的“鹰乃学习”，这里是指小鸟反复学飞。这就是“学习”一词的来由。从以上分析不难看出，中国传统文化中的“学习”包含“学”与“习”两个环节，“学”是指人的认识活动，而“习”则是指人的实践活动，这也是中国传统文化中长期探讨的一个重大理论问题：知与行的关系，把二者统一起来才构成完整的学习概念。实际上，学习是学、思、习、行的总称，而且中国古代更强调“习”。

4.2 学习理论视野中的学习

❖ **研创活动**

（1）调研各种学习理论对学习的观点。

（2）阐述各种学习理论对学习认识的优点和局限性。

1. 行为主义视野中的学习

1）巴甫洛夫（Ivan Pavlov）经典条件反射学说

条件反射的生理机制是暂时神经联系的形成，认为学习就是暂时神经联系的形成。

巴甫洛夫的经典条件反射学说的影响是巨大的。在俄国，以巴甫洛夫的经典条件反射学说为基础的理论在心理学界相当长的时间内占统治地位。在美国，行为派的心理学家华生、斯金纳等均受到巴甫洛夫的条件反射学说的影响。

2）桑代克（Edward Lee Thorndike）联结说

学习的实质就在于形成、强化与反应之间的习惯性联结（S R）。刺激反应之间的联结是通过试误建立的（试误说）。情境（以 S 代表）有时也叫刺激，包括外界情境和思想、情感等大脑内部情境。反应（以 R 代表）包括“肌肉与腺体的活动”和“观念、意志、情感或态度”等内部反应。所谓联结，就是结合、关系、倾向，指的是某种情境只能唤起某种反应，而不能唤起其他反应的倾向。用“→”作为引起或导致的符号。联结的公式为：S→R。学习的进程是一种渐进的、盲目的、尝试与错误的过程。在此过程中，随着错误反应的逐渐减少和正确反应的逐渐增加，而终于在刺激与反应之间形成牢固的联结。

学习遵循一定的规律：准备律、练习律、效果律。准备律是指当学习者有准备而给以活动就感到满意，有准备而不活动则感到烦恼，学习者无准备而强制以活动也会感到烦恼。练习律是指一个已形成的可以改变的联结的应用会增强这个联结的力量，而联结的失用（不练习）则会使联结减弱。效果律是指情境与反应之间的联结因伴随着满意的结果而增强，因伴随着烦恼的结果而减弱。

3）华生（John Broadus Watson）刺激反应说

华生认为学习就是以一种刺激代替另一种刺激建立条件反射的过程。在华生看来，人类出生时只有几个反射（如打喷嚏、膝跳反射）和情绪反应（如惧、爱、怒等），所有其他行为都是通过条件反射建立新刺激—反应（S-R）联结而形成的。

4）斯金纳（Burrhus Frederic Skinner）操作性条件反射理论

斯金纳通过实验发现，动物的学习行为是随着一个起强化作用的刺激而发生的。斯金纳把动物的学习行为推广到人类的学习行为上，他认为虽然人类学习行为的性质比动物复杂得多，但也要通过操作性条件反射。

操作性条件反射的特点是：强化刺激既不与反应同时发生，也不先于反应，而是随着反应发生。有机体必须先作出所希望的反应，然后得到“报酬”，即强化刺激，使这种反应得到强化。学习的本质不是刺激的替代，而是反应的改变。斯金纳认为，人的一切行为几乎都是操作性强化的结果，人们有可能通过强化作用的影响去改变别人的反应。在教学方面教师充当学生行为的设计师和建筑师，把学习目标分解成很多小任务并且一个一个地予以强化，学生通过操作性条件反射逐步完成学习任务。

在有效的强化程序中不断巩固刺激和反应之间的联结，塑造有机体行为的过程就是学习过程。学习就是条件作用，学习就是行为，而思维也是一种能够被分解和编制成详细行为目录的行为。斯金纳认为，学习是一种行为，当主体学习时反应速率就增强，不学习时反应速率则下降。因此他把学习定义为反应概率的变化。

5）班杜拉（A.Bandura）的社会学习

班杜拉认为儿童社会行为的习得主要是通过观察、模仿现实生活中重要人物的行为来完成的。任何有机体观察学习的过程都是在个体、环境和行为三者相互作用下发生的，行为和环境是可以通过特定的组织而加以改变的，三者对于儿童行为塑造产生的影响取决于当时的环境和行为的性质。

观察学习是社会学习的一种最重要的形式。班杜拉认为来源于直接经验的一切学习现象实际上都可以依赖观察学习而发生，其中替代性强化是影响学习的一个重要因素。所谓观察学习是指通过观察他人的行为及其后果而发生的替代性学习。观察学习可分为四个阶段进行，即注意过程、保持过程、复制过程和动机过程。

各派行为主义者都认为，心理学的研究对象不是意识而是行为，因为只有把行为作为研究的对象，才能消除心理学研究的主观性，取得一切自然科学所共有的客观性，获得较为可靠的研究结果，还可以对研究结果进行交流和验证。为达此目的，他们把有机体应付环境的一切活动统称为行为，把作为行为最基本成分的肌肉收缩和腺体分泌称为反应，把引发机体活动的外部或内部变化统称为刺激，由此建立起行为主义心理学的基本概念、研究方法论及其学习的基本理论，使行为主义心理学以自然科学的面目出现，产生了广泛深入的影响。但各派行为主义又都把人的大脑和复杂思维活动作为“黑箱”，将有机体内部的意识和思维过程从脑中抽出来，放到外周器官，即感官、肌肉和腺体上，当作行为反应来处理。实际上，意识现象却并没有因此与脑断绝关系，相反，行为主义理论中的这种无头脑倾向，因与科学无法相容而在心理学界失去了大量的拥护者。由于行为主义不仅在对动物学习的研究和训练中成效显著，在人的机械性学习和训练中也十分有效，所以至今在学校教育实践中仍然被广泛接受和采用。

行为主义的学习理念源自对动物学习和训练研究的实验成果，用来指导人的学习，尽管在某些机械性学习和训练中可能十分有效，但这种把人当作动物来训练的学习导向，必然导致对个体学习兴趣，尤其是创造性学习能力的摧残与扼杀，这可能正是目前中国从中小学生到大学生中普遍存在厌学情绪的一个重要理论根源。

2．格式塔视野中的学习

格式塔学派是 1912 年诞生在德国的心理学的重要流派之一，由魏特海默（Wetheimer）、苛勒（Kohler）和考夫卡（Koffka）三位德国心理学家在研究似动现象的基础上创立。

格式塔学派的学习理念：格式塔体系的关键特征是整体性、具体化、组织性和恒常性。格式塔学派主张人脑的运作原理是整体的。人类和高等动物的学习，根本不是对个别刺激作个别的反应，而是对整个情境作有组织的反应过程；学习并不是依靠“尝试”，而是“顿悟”（insight）的结果。格式塔心理学派的学习说又称“顿悟说”。格式塔派的学习理论，重视整体，强调顿悟和理解，看到了人的智慧作用。

格式塔学派认为，学习同知觉一样乃是一种组织作用的结果。所谓组织作用，就是指知觉经验中旧结构的豁然改组或新结构的豁然形成，学习是对心理环境的重新组织和重新构造。这种组织作用是一种先验的原始的机能，是与知识经验无关的。组织作用的发生，不需要任何过去的经验作基础而能直接地被体验到，因此特别强调直觉。

学习的目的和实质在于形成与发展人的内在认知结构、完形（“格式塔”）。人在学习活动中不是单纯地积累知识，更重要的是不断地促成“格式塔转换”，这是一种学习中的“顿悟”，因此，学习绝不是盲目、消极地接受刺激，而是有目的地探究，是富于想象力的创造性活动。

3. 建构主义视野中的学习

1）认知学派（早期建构主义）视野中的学习

皮亚杰吸取了格式塔学派从整体上研究有机体内在知觉结构的成果，但却超越了格式塔学派将主体的知觉结构看作遗传的，是神经系统一种原始性的先验机能。皮亚杰认为，人类认知结构的图式及其对外界刺激的同化作用都是在后天活动中发生和发展的。

学习活动本质上是一种主体转变客体的结构性动作，其目的在于取得主体对外部自然与社会环境的适应，从而达到主体与环境之间的平衡，同时将这种动作协调结构内化为主体的认知结构（图式）。这种内化包括同化和顺应两种形式，同化是主体在活动中对环境进行选择、改变，并把它们纳入主体原有图式中，从量上丰富和发展原有图式；顺应是当原有图式容纳或同化不了客体或主体动作经验时，在主体自我调节之下改变原有动作结构产生新的图式，以适应环境变化的过程。在同化和顺应交替进行的过程中，主体的认知图式得到了建构和发展，从而使主体与外界环境之间的关系不断打破原有的平衡，达到新的平衡。

2）社会建构主义视野中的学习

维果茨基批判了心理学研究中无视动物行为和人的心理活动存在本质差异的纯生物学观点与自然主义倾向，突出强调了个体心理发展的社会文化历史背景，提出了社会建构主义的学习理念：学习是人所特有的高级心理结构与机能，这种机能不是从内部自发产生的，而是只能产生于人们的协同活动和人与人的交往之中；这种高级心理机能最初形成于人的外部活动中，并在活动中逐渐内化，成为人的内部各种复杂心理过程和结构。因此，人的心理发展既是个体的又是社会的，个体的知识建构过程和社会共享的理解过程是不可分离的。大多数建构主义者对学习有以下几点共识。

第一，学习是学习者主动建构内部心理表征的过程，这种建构不可能由其他人代替，强调学习过程中学习者主动性的发挥。

第二，学习过程同时包含两方面的建构，一方面是对新信息的意义建构，运用原有的经验超越所提供的信息，另一方面又包含对原有经验的改造和重组，学习过程不是简单的信息输入、存储和提取，而是新旧经验之间相互作用的过程。

第三，学习既是个性化行为，又是社会性活动，学习需要对话与合作。人们是以自己的经验为基础来建构或者解释现实，不同的人看到事物的不同方面，这也正是个体经验的局限性，只有通过对话与协商式的合作学习，才能了解与自己不同的观点，获得丰富、全面的认识。

第四，强调学习的情境性。学习者理解、建构知识受到特定学习情境的影响，知识在不同情况下的应用并不是简单套用，需要针对具体情境的特殊性对知识进行再创造。所以，建构主义的学习观认为学习知识不能满足于教条式的掌握，而是需要不断深化，把握它在各种具体情境中的复杂变化。

4. 人本主义视野中的学习

以马斯洛和罗杰斯等为代表的人本主义心理学派强调人的尊严、价值、创造力和自我实现，把人的本性的自我实现归结为潜能的发挥，而潜能是一种类似本能的性质；强调爱、创造性、自我表现、自主性、责任心等心理品质和人格特征的培育，对现代教育产生了深刻的影响；认为学习是自我概念的变化，是价值与潜能的实现，他们强调情感、人格和自我意识在学习中的作用，对当代学习理论与实践产生了很大影响。

5. 信息加工理论视野中的学习

加涅认为，学习是一个有始有终的过程，这一过程可分成若干阶段，每一阶段需进行不同的信息加工。在各个信息加工阶段发生的事件，称为学习事件。学习事件是学生内部加工的过程，它形成了学习的信息加工理论的基本结构。与此相应，教学过程既要根据学生的内部加工过程，又要影响这一过程。因而，教学阶段与学习阶段是完全对应的。在每一教学阶段发生的事情，即教学事件，是学习的外部条件。教学就是由教师安排和控制这些外部条件构成的，而教学的艺术就在于学习阶段与教学阶段的完全吻合。

学习是学生与环境之间相互作用的结果。学习过程是由一系列事件构成的。加涅认为，每个学习动作可以分解成八个阶段：动机阶段、领会阶段、习得阶段、保持阶段、回忆阶段、概括阶段、作业阶段、反馈阶段。

6. 联通主义视野中的学习

联通主义提出的背景：第一，网络时代的来临。网络的出现，使人们的交流方式发生了巨变，同时，网络也带来了知识爆炸的时代，知识不断增长，其更新周期与半衰期不断缩短，而每个人都可以在网络上分享自己的知识，这为联通提供了前提。第二，学习工具、方式和学习资源的转变。人们的学习不再局限于课本或纸质书的学习，而是通过网络，或者是团队交流学习等获得知识。

西蒙斯在 *Connectivism: A Learning Theory for the Digital Age* 一文中系统提出了联通主义的思想，指出学习不再是一个人的活动，学习是连接专门节点和信息源的过程。

联通主义表述了一种适应当前社会结构变化的学习模式。学习不再是内化的个人活动。当新的学习工具被使用时，人们的学习方式与学习目的也发生了变化。联通主义建立在这样一种理解上：知识基础的迅速改变导致决策的改变、新的信息持续被获得、区分重要信息与非重要信息的能力至关重要。联通主义的起点是个人，个人的知识组成了一个网络，这种网络被编入各种组织与机构，反过来各组织与机构的知识又被回馈给个人网络，以供个人继续学习。联通主义的基本含义如下。

第一，联通主义认为学习不是一个人的活动，而是优化学习者的内外网络。它以学习者个人为基本单位，与社会网络中其他的个体成员构成一个复杂的学习网络。这种网络被编入各种组织和机构，机构与个人的知识相互影响，使网络中学习者的学习不断进步。

第二，联通主义是一种适于当前社会需求和社会变化的学习理论。联通主义认为，保持知识的流通是关键的一步。因为持续的学习的能力和获取知识的通道比掌握当前的知识更重要。

第三，联通主义学习理论中，学习是一种学习者通过对知识的选择来构建个人内部知识网络和外部知识网络的生态网络过程。通过不断地优化学习者自身的内外知识网络，达到不断学习、保持与时俱进的目的。

联通主义的主要观点为：学习与知识是建立于各种节点之上的；学习是一种将不同专业节点或信息源连接起来的过程；学习可能存在于非人的工具设备中；持续学习的能力比掌握当前知识更重要；促进持续学习，需要培养与保持各种连接；看出不同领域理念与概念之间联系的能力至关重要；流通（精确的最新的知识）是所有关联主义学习活动的目的；决策本身是一种学习过程。概括起来，联通主义的核心思想包括四个方面：知识观、学习观、实践观、创新观。

（1）知识观。第一，知识是一个动态变化的过程，它就如管道中的石油，不断流通，管道就是联通的各个结点。第二，知识以片断的方式散布在网络中，每个人都拥有其中一部分，每个人都可以对其中的知识进行创造、完善、更新和批判等。

（2）学习观。第一，学习是一个连续的、知识网络形成的过程，强调人与外部关系的建立和知识网络的建立。第二，学习重心不再是知识内容本身，而是在创建个人学习网络的行为中。它主张个人可以把部分对知识的理解、掌握、加工、运用等下放给网络中的结点，把更多的时间放在创建个人学习网络中。

（3）实践观。第一，认为“不知道”不是因为缺乏理论知识，而是因为缺乏做的过程。第二，对联通中结点的重视，强调建立个人学习网络后，在网络中的各个联通的结点要及时地更新，否则结点有可能会断掉。

（4）创新观。创造性是看到“现有思想或概念之间的新联系”，并建立新的现实的能力。联通主义对课程教学具有的启示：第一，教师的教学内容和教学目标要根据新的时代而作适应性的调整，例如，以前要背诵的或者要记忆的知识，现在有网络的存在，学生可以直接在网络搜索到相应的知识，这就是联通主义中把部分对知识的理解掌握下放给网络中的结点的学习观。第二，书本上的知识都是“历史”，要传授给学生最新的知识，那么教师要改变学生的学习方式，指导他们获取知识的途径，帮助学生建立个人学习网络。

4.3 教育哲学视野中的学习

❖ **研创活动**

（1）教育哲学著作、论文中关于学习的观点有哪些？

（2）教育哲学视野中如何理解学习？

同心理学相比，国内教育理论界对学习的研究就显得十分苍白，甚至可以说，至今在各种版本的教育学教科书中尚未引起对学习理论研究的真正重视，不仅没有对学习的专章论述，甚至没有将学习范畴纳入教育学理论的基本范畴体系之中。因此在涉及学习问题时，教育学理论只能引用或转述心理学的定义和理论，加上经验的总结和具体学习方法的介绍。在教育哲学的研究和探讨过程中，学习是教育的基础，学习范畴是教育学理论体系的逻辑起点，而且应该是贯穿于教育学整个理论体系中的一条主线，对学习的研究绝不能仅仅是心理学研究的专利，更应该成为教育学理论与实践研究的舞台和主题。

100 多年来，西方心理学运用不同方法对学习活动的不同侧面进行了深入研究，发现了动物与人类学习活动的许多特点和规律，深化了人们对学习的认识。但若运用教育学的视野来审视心理学的学习定义，就会觉得这样的定义一方面太宽，另一方面又太窄。之所以太宽，是因为教育研究的对象是人，人的学习活动同动物的学习行为显然存在着本质区别，所以从教育角度研究学习，必须把研究的对象缩小、确立为仅研究人所特有的学习活动；之所以太窄，是因为从心理学角度研究学习，关注的主要是个体学习活动的心理机能，而学习主体的社会文化背景、学习对象的社会历史演变、学习活动所受到的各种社会激励或制约因素等，都被排除在心理学视野之外，而这些显然都是从教育学角度研究学习所必须关注的重大课题。尽管当代人本主义心理学和社会心理学正在努力拓展个体心理发展研究的人文与社会背景，但心理学的研究对象所设置的学科壁垒毕竟是难以突破的。

目前国内外从教育学角度对学习的研究五花八门。从教育哲学的视角看，学习是人类（个体或团队、组织）在认识与实践过程中获取经验和知识，掌握客观规律，使身心获得发展的社会活动，学习的本质是人类个体和人类整体的自我意识与自我超越。这是从广义的教育角度所下的学习定义，定义中强调以下要点。

第一，人的学习活动与动物的学习行为的本质区别在于，人的学习既是个体化的活动又是社会性的活动，这里所指的社会性活动，不仅是指在社会中进行的活动，更主要的是与社会经验相互转化、丰富、发展，受社会孕育，又为社会贡献的活动，因此，学习的主体既可以是人类个体，也可以是不同层次的团队、组织乃至作为整体的人类社会。

第二，学习的内容是获取知识和经验，掌握客观规律，并用来指导自身发展。

第三，学习的目的和结果是使个体身心获得发展，使个体和人类整体不断实现自我意识与自我超越，这不仅是人类学习活动最本质的特征，而且也是人类创造力最根本的源泉。把“自我超越”纳入学习定义之中，是对中国传统文化的理解和继承：不仅强调“学”，更强调“习”，而且把知行关系的立足点放在“行”而不是放在“知”，这也是对印刷时代过分强调书本知识学习的历史与理念的超越。如果想进一步深入研究人类创造性学习活动的全貌，就必须从对个体学习活动的孤立研究，扩展到对人类社会学习活动的组织结构之整体研究。

4.4 管理学家视野中的学习

❖ **研创活动**

（1）调研管理学家和企业家关于学习的观点。

（2）归纳总结管理学家视野中是如何理解学习的。

“终身教育”“学习化社会”“学习型组织”的概念，最初都是在 20 世纪 60 年代提出的。1972 年联合国教科文组织发表的著名报告《学会生存》，使前两个概念广为传播，尤其是得到政治家和企业家的赞同和大力倡导之后，越来越深入人心；而“学习型组织”能够风靡世界，则是美国麻省理工学院教授彼得·圣吉从管理科学和组织行为学的独特视角，对当代学习科学研究和实践作出的重大贡献。

随着人类步入 21 世纪，人类面临的各种挑战越来越严峻。尤其值得警惕的是文化冲突、民族矛盾、宗教宿怨导致的政治危机和社会危机日趋严重。与传统政治、经济、军事冲突解决方式的不同之处在于：这些冲突与危机的化解，更需要从社会文化心理的深层寻找产生危机的思想根源，并从不同文化传统的对话、理解、沟通，尤其是文化教育的改革入手寻找对策和出路。正是这样的时代和社会背景，促使世界各国的决策者和政治家加强了对学习的关注，并加快了建设学习型社会的步伐。协作学习、团队学习和学习型组织的理念在迅速扩展的实践推动下不断深化。

“学习型组织”这一概念最初是由美国哈佛大学教授、系统动力学的创始人佛睿思特（Jay Forrester）在 1965 年发表的《企业的新设计》一文中首次提出来的：他的学生，当代美国著名管理学大师级人物彼得·圣吉（Peter Senge）将系统动力学的理论和方法论成功地运用到企业的创新和培训之中，系统地创立了“学习型组织”理论。

近年来，彼得·圣吉将创建学习型组织的理论和技术推广应用到教育系统，开始对学校组织进行学习化改造。他提出一个令人吃惊的判断：现在的学校不是学习型学校！是按照工业文明的流水线建造起来的缺乏生命活力的学校，甚至可以说是完全违背学习规律的学校，这种学校组织严重扼杀了学生和教师学习的创造性。这些思想和理念提出以来，在东西方教育系统中产生了激烈争论和强烈反响。一场对学校组织进行学习化改造的世界潮流，在当代信息技术的支持下方兴未艾，而且必将迅速扩展和不断深化。

学习是个体性与社会性的统一。学习首先是个体化的别人无法替代的行为，也从来就不是一个人孤立进行的活动。人类个体的学习活动只有在社会文化环境中才得以进行，每个社会成员的学习活动难解难分地融为一体，构成了整个社会的学习。因此，学习的主体不仅包括人类个体，还包括不同层次的团队、组织乃至作为整体的人类社会。以往对学习的研究以心理学为主，侧重于研究个体。但对团队学习，组织学习，民族、国家学习，乃至作为整体的人类学习之研究，则是亟待拓展的重大时代课题。要解决人类当前所面临的各种剧烈矛盾冲突，要使未来社会变得和谐而美好，人类就必须共同创建一个学习化的社会，其基础和细胞则是各种类型的学习型组织及具有终身学习理念与能力的公民。总之，21 世纪的人类文明更倡导和强调协作学习与团队学习。

学习不仅需要良好的物质条件和信息资源，更需要良好的社会环境，尤其需要有能成为“知己”的学习伙伴。协作学习是两个或两个以上的个体在一起，通过合作与交流，相互促进、互相学习，取长补短，以提高学习成效的一种学习形式。这种交往与协作，不只是学习信息的交流和研讨，更是思想的沟通、心灵的“碰撞”、性格的“磨合”，由此促进学习者协同学习与工作能力、组织能力、交往能力的提高，健康个性的发展，团队精神和集体主义观念的孕育。

利用多媒体和网络技术来辅助与支持协作学习，协作学习被赋予了新的含义。多媒体、网络环境下的协作学习，可以跨越时空，使身处异地的学习者进行同步或异步、实时或非实时的交流，极大地扩展了交流与协作的范围、深度和广度。

团队学习是个体学习与协作学习的整合与升华。个体学习是协作学习和团队学习的基础，任何形式的学习最终都要由个体来完成。协作学习是个体学习的扩展和延伸，又成为团队学习的另一个基础。个体学习与协作学习是团队学习的两大基石，而团队学习则是个体学习和协作学习的整合与升华，并由此创造出一种全新的高效学习形式。

4.5 教育技术视野中的学习

❖ **研创活动**

调研教育技术视野中是如何理解学习的。

教育技术是架设学习理论与学习实践之间的桥梁。技术是工具、手段，是从理论向实践转化的桥梁。在人类复杂的学习系统中，这样的桥梁显然也是不可缺少的。

在教学实践中发现，很多学生觉得学习理论过于抽象，学习方法又过于琐碎，二者都不容易掌握。经长期实践探索，逐渐认识到，这里的问题恰恰在于缺乏学习理论与方法之间的中间环节，即学习技术。

彼得·圣吉在创立学习型组织的五项技术时，受到飞机发展历史的启发。他特别分析了科学发明（invention）和技术创新（innovation）之间的联系与区别。1903 年，美国的莱特兄弟发明了飞行器，并使人类首次离开地面，飞上了天空，但在此后长达 30 年的时间内，乘飞机飞行始终是少数勇敢者和冒险者的活动，因为在制造飞机的过程中，缺乏能够保证飞机稳定安全飞行的技术体系。尽管人们为此付出了极大的努力，并取得了一系列重要成果，如发明了可以改变间距的螺旋桨、伸缩起落架、轻型材料铸造的机体结构、辐射状气冷式发动机等，1934 年，著名的波音公司将这四项重要的飞行技术综合起来，制造出波音 247 型民用飞机，但却仍然未能投入商业运营，原因是飞机的起飞和着陆都不稳定。直到 1935 年麦道公司进一步发明了摆动的副翼，使飞机的起飞和着陆进入了稳定状态，并将这五项重要的飞行技术整合成完整的飞机设计体系，终于完成了使飞机从发明到创新的历史性转变。麦道公司在历史上首次成功地整合了五项最关键的飞行技术，由此确保了飞机飞行的稳定和安全，并开创了民用航空的新时代。正是受这段飞机发展历史的启发，彼得·圣吉成功地创立了学习型组织的五项技术，并逐渐形成了相应的修炼方法和大量成功案例，使学习型组织理论和方法的推广应用进入了稳定而迅速的发展阶段。

学习不仅需要理论和方法，还需要介于理论和方法之间的技术。学习技术既是学习理论的具体化和操作化，又是具体学习方法的综合化和规范化。学习技术不是孤立的学习方法，而是具有内在联系的一整套学习方法体系。

受麦道公司和彼得·圣吉的启发，我们发现学习技术不仅需要发明，更需要整体的技术创新。通过借鉴学习型组织的五项修炼技术，桑新民逐步总结出适合中国当代大学生运用的五项学习技术。具体包括学习目标导向技术、自主学习技术、团队学习技术、激发与强化学习动力技术、学习评价与反馈调节技术（简称目标导向技术、自主学习技术、团队学习技术、动力激发技术、反馈调节技术），而统领并贯穿于这五项学习技术中的思维方式或方法论则是“系统思考”。“系统思考”不属于具体的学习技术，可称为指导学习技术的“思维技术”。显而易见，这五项学习技术及其方法论基础都不是硬技术，而属于软技术（当然离不开相应的硬技术支撑）。更确切地说，是帮助中国大学生在激烈竞争、充满压力和挑战的复杂大学生活中，如何科学地思维、更有效地学习和健康发展的软技术。

五项学习技术及其方法论基础是密切联系、不可分割的有机整体，为了清晰地说明它们之间的相互关系及其内在联系，可以将其同在天空中高速穿行的飞机作一番类比。“目标导向技术”相当于飞机的机头和导航系统；“自主学习技术”与“团队学习技术”相当于飞机的两翼，也是飞机的主体；“动力激发技术”是飞机的螺旋桨和发动机，是飞机的动力系统；“反馈调节技术”是飞机的方向舵和尾翼，对飞机的飞行起着调节和控制作用：而统领五项学习技术的“系统思考”则相当于飞机的神经中枢和信息系统，贯穿、渗透于飞机的各部分之中，对飞机的飞行起着整体驾驭作用。人类的学习活动，是比飞机飞行更难驾驭的复杂社会系统，不仅需要有理论、方法，还应该总结出一整套高效学习的技术，有这样一套切实可行的技术，经过修炼，就可以极大地提高大学生个体和团队的学习能力与学习效率。

4.6　历史哲学视野中的学习

❖ 研创活动

调研历史哲学视野中是如何理解学习的。

当前迫切需要在更高的理论层次上综合与概括各领域对学习的研究成果，并以此为指导，提高人类个体乃至整体的学习能力与学习质量、效益，使之与正在迅速降临的信息时代生产方式与生活方式相适应。

人类的学习活动同人类的物质生产活动一样，都属于人类最基本的社会实践活动，二者相辅相成、互为因果。没有物质生产活动，人类显然无法生存发展，但人的生产能力绝不是依靠生物遗传所获得的本能，而是在后天习得的，正是依靠这种广义的学习活动，人类个体和社会才能世代相传，也才有可能继承前人的成果，以越来越快的速度向前发展。长期以来，人们仅从狭义的文化知识学习来理解和运用学习概念，结果把学习仅归属于人类的认识活动，忽视了学习活动的本质特征。其实，学习是人类自身再生产的社会实践活动，正是在这种广义的学习活动中，人的认识能力和实践能力才逐渐形成与发展起来。在这个意义上可以说：发展自身的人类学习能力同改造外部世界的人类生产能力（生产力）共同构成人类生存发展的基础、动力和源泉；对生产力的重要地位，现行历史唯物主义理论早已做出深刻而全面的论述，并已唤起决策者乃至全社会对发展生产力的极大热情与关注；然而，对于人类学习能力的重要地位及其与生产力的关系，不仅缺乏深入的研究，而且至今尚未引起理论界足够的重视，这可能正是教育优先发展的战略地位始终得不到落实的理论根源和认识论根源!这在以改造外部世界占主导地位的工业文明时代如果还能原谅，那么在以开发人的创造性潜能占主导地位的信息时代则是绝对不能允许的。

对生产方式的哲学研究，形成了生产力、生产关系等重要的历史哲学范畴，并在对这两者矛盾运动内在规律的深入探究中，创建了系统化的历史唯物论哲学体系，为解读和预测纷繁复杂的社会历史现象提供了理论指导。然而，理论界至今还没有一套能够从历史哲学的广阔视野来透视学习能力、学习得以进行的社会条件和社会环境（由于找不出更好的词，不妨暂且称为学习关系，包括师生关系与学习伙伴关系、校园文化和各种学习环境等），当然也就不可能更深入探究这两者矛盾运动的内在规律，解读和预测人类复杂的学习现象与学习活动。

生产是一个历史的范畴，因此需要用生产方式这个范畴来揭示不同时代生产内容与形式的特点及其演变发展的规律；学习同样是一个历史的范畴，而学习方式正是揭示了不同时代学习内容与形式的特点，有助于我们从总体上认识和把握人类学习活动的特点与发展规律。

当前迫切需要倡导和创建一套能够从历史哲学的广阔视野来透视、解读与预测人类复杂学习活动及其矛盾运动的理论，从总体上认识和把握人类学习活动的特点与发展规律。对学习与教育等人类自身生产特点、规律及三种生产相互关系的研究，显然是历史哲学和教育哲学这两个领域共同的生长点，并且必将成为21世纪教育与哲学更紧密结盟的纽带和桥梁。

4.7 脑科学视野中的学习

❖ **研创活动**

调研脑科学视野中是如何理解学习的。

从脑科学看，学习（learning）是获取新信息和新知识的神经过程。正如锻炼可以促进肌肉生长一样，勤用脑也可以促进脑功能的发展。虽然学习不会增加脑细胞的数量，但是可以改变脑细胞的大小，使其树突更加茂盛，形成复杂的神经网络。学习和记忆会以不同的方式发生。学习涉及脑、神经系统、环境以及获得信息时这些结构和因素间相互作用的过程。作为学习的结果，脑在储存新信息的过程中会发生物理和化学变化。例如，一组神经元“学着”一起放电，神经元的重复放电会导致随后的放电现象更加容易发生，最终形成了在一定条件下的自动化，这样就产生了记忆。储存信息的过程会形成新的神经通路，并且会巩固已有的神经通路。经过一段时间以后，这些比较小的记忆网络就开始形成更强的连接。每当学习的时候，长时记忆储存区发生了结构上的改变，同时与独特的基因结构一起，构成了独具个性的表现。

当重复的刺激导致神经环路之间的连接更多，也更有效时，形成新的环路的阈限也会随之降低。其结果是随后的学习只需要少量的重复就会形成比较强的神经环路，从而提高学习的速度，这一过程称为神经系统的效率。如果学习速度是智力的重要组成部分，那么一出生就能快速地形成神经环路的个体，很可能注定会成为某一方面的天才。此外，在儿童发展的早期，其神经环路形成处于巅峰状态时，这种特质也有可能出现。也正因为如此，才会出现神童。

德国马普所（max planck institute）神经生物学分所的科学家已经能够证明：即使不再使用，在学习过程中建立起来的细胞接触还是会保留。重新激活这些暂时闲置的“存储细胞接触”，能够让我们更快地熟悉那些曾经学习过但被遗忘的事情。

人类与昆虫不同，即使多次无功而返，昆虫还是会反复不停地朝着窗玻璃撞去，试图获得自由，而人类的大脑能够学习复杂运动的联系和顺序。这种学习能力不但让我们能够避免撞到玻璃门，还让我们能够掌握各种各样的技能，如骑自行车、滑雪、说不同的语言、演奏乐器等。尽管在年轻时，大脑学习得更快，但是到了老年依然拥有这样的学习能力。长期以来，科学家都试图准确查明，当学习或遗忘的时候，大脑到底是如何工作的。

学习，换句话说，就是成功地处理新的信息，使神经细胞之间建立新的联系。面对新信息，大脑中没有任何以前的处理路径存在，蛋白丝附属物就会开始生长，从激活的细胞一直延伸到邻近的细胞。当生长到特定的接触点的时候，在蛋白丝附属物的末端处会形成特定的接触点，这种接触点又叫做突触，突触一旦形成，信息就可以从一个细胞传到另外一个细胞，我们也就获得了新的信息。一旦接触中止，所学到的东西也就被“忘却”了。

在大多数神经细胞之间形成的附加物都保留了下来，并且能够促进重新学习。这一观点对于理解学习和记忆的基本过程非常重要。即使“金盆洗手”很多年，如果这个冬天想要滑雪，也不会是什么大问题。

拓展资料

桑新民．学习究竟是什么？——多学科视野中的学习研究论纲[J]．开放教育研究，2005(1)：8-17.

第5章　人类如何学习

● **学习目标**

1. 了解先天性行为和学习行为。
2. 了解人类与动物学习的区别。
3. 掌握人类如何学习语言。
4. 掌握人类如何学习行走。
5. 了解人类学习场所变迁的历史。
6. 掌握第三脑仿生学习。
7. 理解人类的三大教育系统。
8. 掌握专家的学习智慧。
9. 学会学习隐性知识。
10. 掌握智慧时代的智慧学习。
11. 学会使用数字化学习工具。

● **知识点**

先天性行为、学习行为、模仿与语言学习、人类学习行走、学习场所、第三脑仿生学习、协同教育、家—校协同教育、校—社协同教育、社—家协同教育、专家学习智慧、智慧时代的智慧学习、数字化学习工具。

● **技能点**

辨别先天性行为和学习行为，掌握人类与动物学习的区别，提升语言学习能力，掌握人类如何学习行走、人类学习场所变迁的规律，协同教育、协同学习、掌握专家学习智慧，学会学习隐性知识，学会智慧学习，善用数字化学习工具。

● **思考题**

1. 人类为什么需要学习？
2. 人类与动物的学习有哪些异同？
3. 人类如何学习语言？
4. 人类如何学习行走？
5. 阐述人类学习场所变迁的历史。
6. 人类学习场所变迁有哪些规律？
7. 什么是第三脑仿生学习？
8. 阐述人类三大教育系统，三大教育系统如何协同？
9. 专家与新手在认知和学习上有哪些差异？
10. 如何学习隐性知识？
11. 智慧时代应该如何学习？
12. 常见的数字化学习工具有哪些？

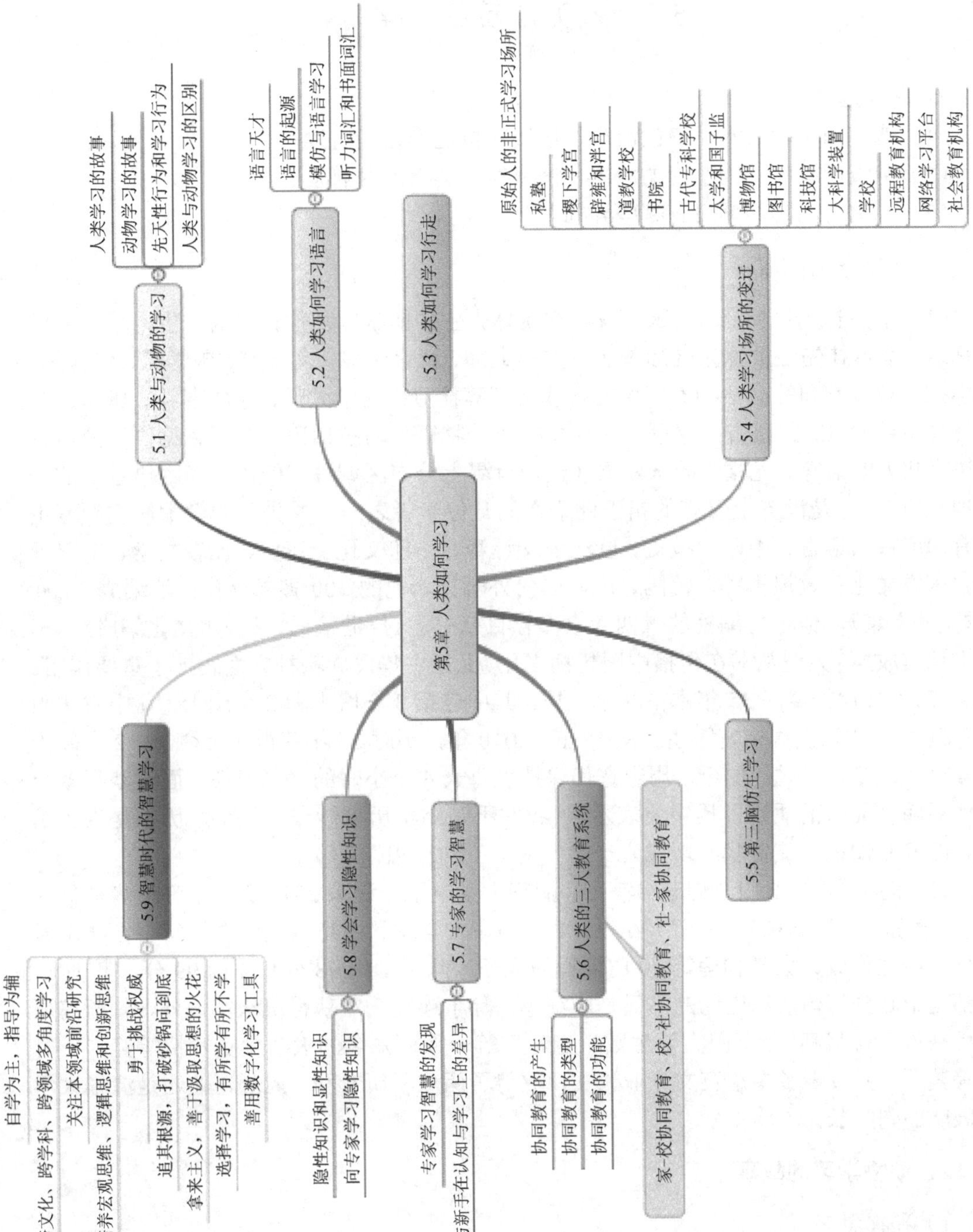

“人类如何学习”知识导学图

5.1　人类与动物的学习

❖ **研创活动**

（1）请查阅有关人类学习的故事，谈谈对自己学习的启发。

（2）请查阅有关动物学习的故事，谈谈对人类学习的启发。

（3）人类与动物的学习有哪些异同？

1．人类学习的故事

（1）季羡林先生精通 12 国语言。季羡林先生的博学以及他传奇的一生，早已为世人称道。季羡林先生被称为国际著名东方学大师、语言学家、文学家、国学家、佛学家、史学家、教育家和社会活动家。生前曾撰文三辞桂冠：国学大师、学界泰斗、国宝。季羡林先生精通 12 国语言：汉语、南斯拉夫语、梵语、阿拉伯语、英语、德语、法语、俄语、吐火罗语等。尤精于吐火罗文（当代世界上分布区域最广的语系印欧语系中的一种独立语言），是世界上仅有的精于此语言的几位学者之一。季先生的学术研究领域主要有印度古代语言、中印佛教史、吐火罗文译释、中印文化交流史、比较文学、文艺理论、东方文化、敦煌学等，范围之广，国内外罕见。他的 100 多部著作已汇编成 24 卷《季羡林文集》。他主持编纂的《四库全书存目丛书》《传世藏书》《神州文化集成》《东方文化集成》等大型丛书在传播中国传播文化、弘扬中华民族精神方面发挥了重要作用。

（2）六旬“学霸”35 年拿下 9 个文凭，其中包括 3 个博士和 2 个硕士。辽宁省沈阳市，61 岁的沈阳人周宝宽医生，从 1976～2010 年，历时 35 年获得 3 个博士、2 个硕士和 4 个本、专科文凭。如今，周宝宽仍保持着每天 4 个小时的读书习惯，面对获得多个文凭后随之而来的质疑，周宝宽表示，“我并不是靠学历来炒作，每个学历都是为了扩充我的专业知识，支持我实现成为一名‘良医’的理想”。

（3）清华学神 15 门课程获得满分。清华大学电子工程系 2011 级学生韩衍隽被称为“超级学霸、清华学神”。韩衍隽在 2014 年清华大学本科生特等奖学金答辩会上晒出微积分、线性代数、大学物理等 20 门课程的成绩：除了 1 门 98 分和 4 门 99 分，其他 15 门都是 100 分。韩衍隽出色的不只是成绩单，除了连续三年获得班级第一外，韩衍隽还先后获得“挑战杯”“全国大学生数学竞赛”等一系列知名的大学生竞赛特等奖、一等奖等奖项，并发表了多篇英文专业论文，取得了两项科研专利。此外，他还是清华大学腰鼓队的副队长。

2．动物学习的故事

1）猩猩看书

2016 年 12 月 27 日，在重庆一家野生动物园，黑猩猩拿着书本认真翻看，见图 5-1。据饲养员介绍，在黑猩猩馆内放了几本书，不料黑猩猩饶有兴趣地翻看。书本内容有的介绍互联网知识，有的介绍摄影。黑猩猩的看书行为引发了人们的反思，有游客表示，连猩猩也不甘落后，我们还有什么理由不认真学习？

图 5-1　黑猩猩看书

2）日本黑猩猩小庞学习人类行为

小庞是 2001 年 10 月 1 日出生的一只雄性黑猩猩。2004 年 1 月起被宫泽厚训练，性格调皮温厚，好奇心旺盛，具有超强的模仿人类行为的能力。在日本《狗狗猩猩大冒险》节目中，黑猩猩小庞和斗牛犬詹姆士一起完成了很多人类的日常生活任务，如商场购物、乘公交车、摘松茸、做面条、拍照、扫地、仰卧起坐等。黑猩猩小庞模仿人类行为的能力，虽然是经过训练形成，但是不得不让人类惊叹黑猩猩的学习能力。

3）美国猩猩从小学习人类语言

2010 年 8 月 16 日，美国《时代》周刊刊登封面文章《探索动物心智》（inside the minds of animals），通过一只会识字的雄性倭黑猩猩“坎兹”，判断人类不是唯一具有语言能力的动物。

“坎兹”是一头会识字的雄性倭黑猩猩，据正式确认，“坎兹”会 384 个英文单词，而它认得的单词可能更多。它非常善于表达，而且声音洪亮，思路清晰。“坎兹”还是个“话痨”，非常健谈。它随手拿着难背的词汇表，即三块绘有数百个彩色符号的层压板，彩色符号代表“坎兹”学过或它自己挑选出来的单词。“坎兹”能以指认的方式，形成想法和句子，甚至是同根词。

人类认为人与动物之间的各种差异正在被逐个消除。过去总是说，人类是地球上唯一能使用工具的动物，可现在人类了解到鸟儿和猿类也具有同样的能力。至于人类是不是唯一具有语言能力的动物，“坎兹”实验结果表明答案是否定的。这迫使我们以全新的角度来重新看待动物。因此，仅仅研究动物的大脑还不够，还需要了解它们的思想。

4）高智商的鸟儿

津巴布韦的秃鹰能通过地雷区周围的栅栏将雷区分辨出来，然后便站在这些栅栏上以逸待劳地等待。当其他动物不小心闯入雷区送命后，便成为了秃鹰的食物。秃鹰会在这些带刺的铁丝网上待着，等待地雷阵为其送上“炸羚羊”。

日本乌鸦则善于利用人类的力量。这些乌鸦常常将自己无法咬开的坚果放在繁忙的十字路口上，等待经过的车辆替它将坚果壳压烂。这些聪明的乌鸦居然也对交通规则无师自通，必要时，甚至会利用红灯以及人行横道，在繁忙的交通中保证自身的安全。

许多资料还证明山雀的学习能力极强。英国的送奶员常常把鲜奶放在订户门前的阶梯上，而这些爱唱歌的小鸟通过仔细观察，居然学会用喙啄开牛奶瓶上的金属箔，在主人取奶前先把牛奶尝个饱。

动物学习的例子很多，如黑猩猩用毛巾洗脸、玩游戏机、用树叶当雨伞为幼仔挡雨、练习直立行走，宠物狗弹钢琴、将前爪放在割草机扶手上推动机器前进，狗熊骑自行车，猴子拉车，海豚顶球表演等。

3．先天性行为和学习行为

1）先天性行为

先天性行为（innate behavior）或称为生物的本能，是生物所具备的基础的、根本的行为，是生来就拥有的。通常地，先天性行为和生物的遗传基因、种族类别、生存环境等有关，通常具有遗传性。先天性行为比学习行为对环境的适应能力差。如蜜蜂采蜜、蚂蚁建巢、蜘蛛织网、鸟类迁徙等。后天性行为是在相应环境中通过学习而建立起来的一种反射和习惯，能让生物更好地适应环境。

先天性行为是由动物体内遗传物质所决定的，是本物种的一种遗传特性、不需要后天学习、生来就有的一种行为能力，这种能力在适当条件下，由神经调节或激素调节就能表现出来。如失去幼仔的母狗，它的哺育后代的本能并不消失，会把无母的小猫当作自己的后代给以抚爱、哺乳；失去蛋的企鹅会把鹅卵石当作企鹅蛋来孵化等。这种行为除了特种遗传性，还和某些生理成熟有关，如垂体分泌催乳素等。

动物的先天性行为有防御行为、攻击行为、繁殖行为等。动物的防御行为，例如，在遇到危险时，鹿尾会垂直不动，这表示周围有值得注意的异常情况。平时在宁静的环境中，鹿尾总在不停地摆动着。非洲豹快速追捕瞪羚时，瞪羚在全力奔跑一阵后，会突然停住，马上改向一侧跑去。如果它不拐弯，仍照直跑，那么它很有可能被猎豹抓住。动物的攻击行为，例如，鸟类在繁殖期间这种抢占地盘的现象称为“占区”。它所占地盘称为“领域”，这个领域是在巢区内有一定范围的作为该动物特别加以保护和防御的区域，绝不允许其他个体侵入。非洲猎豹在进行搏斗时，如果某一方翻身倒地，仰面朝天地轻轻呻吟起来，就表示自己已经投降。动物的繁殖行为，例如，生活在澳大利亚的园丁鸟在繁殖期间会变成出色的园艺家，以此来吸引雌性进行交配。刚出生的小袋鼠掉在母袋鼠的尾巴根部，可以靠本能爬向母袋鼠腹部的育儿袋，从育儿袋中吃奶。

2）学习行为

动物在遗传因素的基础上，在环境因素作用下，通过生活经验和学习获得的行为，称为学习行为（learned behavior）。美丽的蝴蝶破蛹而出就会翩翩起舞，小鸭子出生没多久就会下水落戏，哺乳动物一出生就会找寻母亲温暖的怀抱，吮吸乳汁，蜘蛛从小会织网也是无师自通的。动物的这些行为都是与生俱来的，是一种天生的遗传行为，称为先天性行为。而有些行为则与先天性行为不同，是后天获得的经验性行为，称为学习行为。

4. 人类与动物学习的区别

学习是人类和动物普遍存在的一种现象，而人类和动物的学习是有区别的。对动物来说，学习仅是一种有生物意义的活动，而对于人类来讲，学习就不是简单地适应环境的活动，而具有特定社会意义，这是人类学习与动物学习的本质不同，因此，人类的学习具有自己的特点。

（1）人类学习的社会性（间接性），以间接经验为主。人类除了通过直接经验的方式获得个体经验，还在同其他人的交往过程中获得人类社会的历史经验。自有人类文化以来，人类社会积累了大量的知识和经验，这些知识和经验通过社会传递保存下来，而个体从出生以来，就是通过与成人的交往，通过在学校里与教师的交往，进行学习，掌握前人所积累的经验；还通过与同代人的交往而获得大量的社会经验。这种间接经验的学习，无论在内容和形式上都是非常丰富的，这在动物学习中是不可能的。

（2）以语言为中介。人类是以语言为中介来进行学习的。语言的出现，增大了个体掌握社会历史经验的可能性；有了语言，人不仅能掌握具体的经验，还有可能掌握概括、抽象的经验，因为语言是使事物之间关系抽象化、概括化的信号。用巴甫洛夫学说来讲，第二信号系统的出现，给人的学习带来了新的机制，而且使人的第一信号系统也具有了与动物不同的内容和形式。维果斯基认为，由于儿童掌握了语言，以此为中介，才可能由低级的以知觉过程为主的心理功能，转为高级的以抽象思维为主的心理功能。

（3）积极主动性。动物的学习是为了适应环境，因此是被动的，而人类的学习不仅是为了适应环境，人类不仅要认识世界也要改造世界，所以人类是在积极地作用于环境，在与周围人的交往过程中进行学习。人类的学习不仅是为了满足生理的需要，更重要的是为了满足社会生活的需要，因此人类有极为丰富的学习动机、学习目的，而为了达到这一目的，人类主动地探索各种有效的学习方法，这也是动物学习根本不可能做到的。人类学习与动物学习有共同点，但其不同点是根本的。用动物学习来说明人类学习，将会抹杀人类学习的社会性。人类的学习是在社会生活实践中，以语言为中介自觉积极地掌握社会的和个体的经验的过程。

5.2　人类如何学习语言

❖ **研创活动**

回忆自己或他人学习语言的经历，探讨人类是如何学习语言的。

1. 语言天才

据德国出版的《语言学及语言交际工具问题手册》统计数据，世界上现有 5561 种语言。随着人类社会的发展，已经有很多种语言文字在世界上消失了。例如，北欧的几个小国，虽然都有自己的母语，但英语已经像中国的普通话一样普及，长此以往，随着国际交往的频繁，英语会越用越多，母语却越用越少。在 5561 种语言中，很多语言都面临消亡的危机。一个人能掌握几种语言已很难得，不过确实存在一些语言天才。

恩格斯一生学习过约 70 种语言，学会了至少 25 种，能说 20 种，精通十几种。俄罗斯科学院 43 岁的语言学博士斯塔罗斯琴则更瞩目，他说："如果把我不同程度掌握的各种语言加在一起不会少于 400 种，但能说得流利的只有 20 种。"

意大利一位 86 岁的老汉里卡尔多·贝尔塔尼堪称语言"怪才"。他一生学会了 100 多种语言，而且全靠自学。因为儿时家中有不少俄文书籍，贝尔塔尼对语言的痴迷始于俄语和乌克兰语。小学毕业后，自称"对数学过敏"的贝尔塔尼先是和别人一样辍学务农，可很快发现自己不适合，便开始专注于发展自己的兴趣，自学语言。最终，他学会了全球 100 多种罕见和灭绝的语言，包括爱斯基摩语、雅库特语、尤卡基尔语、卢塔语、普鲁士语、巴斯克语、蒙古语等。有意思的是，他并不会讲英语、德语等一些常用语言。贝尔塔尼学语言是厉害，数学却奇差，连个位数乘除法都不能掌握。贝尔塔尼的语言学习可谓下足了功夫。他说："很多年，我都是凌晨两点起床开始学习，一直到太阳升起。这几个小时，我的大脑似乎更好用。"随着年龄增长，半夜起床有些困难，但直到现在，他仍然坚持清晨 5 点起床，学习深爱的语言。在 70 年的学习中，贝尔塔尼用掉了 1000 多本笔记本记录单词读音、词汇释义等。

2. 语言的起源

语言的起源和人类的起源一样久远。可是，人类用书面记录的语言材料只有几千年，在这之前上万年的方言情况我们几乎一点儿也不知道。所以至今所有关于语言起源的解释，都不过是一种假设。有人提出"感叹说"，认为语言起源于表达情感的感叹词；有人提出"劳动喊声说"，认为语言起源于繁重劳动中的喊叫；有人提出"摹声说"，认为语言起源于对自然界原有声音的摹仿；也有人提出"达达说"，认为语言起源于"达达"发声的舌头动作和手势；还有人提出"唱歌说"，认为语言起源于原始仪式中不清晰的赞歌等。所有这些假设都无法通过事实来验证，因此科学家之间谁也不能说服谁。为避免再发生这种毫无结果的争论，国外有个语言学会竟然在章程中明文规定，凡入会者一律不得谈论语言的起源。

中国多数专家接受的是马克思主义的语言起源说，认为"劳动创造语言"。我们的祖先在生产劳动中与自然灾害作斗争时需要齐心协力，互相配合，自然就需要用某种信号把大家的行动统一起来，各种信号如果以一定的声音为标志，就成了最初的语言。可以设想一下一群人在一起抬木头的情景。大家为了统一用力的时机和方向，不总是要"嗨哟，嗨哟"地喊号子吗？这个"嗨哟，嗨哟"在最初可能没有什么特定的含义，可是时间一长，人们一听到这个号子就自然而然地会想起"抬东西"这个意思，于是"嗨哟，嗨哟"就成了原始的语言。当然，语言的产生还有两个重要的条件，这就是发音器官和大脑思维的复杂化。劳动使类人猿能够直立行走，使它们的发音器官有利于发出各种各样的声音；同时，使手与各种事物的接触更加频繁，刺激了大脑的机能，促进了思维的发展。

3. 模仿与语言学习

学习是肌肉模仿的过程，模仿是人类学习语言最有效最快速的方式。学习语言不仅是思维的一个调整，更是肌肉身体方面的一个调整，是身体记忆的一个过程。首先，别人说话的语言信息通过耳廓的收集，进入外耳道后就会撞击鼓膜，使其产生振动。鼓膜的振动会带动位于鼓室内的听小骨振动，听小骨把声音放大再传入耳蜗。当声音传至内耳时，耳蜗内的液体也会振动，听觉感受器便把信息通过听神经传到大脑，形成听觉。再通过大脑内的一系列信息传输，就能模仿说话。

小孩子学习语言的能力是惊人的：2 岁已经会说许多话了，5 岁以前就基本上掌握了本民族的口语；7 岁以前换一个语言环境，一两年后，就能迅速地掌握任何一种方言或语言（口语）。

幼儿的语言交往一般有三种途径：一是与成人的语言交流，在家庭中，成人与成人的语言交流，成人与幼儿的语言交流，为幼儿提供了重要的语言模仿和语言学习的环境。二是幼儿间的语言交流，在游戏中，相互间的语言交流提供了语言交流的实践环境。三是正规的语言教育活动中的语言交流。

德国维尔茨堡大学研究人员研究显示，胎儿在母体子宫内便开始为学习母语“打基础”，新生儿的啼哭声已经带有其母语的痕迹。他们分析了 60 名健康新生儿出生后第 3 天至第 5 天时的啼哭声，其中 30 名婴儿出生于法语家庭，另外 30 名出生于德语家庭。研究显示，这两种语言家庭的婴儿哭声有明显区别：法语家庭婴儿哭声多为升调，而德语家庭的婴儿啼哭多为降调，这与他们各自的母语发音习惯一致。

4．听力词汇和书面词汇

人类学习语言，需要掌握两类词汇，即听力词汇和书面词汇。3 岁左右的儿童，已经能够熟练地使用母语语言词汇进行日常交流，但是还不能阅读书刊报纸。这表明，3 岁左右的儿童已经较好地掌握了听力词汇，但是还不“识字”，也就是以往所说的文盲。目前，尽管很多人在学习外语过程中投入了大量的精力，仍然存在只能阅读和写作外语材料，听不懂外语的现象。也就是说，外语学习者掌握的外语听力词汇量比较少，掌握的书面词汇量比较多。因而，在外语教学和学习过程中，既要重视书面词汇量，也要重视听力词汇量，才能更好地促进外语学习。

5.3　人类如何学习行走

❖ 研创活动

回忆自己或他人学习行走的经历，探讨人类是如何学习行走的。

据 2011 年 *Science* 发表的一项研究报告，大鼠的幼兽与人类的婴儿都是通过同一个运动神经元链的指令来学习行走的。这些发现表明，人类和其他动物的运动都进化自某个共同的祖先神经网络。科学家倾向于将神经的相互作用想象为电子电路。这些模型凸显了个体神经元是如何应用电信号来相互联络的，或具有不同功能的相互连接的神经元组是如何相互发送信息的。纳迪亚·多米尼西（Nadia Dominici）及其在意大利和美国的同事将幼儿、学龄前儿童和成年人在走路时由 20 种不同的骨骼肌产生的电活动与一个新生儿的“反射性行走”进行了比较。一个婴儿在被维持在直立状态并沿着某个表面移动时会尝试迈出步子。

在新生儿中，脊髓神经元会在两个时期被激活：控制腿的弯曲与伸展的时期及控制腿交替向前移动的时期。幼童的更为成熟的神经回路需要 4 个时期。除了弯曲和伸展，另外两个时期控制着如告诉足尖在腿开始弯曲之前抬离地面等行走时的细微的方面。随着幼童年龄的增长，这 4 个时期的模式变得日益增强。研究人员在大鼠、猫、猴子和珍珠鸡中都观察到了惊人相似的神经回路。结果表明，在幼童的独立运动阶段之后，人类的发育似乎偏离了其他动物的发育模式，这也许是为了适应伸手够取和握紧物体等复杂的手臂动作。尽管直立、双足行走将人类与动物区分开来，并成为人类进化中的一个关键性事件，但这一研究表明，自然不会因为偏爱一种全新的设计布局而抛弃旧的装备，而是会保留某些方面的运动功能。

5.4　人类学习场所的变迁

❖ **研创活动**

（1）描述自己所体验的学习场所。

（2）阐述人类学习场所变迁的历史。

（3）人类学习场所变迁有哪些规律？

1．原始人的非正式学习场所

原始人的学习与生活息息相关，体现着“生活即学习，学习即生活”的理念。原始人的生活场景，见图 5-2。原始人的学习目的主要是满足生存生活的需要，学习活动是无意识活动。原始人的学习是典型的非正式学习，学习方式主要是模仿学习、观察学习、试误学习等。原始人的学习活动主要是发生在生活场景中，尚未建立专门的学习场所。原始人的学习场所是一种非正式学习场所，主要是在生活中学习，体现了“做中学”的理念。原始人的学习场所具有简陋、非正式、缺乏教育资源、缺乏教育媒体等特点。

图 5-2　原始人的生活场景

2．私塾

私学，是中国古代私人办理的学校，与官学相对而言。私学产生于春秋时期，孔子虽非私学的首创者，但是孔子私学规模最大，影响最深，历时 2000 余年，在中国教育史上占有重要地位。私学作为教育事业的重要组成部分，为中华文明的发展作出了巨大的贡献。首先，它冲破西周以来“学在官府”、学校教育为官府垄断局面，扩大了教育对象。其次，私学是专门的教育场所，这就打破了政教合一、官师合一的旧官学教育体制，使教育成为一种独立的活动。私学使教育内容与教育方式得到新的发展。最后，私学的发展积累了丰富的教育经验，促进了先秦教育理论的发展。

私塾是中国古代社会一种开设于家庭、宗族或乡村内部的民间教育机构。它是旧时私人所办的学校，以儒家思想为中心，是私学的重要组成部分。私塾是私家学塾的简称，古代很少把“私”和“塾”两个字直接连起来使用。私塾成为一个社会常用词汇是近代以后的事情，以示与官立或公立新式学堂的区别。古人称私塾为学塾、教馆、书房、书屋、乡塾、家塾等，这些字眼都带有几分文雅气或亲情味。私塾学生既有儿童，也有成年人。私塾（图 5-3）的教材是中国古代通行的蒙养教本“三、百、千、千”，即《三字经》《百家姓》《千家诗》《千字文》，以及《女儿经》《教儿经》《童蒙须知》等，学生进一步则读《四书五经》《古文观止》等。

图 5-3　私塾

3. 稷下学宫

稷下学宫，又称稷下之学，是战国时期田齐的官办高等学府，始建于齐桓公田午。中国封建教育史上第一所学府，位于齐国国都临淄（今山东省淄博市）稷门附近，是世界中世纪教育史上最早的大学。“稷”是齐国国都临淄城一处城门的名称。“稷下”即齐都临淄城的稷门附近，齐国君主在此设立学宫。故因学宫地处稷门附近而得名为“稷下学宫”。

稷下学宫是世界上第一所由官方举办、私家主持的特殊形式的高等学府。中国学术思想史上这场不可多见、蔚为壮观的“百家争鸣”，是以齐国稷下学宫为中心的，官学为黄老之学。它作为当时百家学术争鸣的中心园地，有力地促成了天下学术争鸣局面的形成。稷下学宫的存在，曾为当时百家争鸣开创了良好的社会环境，促进了先秦时期学术文化的繁荣。

4. 辟雍和泮宫

西周的大学有两种，一称辟雍，辟雍一词，亦作璧雍，取“四面环水，圆如璧”。也就是四面环水，在中间建立一个圆形的宫室，是天子办的大学。一称泮宫，与辟雍的区别在于它是三面环水，这是诸侯办的大学。同为大学而名份、形制不同，反映了西周等级制的森严。西周大学的基本功能和今天的大学是一样的，那就是教育，其中包括道德教化、技能训练和基础知识传授等。

当时的大学还具有明显的政治功能，西周大学是施政场所，也是举行大典活动的场所。西周大学还具有养老的社会功能。西周的大学是一个以教育为主，同时兼有政治和社会功能的综合性机构，与现今大学存在很大差异。

东汉以后，历代皆有辟雍，作为尊儒学、行典礼的场所，除北宋末年为太学之预备学校（亦称“外学”）外，均为行乡饮、大射或祭祀之礼的地方。本为西周天子为教育贵族子弟设立的大学。其学有五，南为成均，北为上庠，东为东序，西为瞽宗，中为辟雍。

5. 道教学校

唐代，道教极盛，每一个道观就是一个道教学校。儒家则以家族、门徒的形式举办私学。道教重视天文学，对天体极为崇拜与敬畏，遵循“天人合一”“身国同治”的思维模式。道观常建于山顶，以便观星望月。

6. 书院

❖ 研创活动

自己是否去过书院？书院有哪些新发展？

书院是唐宋至明清出现的一种独立的教育机构，是私人或官府所设的聚徒讲授、研究学问的场所。中国著名的四大书院是：应天书院、岳麓书院、白鹿洞书院、嵩阳书院。原由富室、学者自行筹款，于山林僻静之处建学舍，或置学田收租，以充经费。宋代，书院成为私学的一个重要方面。其势大，其日久，影响很大。书院初为私立，后来才由政府控制了一部分。

7. 古代专科学校

汉初创立的道学；东汉末创立的鸿都门学；南朝的史学、文学、儒学和玄学；唐宋明三代分别创办的书学、算学、律学、医学、画学、武学等，都是属于培养某种专业人才的专科学校。它们的教师、教材、教法、生徒及管理制度等都有比较完备的规定。

8. 太学和国子监

太学和国子监是中国封建国家的最高学府，是封建王朝培养人才的主要场所。太学和国子监在办学育才、繁荣学术、发展中国古代文化科学方面，积累了许多宝贵经验，在中国和世界教育史上占有重要地位。

太学是中国古代的大学。太学之名始于西周。汉代始设于京师。汉武帝时，董仲舒上“天人三策”，提出“愿陛下兴太学，置明师，以养天下之士”的建议。

太学之中由博士任教授，初设五经博士专门讲授儒家经典《诗》《书》《礼》《易》《春秋》。宣帝时博士增至十二人太学，王莽当政时又增至三十人。学生称为“博士弟子”或“太学弟子”。

国子监是中国古代隋朝以后的中央官学，为中国古代教育体系中的最高学府，又称国子学或国子寺。北宋庆历三年（公元 1043 年），范仲淹参政“庆历新政”，应天府书院升为南京（今商丘）国子监学，与东京（今开封）、西京（今洛阳）的国子监并列为北宋最高学府。明朝时期施行双京制，在南京和北京分别都设有国子监，设在南京的国子监被称为“南监”或“南雍”，而设在北京的国子监则被称为“北监”或“北雍”。

南京国子监始建于东吴永安元年（公元 258 年），到明永乐年间，规模宏大，延袤十里，灯火相辉，盛况空前，当时邻邦日本、暹罗等国“向慕文教”，不断派留学生到南京国子监学习。北京国子监始建于元朝大德十年（公元 1306 年），是中国元、明、清三代国家管理教育的最高行政机关和国家设立的最高学府。

9．博物馆

❖ 研创活动

自己去过的博物馆有哪些？在博物馆学习了哪些知识和技能？

博物馆是征集、典藏、陈列和研究代表自然和人类文化遗产的实物的场所，并对那些有科学性、历史性或者艺术价值的物品进行分类，为公众提供知识、教育和欣赏的文化教育的机构、建筑物、地点或者社会公共机构。博物馆是非营利的永久性机构，对公众开放，为社会发展提供服务，以学习、教育、娱乐为目的。

10．图书馆

❖ 研创活动

自己去过的图书馆有哪些？图书馆主要具有哪些功能？在图书馆学习了哪些知识和技能？

图书馆是搜集、整理、收藏图书资料以供人阅览、参考的机构。早在公元前 3000 年就出现了图书馆，图书馆有保存人类文化遗产、开发信息资源、参与社会教育等职能。

在公元前 3000 年时，巴比伦的神庙中就收藏有刻在胶泥板上的各类记载。最早的图书馆是希腊神庙的藏书之所和附属于希腊哲学书院（公元前 4 世纪）的藏书之所。

中国的图书馆历史悠久。只是起初并不称作“图书馆”，而是称为“府”“阁”“观”“台”“殿”“院”“堂”“斋”“楼”罢了。例如，西周的盟府，两汉的石渠阁、东观和兰台，隋朝的观文殿，宋朝的崇文院，明代的澹生堂，清朝的四库全书七阁等。

11．科技馆

❖ 研创活动

自己去过的科技馆有哪些？科技馆主要具有哪些功能？在科技馆学习了哪些知识和技能？

科学技术馆（简称科技馆）是以展览教育为主要功能的公益性科普教育机构。主要通过常设和短期展览，以参与、体验、互动性的展品及辅助性展示手段，以激发科学兴趣、启迪科学观念为目的，对公众进行科普教育；也可举办其他科普教育、科技传播和科学文化交流活动。

12. 大科学装置

❖ 研创活动

什么是大科学装置？为什么要建设大科学装置？大科学装置对促进中国科技发展具有哪些重要作用？

大科学装置（scientific apparatus）是指通过较大规模投入和工程建设来完成，建成后通过长期的稳定运行和持续的科学技术活动，实现重要科学技术目标的大型设施。其科学技术目标必须面向科学技术前沿，为国家经济建设、国家安全和社会发展做出战略性、基础性和前瞻性贡献。

中国具有代表性的大科学装置有：北京正负电子对撞机、兰州重离子加速器、国家同步辐射实验室、HT-7 托卡马克、EAST 托卡马克、长短波授时、遥感卫星地面站、上海同步光、遥感飞机、神光Ⅱ装置、子午工程、稳态强磁场、国家脉冲强磁场科学中心、种质资源库、FAST 望远镜等。

13. 学校

❖ 研创活动

谈谈自己对学校的体验，在学校学习了哪些知识和技能？

学校起源于民国，是有计划、有组织地进行系统的教育活动的组织机构。学校教育是由专职人员和专门机构承担的有目的、有系统、有组织的，以影响受教育者的身心发展为直接目标的社会活动。学校教育是与社会教育相对的概念，专指受教育者在各类学校内所接受的各种教育活动，是教育制度重要组成部分。一般说来，学校教育包括初等教育、中等教育和高等教育。学校主要分为四种：幼儿园、小学、中学和大学。

14. 远程教育机构

❖ 研创活动

（1）什么是远程教育机构？国内外具有代表性的远程教育机构有哪些？

（2）远程教育机构对人类社会的发展具有哪些作用？

远程教育是指由特定的教育组织机构，综合应用一定社会时期的技术，收集、设计、开发和利用各种教育资源、构建教育环境，并基于一定社会时期的技术、教育资源和教育环境为学生提供教育服务，以及出于教学和社会化的目的进而为学生组织一些集体会议交流活动（以传统面对面方式或者以现代电子方式进行），以帮助和促进学生远程学习为目的的所有实践活动的总称。

自 1999 年以来，教育部批准 67 所普通高校和中央广播电视大学开展现代远程教育试点工作，允许上述 68 所试点高校在校内开展网络教学工作的基础上，通过现代通信网络，开展学历教育和非学历教育。

2002 年 12 月，教育部批准“中央电大远程教育公共服务体系建设试点”项目正式启动，并由中央广播电视大学和电大在线远程教育技术有限公司共同组建“奥鹏远程教育中心”。2005 年 4 月，教育部正式同意建设“现代远程教育公共服务体系”，公共服务体系正式进入全面运行阶段。这是第一个远程教育公共服务体系。2007 年，弘成和知金教育获得教育部颁发的高校远程教育公共服务体系试点“牌照”。

15．网络学习平台

❖ 研创活动

（1）什么是网络学习平台？

（2）自己学习过程中，主要运用的网络学习平台有哪些？这些学习平台具有什么功能和特色？

（3）国内外具有代表性的网络学习平台有哪些？

网络学习又称为在线学习，一般指一种基于网络的学习行为。常见的网络学习平台有大型开放式网络课程（MOOC）、小规模限制性在线课程（SPOC）、网络公开课、雨课堂等。近几年，网络公开课受到学习者的青睐，具有代表性的网络公开课如下：

中国公开课 http://opencla.cntv.cn/shouyePR/index.shtml

爱课程 http://www.icourses.cn/home/

好课网 http://www.class.cn/index/open

网易公开课 https://open.163.com

北京大学公开课 http://opencourse.pku.edu.cn/course/opencourse2/

新浪公开课 http://open.sina.com.cn

搜狐公开课 http://edu.tv.sohu.com

凤凰网公开课 http://v.ifeng.com/gongkaike/

优酷公开课 http://edu.youku.com/open

土豆网公开课 http://zone.tudou.com/opencourses-new

好知网公开课 http://www.howzhi.com/channel/openclass

超星公开课 http://openv.chaoxing.com

天天看看公开课 http://open.kankan.com

腾讯网公开课 http://v.qq.com/zt2011/open/

16．社会教育机构

❖ 研创活动

（1）什么是社会教育机构？

（2）国内外知名的社会教育机构有哪些？

（3）社会教育机构对人类社会的发展具有哪些作用？

广义的社会教育指一切社会生活影响个人身心发展的教育；狭义的社会教育则指学

校教育以外的一切文化教育设施对青少年、儿童和成人进行的各种教育活动。现代社会教育是学校教育的重要补充。

社会教育机构主要有：文化馆（站）、少年宫、图书馆、博物馆、纪念馆、广播电台、电视台、各类教育培训机构等。

5.5 第三脑仿生学习

❖ **研创活动**

什么是第三脑仿生学习？

第三脑仿生学习系统利用“左脑+右脑+计算机引擎导航系统”，模拟学生的大脑记忆，帮助学生学习。第三脑，又称仿生计算机，是认知神经科学和超级计算机科学相结合产生的最前沿综合性科学。人脑具有独特的环境感知与综合思维能力，但其管理和记忆效率却比较低下；计算机则刚好相反，它具有快速储存和精确管理方面的优势，但却不能思维和创新。第三脑可以把学习过程中人脑的思维活动和记忆状态进行精准的仿真计算，以实现“人脑学习，计算机管理”的境界，大大提高人脑的认知和学习效率。第三脑是人脑和计算机的完美结晶。第三脑的主要应用首先在于新一代的网络学习系统。

第三脑学习系统是新一代的互联网学习系统，它就像一条建立在互联网上的学习高速公路。凭借网际超级计算机来实现大容量的在线支持，借助学习引擎来实现学习提速。第三脑学习系统实现了学习过程中人脑与计算机的和谐互动，从根本上弥补了大脑遗忘快、记不牢的缺陷。第三脑学习系统可以精确跟踪大脑记忆过程，并对大脑的记忆形成进行实时监控和动态分析，并在适当时候向大脑发出提示，使大脑在最有效的反复强化中，快速形成永久性记忆。

第三脑学习系统具有三个特点：①学习 GPS。学习过程监控系统，对学员的学习情况精确跟踪和记录；②学习引擎: 优化人机互动以达到第三脑和人脑的信息共振，让学员达到以人脑学习记忆极限的速度来学习；③知识图谱: 基于人脑认知规律的构架化知识体系，用于学生目标设定、起点定位和学习路径优化。大脑对信息的记忆强度，决定于信息的刺激频率和大脑对信息的加工方式。当刺激的频率和相位与记忆消长吻合时，达到共振状态，记忆效果最好。如何在学习中让重复信息输入与大脑达到共振，一直是人类可望而不可即的目标。

5.6 人类的三大教育系统

❖ **研创活动**

（1）人类三大教育系统是什么？

（2）三大教育系统如何协同？

1．协同教育的产生

人类社会有三大教育系统，即学校教育系统、家庭教育系统和社会教育系统，见

图 5-4。三大教育系统中的受教育者（学生、子女、社会成员）实际是同一个人，他（她）都同时或先后接受三大教育系统的教育。另外两个要素（教育者与媒体）是相对独立的，从而构成三种相对独立的教育功能：学校教育、家庭教育与社会教育。长期以来，人们非常重视学校教育，对家庭教育和社会教育重视不够。

三大教育系统中，这两个相对独立的要素相互渗透交叉时，某一系统独有的要素或信息，进入另一系统与另一系统的要素相互联系与作用，产生了协同效应，影响了该系统的教育功能，这种现象称为协同教育，见图 5-5。协同教育是三大教育系统相互联系、相互作用产生的复杂教育现象。

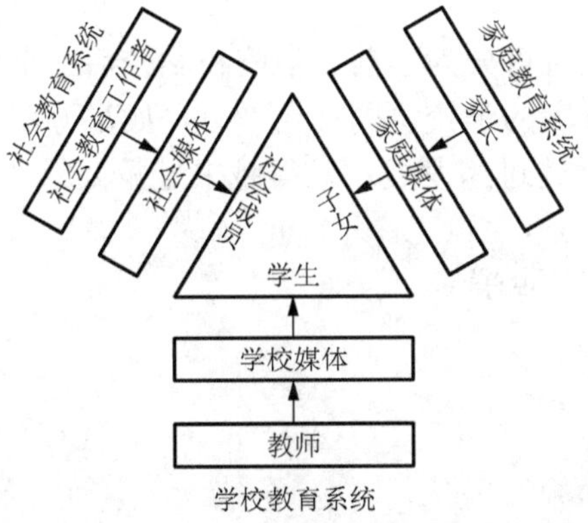

图 5-4　人类社会三大教育系统

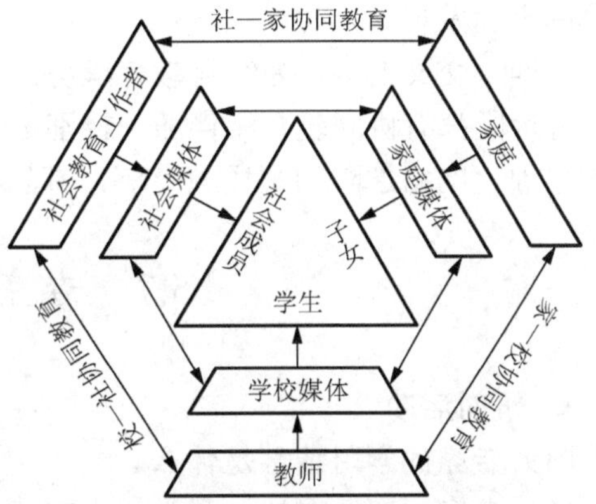

图 5-5　协同教育的产生与协同教育传播过程模式

2. 协同教育的类型

三大教育系统之间的相互联系与相互作用，可以产生以下类型的协同教育。

（1）家—校协同教育是家庭教育系统和学校教育系统相互联系、相互作用产生的协同教育。家—校协同教育分为两种情况：学校协同家庭教育，是学校教育系统的教师或学校媒体进入家庭教育系统产生的教育功能；家庭协同学校教育，是家庭教育系统的家长或家庭媒体进入学校教育系统产生的教育功能。

（2）校—社协同教育是学校教育系统与社会教育系统相互联系、相互作用产生的协同教育。校—社协同教育分为两种情况：社会协同学校教育，是社会教育系统的社会教育工作者或社会教育媒体进入学校教育系统，如军训；学校协同社会教育，是学校教育系统的教师、学校教育媒体进入社会教育系统产生的教育功能。

（3）社—家协同教育是社会教育系统与家庭教育系统相互联系、相互作用产生的协同教育。社—家协同教育分为两种情况：社会协同家庭教育，是社会教育系统的两个独立系统进入家庭教育系统，如电视进入家庭；家庭协同社会教育，是家庭教育系统的两个独立要素进入社会教育系统。

3. 协同教育的功能

人类三大教育系统，都有一个共同的要素，即教育对象。因此，系统之间的相互联系、相互作用，显得有更加重要的意义。从而显现出协同教育的特殊教育功能。协同教育的主要功能有以下几个方面。

第一，沟通系统间的信息，调整教育内容与方法，取得最优教育效果。比如，教师家访，沟通学生表现信息，然后有针对性地、有分工地进行协同的学校教育与家庭教育，可以取得整体的最佳教育效果。

第二，资源共享，降低教育成本。例如，社会上的爱国主义教育基地，科学馆、图书馆、社区教育网站等都可以成为学校、家庭、社会的公用教育资源。

第三，取长补短，促进全面发展。学校有系统的文化知识与科学技术教育，利于智育发展；家庭的言传身教和社会的道德规范，利于德育发展，三者相互协同，促进人才培养的全面发展。

第四，交叉衔接，为终身教育服务。人生的教育可分为学前、学校和学校后三个阶段，每阶段都有协同教育相伴随，特别是学校后阶段的学校协同社会教育，如举办职业技术培训、网络学院的文凭教育等，都随社会科技的迅速发展，显得越来越重要。

5.7 专家的学习智慧

❖ **研创活动**

（1）专家的学习智慧是什么？

（2）专家与新手在认知和学习上有哪些差异？

（3）结合自己的情况，谈谈应该向专家学习什么？

1. 专家学习智慧的发现

专家指在学术、技艺等方面有专门技能或专业知识全面的人；特别精通某一学科或某项技艺的有较高造诣的专业人士。成长为专家是每个人的梦想，然而人们赞赏专家渊博的知识、精湛的技能、超常的智慧，但却很少深究这些究竟是从何而来。当代学习科学对专家的认知与学习进行了深入研究，揭开了专家智慧的奥秘，即专家之所以成为专家，最根本的原因在于他在自己的专业领域里具有比别人更强的信息加工能力与学习能力。

20 世纪 70 年代，心理学家采用解题时出声思维的方法，对物理学科内专家和新手的解题差异进行了研究。结果表明：新手比专家所用的时间更长，出现的错误更多。还有研究发现，新手在解决问题上的缺陷是因为知识表征上的问题，而不是因为缺乏解题能力。解决问题时，专家更注意问题的结构，而新手更注意问题的表面细节。当要求他们说出准备用来解决问题的方法时，专家讨论的是将要使用的主要原理，为什么用这一原理及应用这一原理的程序；而新手则是立即跳到解决问题的量的方面，讨论解题使用的方程。

学者还采用专家和新手的研究范型，对专家领域专家知识的组织、获得、提取与应用进行了研究。结果发现：新手倾向于依据表面特征，以零散的、孤立的方式储存知识。而专家的知识是按一定的层级高度组织的。在层级的顶部包含有专业领域的主要概念、原理，下位层级是一些辅助性的概念、相关的事实和公式。而且，专家应用主要原理和概念等陈述性知识以及原理与概念的程序性知识之间的转换是自动化的。这样，专家就可以将认知努力集中在分析和解决问题方面。由于有一个有效的、系统的知识结构，所以知识储备越多，意味着专家在自己的专业领域里再学新知识时需要的努力越小，因为新知识可以用恰当的联结方式整合进原有的知识结构，从而使回忆与提取都相对容易。

2．专家与新手在认知与学习上的差异

专家和新手在认知与学习上的差异表现在感知觉识别、记忆表征、提取三个方面。

1）对专业知识感知和理解水平、模式识别的差异

专家对信息感知敏感，认知组块信息量大（7±2 个组块），且以组块为单位（如人）；知觉深刻；模式识别能一目十行。这一方面要求有丰富的背景知识，另一方面要培养对信息的有意义的信息模式识别能力。

2）对专业知识记忆表征、思维加工和深度解读能力的差异

四种知识记忆与表征模型如下。

第一，层次网络模型。有关概念按逻辑的上下级关系组织起来，构成一个有层次的网络系统。人脑对语义的记忆以网络形式分层存储。概念的逻辑关系具有推理和提取的功能；在概念的层次网络模型中，节点之间的距离影响信息的提取。

第二，激活—扩展模型也是一个网络模型，但放弃了概念的层次结构，而以语义联系或语义相似性将概念组织起来。用短时记忆中的刺激调出长时记忆中的组块，加快了认知过程。

第三，特征比较模型。此模型将一个概念的诸语义特征分成两类。一类为定义性特征，即定义一个概念所必需的特征。另一类为特异性特征，它们对定义一个概念并不必要，但也有一定的描述功能。

第四，集理论模型。在这个模型中，基本的语义单元仍然为概念。每个概念都由一集（set）信息或要素来表征。这些信息可分样例集和属性集或特征集。

专家在知识组织、记忆表征上的特点：围绕核心概念和“大观点”来组织和记忆知识，形成一个高度抽象与概括的知识网络，以此进行辨别、推理与评价。专家利用解决问题的原理对问题进行分类。

3）迅速灵活地提取应用相关信息能力的差异

人的信息加工是靠产生式系统来实现的。在此系统中，一个条件系列产生一个活动系列，即条件—活动（C-A）。这个系统既是一个问题解决程序，又是一个认知的历程。其突出的特点是认知活动的整体性、内在性、概括性。

理解专家的专业知识非常重要，因为这使我们能够洞察思维和问题解决的本质。专家与新手的差异不仅表现在一般能力（如记忆力或智力）上，也不仅是一般策略应用的差别上。因为专家拥有更广泛的知识，这些知识影响他们所关注的事物，影响他们在环境中如何组织、表征和理解信息，这反过来又影响他们记忆、推理和解决问题的能力。一些重要的发现来自于人们对一些专业领域的专业人员的研究，这些专业领域有国际象

棋、物理、数学、电子、历史等。这些研究的重要之处不在于期望所有的学生都成为这些或其他领域的专家，而在于研究显示所有的成功学习都有相似之处。

与新手相比，专家具有以下特点：专家能识别新手注意不到的信息特征和有意义的信息模式。专家获得大量的内容知识，这些知识的组织方式反映专家对学科的理解深度。专家的知识不能简化为一些孤立的事实或命题，而应反映应用的情境，也就是说，它们是“条件化”的。专家能够毫不费力地从自己的知识中灵活地提取重要内容。尽管专家谙熟自己的学科，但这不能保证其会教导他人。专家应付新情境的方法灵活多样。

5.8　学会学习隐性知识

❖ **研创活动**

（1）结合自己的体验，谈谈隐性知识的含义。

（2）隐性知识如何转化为显性知识？

（3）如何学习隐性知识？

1．隐性知识和显性知识

根据知识能否清晰地表述和有效地转移，可以把知识分为显性知识（explicit knowledge）和隐性知识（tacit knowledge）。显性知识是能够以正式的语言明确表达，易于存储、交流与共享的知识。显性知识是能够被人类以一定符码系统（最典型的是语言，也包括数学公式、各类图表、盲文、手势语、旗语等诸种符号形式）加以完整表述的知识。隐性知识是迈克尔·波兰尼（Michael Polanyi）在 1958 年从哲学领域提出的概念。隐性知识是基于个体经验、难以表达、不易交流与共享的知识。从技能和认识角度可将隐性知识划分为两类：一类是技能方面的隐性知识，包括非正式的、难以表达的技能、技巧、经验和诀窍等；另一类是认识方面的隐性知识，包括洞察力、直觉和感悟等。简单地说，隐性知识就是“只可意会，不能言传”的知识。

2．向专家学习隐性知识

在面临生活、工作、学习和科研中的各种问题时，有的人可以泰然处之，很快找到解决问题的方法，而有的人则会手忙脚乱，一时难以想出行之有效的方法。之所以会出现这种现象，实际上是因为个人的隐性知识在起重要作用。什么是隐性知识？

在知识的海洋中，显性知识如冰山一角，隐藏在水面以下的大部分知识是不易被表达和传播的隐性知识，见图 5-6。专家和新手的最大差别，往往不是拥有多少显性知识，而是拥有多少隐性知识。老师、同学、亲人、朋友等，每个人都拥有与众不同的知识结构体系，都拥有丰富的生活阅历，可以说每个人都蕴藏着大量的显性知识和隐性知识。在平时学习时，我们往往很重视显性知识的学习，而忽视了隐性知识的学习。

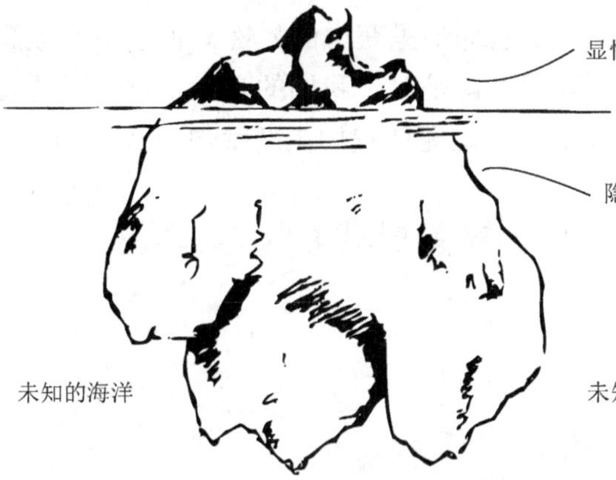

图 5-6　显性知识与隐性知识

与显性知识相比，隐性知识具有难以表达和传播的特点，但是这并不意味着我们不能学习隐性知识。细心观察和深度反思是获得隐性知识的重要方法，此外悟性也起着非常重要的作用。

以研究生为例，经常会遇到下列问题：不知道选择什么科研课题进行研究；面对新的科研任务，无从下手，不知从何做起；不能很好地管理项目；不能很好地管理科研团队；不能很好地管理自己的科研任务等。造成这种现象的主要原因是研究生不具备导师所拥有的隐性知识。导师则可以凭借已有的知识和经验，游刃有余地处理面临的问题。但是导师又往往难以告诉你，已有的哪些知识和经验促使他能够游刃有余地处理这些问题。或许导师会告诉你“只可意会，不能言传”。正是这些知识决定了你是新手，导师是专家。

从新手到专家是每个研究生的梦想。为了早日成为专家，获得导师的真传，就需要研究生多向导师学习隐性知识。为了更好地习得导师的隐性知识，首先要做一个敏于观察的人，与此同时还要勤于反思。“敏于观察，勤于反思”是获取隐性知识的有效途径之一。

此外，从导师的科研经历中，研究生也可以领悟到治学之道。科研经历，对于刚踏入学术研究殿堂的研究生来说，具有极其重要的价值。一般来说，研究生科研经历不多，尤其缺乏科研经验。导师则具有丰富的科研经历，他们的经历中包含着丰富的隐性知识。

在与导师的日常交流中，导师往往会有意无意地向其介绍他们的科研经历。这些科研经历，有些非常精彩，有些可能看似平淡无奇。无论是精彩的科研经历，还是平淡的科研经历，都会蕴藏着丰富的隐性知识。只要善于反思和总结，就能从其中悟出一些治学之道。细心捕捉导师科研经历中的各种细节，对于从事科学研究，大有裨益。往往导师的某句话，就会对我们将要从事的科学研究，产生重要的启示。但是这些重要的启示，会稍纵即逝。倘若没有及时把握机会，就可能错失学术创新的一次重要机会。

求学期间，我们从老师那里获得的显性知识是有限的，却能从老师那里获得无限的隐性知识。随着时间的推移，从老师那里获得的显性知识会很快被忘记，但是隐性知识将会影响我们的终生。隐性知识无论是对于我们的学术发展，还是人生发展都将会产生重要的作用。学会学习隐性知识，是促使我们由新手快速成长为专家的重要途径。

5.9 智慧时代的智慧学习

❖ **研创活动**

（1）智慧时代有哪些特征？

（2）智慧时代应该如何学习？

（3）常见的数字化学习工具有哪些？如何高效运用这些学习工具？

（4）APP Store 中 APP 如何分类，其中外语学习类的 APP 有哪些？安装自己喜欢的 APP 软件体验移动学习。

智慧学习称为“学习的新革命”。较传统的学习而言，智慧学习是从传统学习到“智慧+”的过程。它包括内部自我知识的识别定位，外部核心问题的识别定位，内外互动产生知识优化、进化，最后才是解决问题和收集意见反馈并进行改进。在此过程中，人的知识水平呈螺旋式上升，同时问题得到持续优化解决。智慧学习与传统学习不同，它是基于信息化、全球化和协同创新与知识融合的全新学习方法。

智慧时代各种各样的信息遍布周围，让我们应接不暇。从传播学的观点看，学习是外部信息经过媒介进入到人的大脑的一个过程。在这个知识剧增的时代，世界上一天产生的知识就足够学习一生。虽然很多人有很好的学习能力，掌握了现代信息媒介符号，可以用现代化的媒体工具进行学习，但是面对多变的数字时代不免有些迷茫，有种无从下手的感觉。智慧时代应该如何学习呢？应该如何面对浩如烟海的知识？

1. 自学为主，指导为辅

学习者学习应该以自学为主，教师指导为辅。学习者必须有很强的自学能力，自学能力是获取知识的能力基础。教师在某一方面的研究可能会很深，可以给研究生全面深刻的指导。但是没有万能的教师，教师不可能熟悉所有的研究领域。这就需要学习者要自己去研究，去探索。要想在某一方面有所创新，甚至超过教师的思维，必须有很强的自学能力，借此能力去获取教师和别人未涉猎的知识。

2. 跨文化、跨学科、跨领域多角度学习

不同学历层次的学习者，学习能力、学习方式、学习内容等存在较大差异。在“大众创新，万众创业”的背景下，学习应该是创新性的学习，主要是能够发现问题，解决问题。学习不是被动地接受外界知识，而是有辨别地接受外界知识，能够辨别知识的真伪并能创造产生自己的知识。学习者需要学会跨文化、跨学科多角度学习。要想深刻全面地认识某一问题，必须跨文化、跨学科多角度学习，只有建立在全面深刻认识的基础

之上，才可以谈创新的问题。比如，“信息”这一事物，不同文化背景、不同学科背景的人对它下了足足有 100 个定义，假若你要想理解什么是信息，必须跨文化、跨学科地对信息的内涵进行探索。跨文化、跨学科多角度学习，可以让学习者茅塞顿开，发现解决问题的方法。跨领域（cross-disciplinary）是指超越原学科界限，从事其他学科的学习，如跨学科考研、跨学科就业。

❖ 实践活动

作为教育技术学专业的学生可以从哪些领域或学科学习知识？教育技术学的交叉研究有哪些？

3. 关注本领域前沿研究

学习的最终目的是创新创造，这就决定了需要学习本领域的理论前沿和实践前沿，以求解决迫切需要研究的问题。紧跟世界本领域的前沿研究内容的同时，必须注意培养自己宽厚的理论基础和技术基础，没有基础根基，无从谈及本领域的前沿问题研究。

4. 努力培养宏观思维、逻辑思维和创新思维

21 世纪的人才应该是创新型人才，必须有宏观思维、逻辑思维和创新思维的能力。所谓宏观思维，是指分析某一问题时可以站在宏观的角度全面深刻地看问题，避免短浅的目光影响对事物的认识。所谓逻辑思维，是指对某一问题有很强的逻辑分析能力，认识事物时符合认识事物的客观规律。所谓创新思维，简单地说是指分析某一问题时，能够看到别人看不到的问题，提出别人提不出的见解。

5. 勇于挑战权威

每个人都有认识能力和思维能力的限度，看问题时难免受当时的历史背景和科技发展水平的限制，提出的见解并不见得是完全正确的。学习者不能“迷信”本领域权威，要勇于挑战权威。只有这样才有可能突破前辈的思维，提出新的更深刻的见解。一般后人和前人相比，占有的资料更充分，思维更活跃，接受新事物的能力更强。人一开始对问题的见解并不是那么深刻正确，随着人认识的深入，各个学科的知识都是在不断地完善和发展的。

6. 追其根源，打破砂锅问到底

学习过程中可以获得各种各样的学习资源，这些学习资源经过了多次加工和整理，每次加工和整理都会有或多或少的信息损耗。从信息传播的角度看，信息的每一次传播都会有信息的损耗或信息内容的扭曲，这样不利于理解信息的内容，甚至会曲解信息的内容。为了准确理解学习资源，需要学习者具有追其根源，打破砂锅问到底的精神和毅力。

7．拿来主义，善于汲取思想的火花

鲁迅曾经提出“拿来主义”，并对此进行了评析。学习中要善于用“拿来主义”。一个人的思维是有限的，在研究问题时要善于向本领域的国内外大师、导师、周围的人汲取思想的火花。特别是在今天这个网络支持的智慧时代，全球的人可以通过网络进行实时的思想沟通。要在和别人的沟通、交流、协作中获取思想的源泉，用共同的智慧激起创造性的知识的火花。学习要着眼于全球化的背景，有全球背景下学习的意识，时刻要汲取别人的思想火花，只有这样才可能有创造性地提出新的知识。值得一提的是，这里所说的“拿来主义”和“汲取思想的火花”不是指剽窃别人的研究成果或思想，而是在别人研究成果或思想之上，创造性地提出自己的研究成果或思想。

8．选择学习，有所学有所不学

智慧时代的知识是浩如烟海的，任何一个人都不可能学完所有的知识，即使本学科领域的知识也无法完全涉猎。面对这个问题，需要学会选择学习，做到有所学有所不学。每个人都有研究的领域或内容以及关注的研究领域或内容。对于自己研究的领域或内容要深入地研究学习，对于关注的研究领域或内容做到了解即可。假设你从事教育相关问题的研究，对于教育这一范围内的问题都应该有所了解；除此之外还应了解社会学、心理学、思维科学等领域的相关内容。进一步说，假设你研究的是高等教育方面的教育资源，对于高等教育的教育资源的相关问题要做到了如指掌，除此之外还应熟悉资源科学的相关知识。高等教育资源属于资源科学的下属研究内容。只有这样做，你才可以在知识的大海中做到游刃有余，更好地进行科学研究。

9．善用数字化学习工具

20 世纪的文盲是不认识文字符号，不会通过识别文字符号获取信息的人。21 世纪的文盲是不能识别现代信息符号，不能用计算机进行信息交流和管理的人，也就是不会数字化学习的人。作为 21 世纪的创新型人才，必须学会运用数字化学习工具开展数字化学习。常见的数字化学习工具，见表 5-1。

表 5-1　数字化学习工具一览表

类型	常见的数字化学习工具
文献管理软件	Reference Manager、Note Express、EndNote、Mendeley、Zotero、RefWorks
国内文献数据库	中国知网（CNKI）http://www.cnki.net/ 万方数据库 http://www.wanfangdata.com.cn/ 维普数据库 http://www.cqvip.com/ 中国科学引文数据库（CSCD）http://sdb.csdl.ac.cn/index.jsp 全国中西日俄文期刊联合目录数据库 http://union.csdl.ac.cn/Union/index.jsp 中国生物医学文献数据库（CBMDisc）http://cbmwww.imicams.ac.cn/

续表

类型	常见的数字化学习工具
美国文献数据库	Wiley InterScience http://www.interscience.wiley.com isiknowledge/SCI http://www.isiknowledge.com Social Sciences Citation Index（SSCI） Arts & Humanities Citation Indexhttp://pcs.isiknowledge.com/ IEEE http://www.ieee.org/ EBSCOhttp://ejournals.ebsco.com Newspaper Source ProQuesthttp://proquest.umi.com/login Netlibrary http://www.netlibrary.com Drug Information Fulltexthttp://www.ovid.com/site/catalog/DataBase/48.jsp IPAhttp://www.ipa.org/ PubMedhttp://www.ncbi.nlm.nih.gov/PubMed/ MEDLINEhttp://medline.cos.com/ LWWhttp://www.lwwonline.com/ HMIC　http://www.ovid.com/site/catalog/DataBase/99.jsp BP（BIOSIS Previews）http://ovidsp.tx.ovid.com/ Science Online http://www.sciencemag.org/
荷兰文献数据库	Sciencedirect http://www.sciencedirect.com/（http://elsevier.lib.tsinghua.edu.cn/） EMBASEhttp://www.embase.com/ Cell Presshttp://www.cell.com/cellpress OVIDhttp://gateway.ovid.com Kluwerwww.springerlink.com/
英国文献数据库	Ingentahttp://www.ingenta.com/ Blackwellhttp://www.blackwell-synergy.com 《不列颠百科全书》（Encyclopedia Britannica，EB）http://search.eb.com/ BMJhttp://www.bmj.com/ OUP 全文数据库 https://academic.oup.com/journals/
德国文献数据库	Springer LINKhttp://link.springer.com
瑞士文献数据库	S.Karger http://www.karger.com/
百科全书平台	百度百科 https://baike.baidu.com 维基百科（Wikipedia）https://en.wikipedia.org/wiki/Main_Page
数字图书馆	中国国家数字图书馆 http://dportal.nlc.cn:8332/zylb/zylb.htm 世界数字图书馆 https://www.wdl.org/zh/ 澳大利亚人文学界的数字化资源门户　http://www.ehum.edu.au/ 昆士兰大学数字文库　http://espace.library.uq.edu.au/ GPO Access（美国政府文献）:http://www.access.gpo.gov/ National Academy Press　http://www.nationalacademies.org/publications/
画图软件	Inspiration、MindManager、Personal Brain、Mindjet、Xmind、FreeMind、Keystone Conceptmap、ASCIIFlow、Microsoft Office Visio、EDraw Max、Axure RP、OmniGraffle、iMindMap、Mindomo、Coggle、MindMeister、SpiderScribe、Stormboard、MindNode、iThoughtsX、Vensim、Anylogic、ProcessOn、AutoDraw、Minitab、3DOne、幕布、百度脑图、几何画板、亿图图示

续表

类型	常见的数字化学习工具
课件、动画、视频制作软件	Microsoft Office、WPS Office、Keynote、Flash、3D Studio Max、Adobe Premier、Free 3D Video Maker、MakeMe3D、斧子演示
系统思考的工具	行为模式图、实体关系图、输入输出图（I/O 图）、多重原因图、鱼刺图（又称“鱼骨图”或“石川图”）、系统循环图（又称因果回路图）、存量流量图（又称水管图）、系统动力图、冰山模型（事件、模式、结构的深入思考）
远程协作软件	TeamViewer、Teambition
APP 在线制作工具	AppMakr（http://www.appmakr.com/） TheAppBuilder（http://www.theappbuilder.com/） 叮当 Dingdone（http://www.dingdone.com/） 应用公园（http://www.apppark.cn/） 应用之星（http://www.appstar.com.cn/） 菜鸟应用（http://www.cainiaoapp.cn） 快站（https://www.kuaizhan.com/）

拓展资料

1．约翰·D·布兰思福特，等．人是如何学习的：大脑、心理、经验及学校[M]．程可拉，孙亚玲，王旭卿，译．上海：华东师范大学出版社，2002.

2．王小波．人类是如何学习语言的[J]．科学 24 小时, 2003(12):19-21.

3．沈阳 61 岁医生 35 年获 9 个文凭破世界纪录[EB/OL].http://news.qq.com/a/20161230/021855.htm?t=1483194266965#p=1[2016-12-30].

4．清华现超级学霸：15 门课程满分 4 门 99 分[EB/OL].http://edu.qq.com/a/20141104/013900.htm.[2014-11-04].

5．黑猩猩都在读书你还有什么理由不努力[EB/OL].http://edu.qq.com/a/20161228/003909.htm#p=1[2016-12-28].

6．探索动物心智：美国倭猩猩从小受训学人类语言[EB/OL].http://news.xinhuanet.com/photo/2010-08/17/c_12454914_2.htm[2010-8-17].

7．86 岁意大利老汉自学 100 种语言凌晨 2 点起床学习[EB/OL].http://mt.sohu.com/20170301/n482033199.shtml[2017-3-1].

8．研究显示胎儿在子宫内即开始为母语“打基础”[EB/OL].http://news.xinhuanet.com/tech/2009-11/06/content_12400993.htm[2009-11-6].

9．人类是如何学习的[EB/OL].http://www.iqiyi.com/w_19rsserxyx.html.2016-6-28.

麻省理工学院的研究员戴·罗伊希望了解他的初生儿子是怎样学习语言的，因此他在家里四处装置了摄像机捕捉儿子成长的几乎每一刻，然后将 9 万小时的家庭录像进行分析，观察“gaaaa”渐渐转变成“水”的过程。这一惊人的资料丰富的研究对帮助我们了解人类是如何学习起到了深远的作用。

戴·罗伊：人类是如何学习的

10．Dominici N, Ivanenko Y P, Cappellini G. et al. Locomotor primitives in newborn babies and their development[J]. Science, 2011, 334(6058): 997-999.

11．王捷，汤继强.创新时代的智慧学习[N]．中国青年报，2015-05-04(02).

12．南国农．成功协同教育的四大支柱[J]．开放教育研究，2006(5)：9-10.

第6章　学习力与学习方式

● **学习目标**

1. 掌握学习力的概念与内涵。
2. 掌握学习力的构成要素。
3. 掌握学习力的本质。
4. 掌握学习力的五种曲线。
5. 了解学习力的“树根理论”。
6. 了解学习力测评指标。
7. 了解信息技术给教育与学习带来的变革。
8. 掌握学习方式的内涵与特征。
9. 了解人类学习方式演变发展的三个里程碑。
10. 了解学习史上典型的学习方式。
11. 了解学习方式演变的历史过程。
12. 理解学习方式变革的标准与原因。
13. 掌握学习方式变革的路径。
14. 了解学习方式变革的趋势。
15. 学会运用学习方式指数测评。

● **知识点**

学习力、学习力构成要素、学习力的本质、共同愿景、群体互动式学习、知识共享的氛围、蒙智曲线、早谢曲线、中庸曲线、卓越曲线、睿智曲线、树根理论、学习能力测评、学习方式、学习方式变革的标准与原因、学习方式变革的路径、学习方式变革的趋势、学习方式指数测评。

● **技能点**

提升学习力、衡量团队的学习力、学习能力测评、学习方式变革、学习方式指数测评。

● **思考题**

1. 阐述学习力的概念、构成要素及其本质。
2. 如何衡量团队的学习力？
3. 阐述学习力的五种曲线。
4. 什么是学习力的“树根理论”？
5. 学习方式究竟是什么？
6. 学习史上典型的学习方式有哪些？
7. 学习方式变革的标准与原因是什么？
8. 学习方式变革的路径有哪些？
9. 阐述学习方式变革的趋势。
10. 学习力如何测评？
11. 学习方式如何测评？

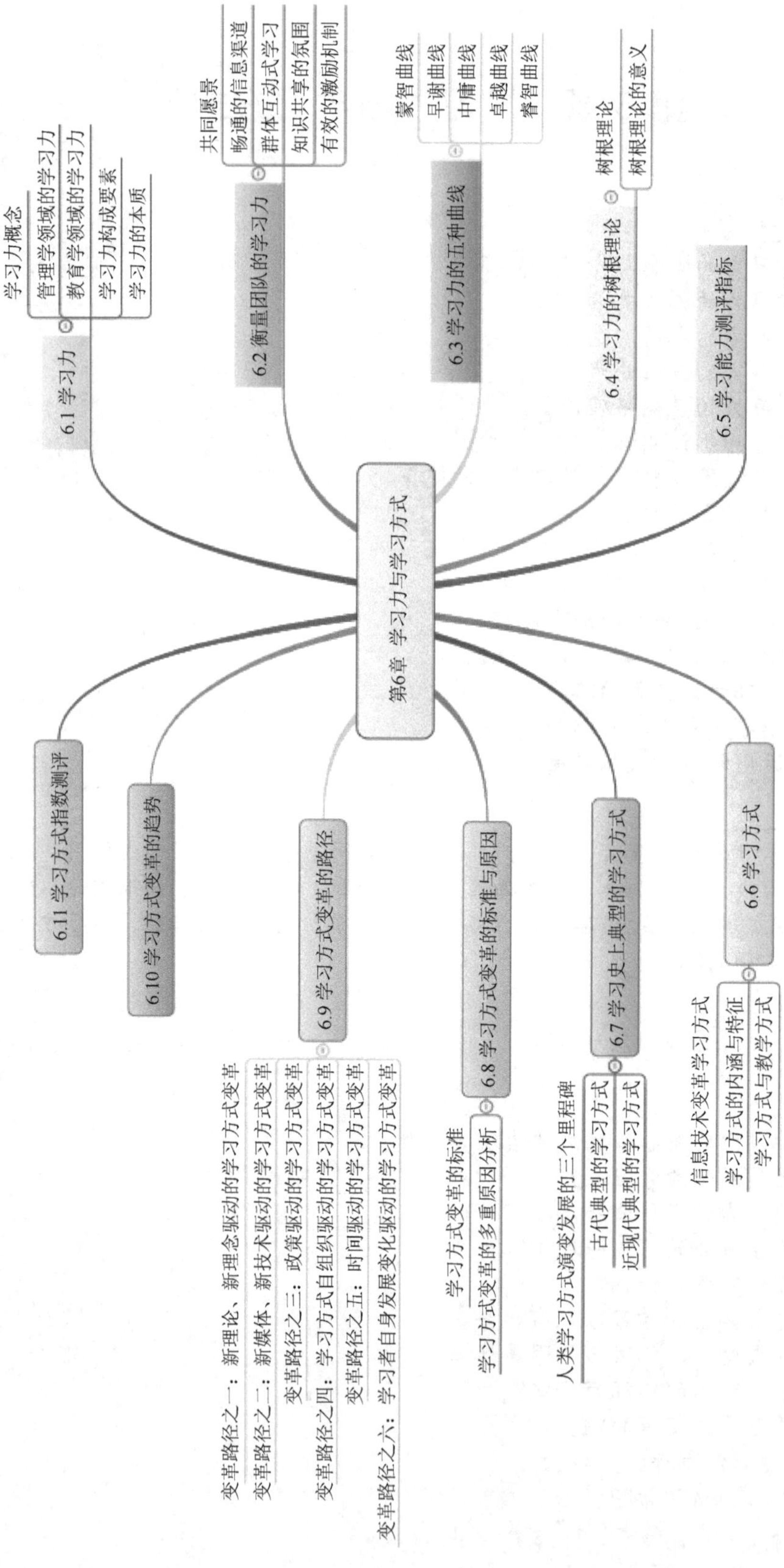

“学习力与学习方式”知识导学图

6.1 学 习 力

❖ 研创活动

（1）研讨学习力的概念、构成要素及其本质。

（2）如何提升自己的学习力？

1. 学习力概念

学历代表过去，能力代表现在，学习力决定未来。学习力代表未来的竞争力。学习力，就是学习动力、学习态度和学习能力的总和。学习力是把知识资源转化为知识资本的能力。学习力是学习动力、学习态度、学习方法、学习效率、创新思维和创造能力的一个综合体。学习力的几大构成要素不是孤立存在的，而是相互叠加、互相促进、有机联系的整体，是人自我学习、自我变革、自我超越、自我发展的螺旋式上升的过程。学习力是一种学习的方式和解决问题的方法。

学习力是指一个人或一个企业、一个组织学习的动力、毅力和能力的综合体现。个人的学习力，不仅包含它的知识总量，即个人学习内容的宽广程度和组织与个人的开放程度；也包含它的知识质量，即学习者的综合素质、学习效率和学习品质；还包含它的学习流量，即学习的速度及吸纳和扩充知识的能力；更重要的是看它的知识增量，即学习成果的创新程度以及学习者把知识转化为价值的程度。

组织学习力是人们创新能力的集中体现，能直接转化为创新成果。它倡导团队学习比个人学习更重要，团队具有整体搭配的学习能力，团体内信息和知识自由流动、高度共享，团队学习既是团队成员相互沟通和交流思想的过程，也是团队成员寻求共识和统一行动的过程，还是产生团队的“创造性张力”的过程。

学习力不等于学历，学习力比学历更重要。当然，这并不是否定学历的重要性，学历代表着所接受的教育水平，所掌握的知识和技能。一般来说，学历与学习力成正比，学历越高，则学习力越强。现阶段，知识更新的速度加快，本科以及研究生阶段学习的东西很快就会过时。如果不加强学习或者提升自己的学习力，毕业后将会很快感觉自己落后于时代，难以运用所学知识创造性地开展各项工作。这就是相当一部分被视为天之骄子的大学生毕业后很快归于平凡的原因，看起来与没上过大学的人没有区别。未来是知识经济时代，竞争越来越激烈，传统的死记硬背的学习方法将不能满足激烈的竞争需求，必须要提高学习力！

2. 管理学领域的学习力

“学习力”一词，是学习型组织管理理论中的核心理念，最早源于彼得·圣吉的导师，即美国人弗瑞斯特于 1965 年发表的一篇文章。该文运用系统动力学的原理描述未来组织的理想形态，这也是圣吉五项修炼模型的重要思想雏形。其实，学习型组织管理理论的提出时间早于企业再造理论，但是，它的应用却要晚一些。学习型组织管理理论的推广是因为全面质量管理理论和企业再造理论在实践中纷纷失败。与其相反的是，学习型组织管理理论使当今很多著名企业重新焕发了生命的活力。如在美国排名前 25 位的企业 80%都采用了学习型组织管理理论。所以，无论是从时间还是从作用来看，学习型组织管理理论都是当今世界最前沿的管理理论之一。

学习型组织管理理论的应用首先表现在国家管理中。新加坡和欧盟都是这方面的典型。新加坡被称为亚洲四小龙之一，这与它的国家管理理论是分不开的。新加坡一直致力于将自己的国家建设成学习型的国家，将自己的政府建设成学习型的政府；而欧盟在 1998 年就已经提倡将欧盟各国都建设成为学习型的社会。新加坡的 200 多个企业经常各自组织起来，通过阅读和讨论的方式学习新的知识；而欧盟则明文要求一个合格的欧盟公民至少要懂三国语言。

学习型组织管理理论同样能为企业的成功提供动力。美国微软公司的股票市值大于美国三大汽车公司股票市值的总和，这种成功在很大程度上得益于其创建学习型企业理论的实施。如今学习型组织管理理论已经延伸到学习型城市、学习型企业、学习型家庭、学习型社会、学习型学校等各个领域，学习型组织将成为未来的核心竞争力。

3．教育学领域的学习力

学习力自 1965 年随着学习型组织的提出缘起于管理领域，后被迁移到教育领域，主要研究教学中如何构建学习者的学习力以促进有效终身学习。因为学习力理论早期研究主要集中在管理领域，国外植根教育领域的学习力研究并不多，从全球范围来看，教育领域的学习力教育研究都尚处于初级阶段。

国内最早在教育领域进行学习力教育系统研究的是著名学习力教育专家余建祥，目前已进行了十多年的研究和实践，逐步形成了较完整、系统的教育领域学习力教育理论体系和训练体系。他创立的学习力“六要素说”，认为学习力主要包括学习方法、学习动力、时间管理、学习习惯、学习心智（情商管理）、学习意志六个要素，这六个要素互相关联又相对独立，任何一个要素的改善，都会促进学习能力的改善和提升。学习力“六要素说”相较于原先的“四要素说”和“七要素说”理论，更倾向于实践性和可实施性，把学习力教育理论应用领域大大推进了一步。

根据调查，刚入学的五六岁儿童，约有 82%对自己的学习能力极有自信，而当他们 16 岁时，这一百分比急降为 18%。80%的青少年和成年人在重新面对学习时会有无力感。为什么呢？是没有学会学习！

“未来的文盲不再是不认识字的人，而是没有学会怎样学习的人。”

——埃德加•沙因（世界著名未来学家）

复旦大学前任校长杨福家曾说，一个大学生在毕业离开大学的那天里，他在这四年里所学的知识有 50%已经过时。这是现代社会的一个重要特征：知识创造与更新的速度日益加快。人类知识总量翻番所需要的时间已从过去的 100 年、20 年、10 年缩短到目前的 3 年左右。有人预计，在 50 年后人类所拥有的知识总量中，现存知识只占其中的 1%。换句话说，在未来的 50 年中我们所用的知识绝大部分都是新知识。因此，个人社会竞争力的高低不仅取决于你现在掌握了多少知识，更大程度上取决于你学习掌握新知识的速度和能力。也就是说今天知识折旧速度加快。计算机和现代通信技术使知识的实效性与时效性变得很快。大部分的知识可以复制。拥有某种知识的优势会迅速失去。未来唯一持久的优势是有能力比你的竞争对手学习得更快。所以未来个人学习力将是其最核心的竞争力。

4．学习力构成要素

研究的视角不一，各学者对其构成要素的说法不一，较为典型的学习力构成要素有以下几种说法。

（1）学习力三要素说。学习力包括学习动力、学习毅力和学习能力三要素，见图 6-1。学习的动力体现了学习的目标；学习的毅力反映了学习者的意志；学习的能力则来源于学习者掌握的知识及其在实践中的应用。一个人、一个组织是否有很强的学习力，完全取决于这个人、这个组织是否有明确的奋斗目标、坚强的意志和丰富的理论知识以及大量的实践经验。

动力——目标

毅力——意志

能力——知识＋实践

图 6-1　学习力三要素

学习动力是指自觉的内在驱动力，主要包括学习需要、学习情感和学习兴趣。学习毅力，即学习意志，是指自觉地确定学习目标并支配其行为克服困难实现预定学习目标的状态。它是学习行为的保持因素，在学习力中是一个不可或缺的要素。学习能力，是指由学习动力、学习毅力直接驱动而产生的接受新知识、新信息并用所接受的知识和信息分析问题、认识问题、解决问题的智力，主要包括感知力、记忆力、思维力、想象力等。相对于学习而言，它是基础性智力，是产生学习力的基础因素。学习能力是人类与生俱有的一种能力，但并不是每个人都具有很强的学习能力。学习能力的强弱，影响着人生的发展轨迹。现代的资源管理理论认为：学习能力是 21 世纪人才的重要标志之一。

学习能力有三个重要特征：①自主性，是指个体生命自觉、自愿地去学习，而不是被迫去学习。②能动性，是生命主体积极富有创造性地去学习，而不是对知识、信息简单地吸收。同时还要会消化，要善于转化成生命所需要的物质和精神能量。③创造性，学习的最终目的是推陈出新、吐故纳新、融会贯通，是为了创新和创造，而不是“死读书，读死书，读书死”的现状。

（2）学习力四要素说。英国布里斯托尔大学 Guy Claxton 首先提出了学习力构建的四个要素，即通过四种行为所表现出来的四种力量“4R”：顺应/顺应力（resilient/resilience）、策应/策应力（resourceful/resourcefulness）、反省/反省力（reflective/reflection）、互惠/互惠力（reciprocal/relationships）。

（3）学习力七要素说。英国 ELLI 项目以 Guy Claxton 的开拓性研究为基础，后经过深层次研究丰富了学习力的构建要素，并在语言表达上做了精确定义，分别是：变化和学习（changing and learning）、关键好奇心（critical curiosity）、意义形成（meaning making）、创造性（creativity）、学习互惠（learning relationships）、策略意识（strategic awareness）、顺应力（resilience）；该项目认为七个要素是相互依赖、相互促进的关系，属于同一事物的不同方面，其中一个或者两个要素获得发展，其他要素及个体的学习力水平亦能获得一定程度的提升。

（4）学习力综合体说。美国哈佛大学 W. C. Kirby 在长期的教学实践中，丰富了学习力的内涵，并出版专著《学习力》，他认为学习力应该是包括学习动力、学习态度、学习方法、学习效率、创新思维和创造力的一个综合体。此外，他提出：学习力还包括兴趣、好奇心和创造等非智力因素。

（5）学习力六要素说。著名学习力教育专家余建祥在长期的研究实践中，提出了“六要素说”，他认为学习力主要包括学习方法、学习动力、时间管理、学习习惯、学习心智（情商管理）、学习意志六个要素，这六个要素互相关联又相对独立，任何一个要素的改善，都会促进学习能力的改善和提升。

5. 学习力的本质

学习力的本质是竞争力。当今世界是一个充满竞争的时代，在 20 世纪 60 年代，被《财富》杂志列为世界 500 强的大公司，堪称全球竞争力最强的企业。然而，70 年代的 500 强到 80 年代 1/3 销声匿迹，到 20 世纪末更是所剩无几了。这一方面反映了风起云涌的新科技革命和新经济的产生迅速切换或淘汰传统产业的大趋势，另一方面也反映出这些大企业不善于与时俱进，跟不上时代的节拍而被时代抛弃的必然。实践证明，企业凡通过自我超越、心智模式、团体学习等提高学习的修炼，都能在原有基础上重焕活力，再铸辉煌。

6.2　衡量团队的学习力

❖ **研创活动**

（1）如何衡量团队的学习力？

（2）如何提升团队的学习力？

1. 共同愿景

推动企业迈向未来的动力不是现金，而是每位员工的热情和智慧。共同愿景，是学习型文化的基础、核心，是指导企业和员工行为的哲学。在学习型组织的开始阶段，可能一部分成员持有相同的愿望，但是只有人人都衷心向往的愿望，才能成为组织的共同愿望。这需要培养的过程。因此，建立共同愿景是企业经营者的首要职责，是学习型组织成功的法宝。

2. 畅通的信息渠道

在学习型文化的环境中，组织内部所需的各种信息通过三种渠道得到有效的沟通。

（1）**纵向信息沟通**，即沿着组织的指挥链在上下级之间进行，使领导同其下属成员之间保持信息畅通。

（2）**横向信息沟通**，指的是团队以及内部成员之间同一层次所发生的沟通，例如，营销部门向生产部门提供市场供求信息，研发部门向营销部门了解社会对新产品设计质量的反馈意见，其主要功能是使系统之间协调配合和相互了解。

（3）**斜向信息沟通**，即不同系统、不同层次人员之间的沟通，如质量管理部门、技术部门的领导与生产部门的员工就产品质量、加工技术等事项的信息沟通。

无论哪种沟通，及时、有效都是原则，即所传递的信息恰是接收者工作所需要的信息，信息接收者对信息的理解与信息发出者传递的信息含义相同或近似，接收者充分了解了当前的情况和今后工作的趋势。

3. 群体互动式学习

员工深刻认识到群体互动式的学习效率远远优于单个个体的学习效率。组织在个人单向学习的同时，更注重双向学习，学习的基本单位变成团体而不是个人。在团队中，成员根据自己的最高愿望和团队追求的共同目标，通过“深度汇谈”，共享信息，重新创造自我；成员能够做到从未做到的事情，超越自身；个人的知识在隐性知识和显性知识相互转化过程中逐渐上升，扩大为组织的知识，进而提高了知识使用的效率。

4. 知识共享的氛围

在此，“知识就是力量”的理解已发生深刻变化，力量不是来自于保密的知识，而是来自共享的知识。“知识共享有益于企业和个人发展”的观念根植于企业成员的心目中，公开交流、分享经验、共享知识弥漫着整个组织。

在这种文化中，分享和利用知识往往是员工的自然行为，知识共享已变成工作本身的有机部分，而不是可忽略的，或附加的虚饰。成员之间常常通过非正式方式（或场合）交流成功的经验，探讨业务技能和创新，互相帮助去学习所需的新技能。这样，组织内部形成了动态的知识流，完成了由个体知识到集体知识、隐性知识到显性知识的相互转化，在转化中不断产生新知识，实现了知识创新。

5. 有效的激励机制

学习型文化的组织中，从上到下，都在建立健全评估和激励体系，对组织成员的学习和创新给予支持与奖励。

一是支持成员学习，鼓励组织成员分享知识，并把员工将新知识带到部门中看成是宝贵的资源和财富。

二是激发员工创造性思维，激励员工提出新见解和看法：促进员工对问题的思考，并对员工的意见及时提供反馈。

三是组织提倡员工的冒险和实践精神，支持员工进行不懈的尝试，允许员工犯错误，并把错误看成是最好的学习机会。

四是建立学习行为的榜样，促进组织的学习氛围。由于人的需要是多层次的，因而激励也是多方面的。组织中的管理阶层知道哪些激励对员工的影响微乎其微甚至完全不起作用，于是不断调整自己的激励实践，想办法尽可能地营造学习氛围。知识共享能给员工带来自我价值实现的满足感，使之成为员工一种内在的需要，而不是一种外在的要求。

6.3 学习力的五种曲线

❖ **研创活动**

（1）阐述学习力的五种曲线。

（2）反思自己属于哪种学习力曲线。

（3）如何才能让自己的学习力成为睿智曲线？

学习力教育专家余建祥将学习力修炼用五种曲线予以描述。

1. 蒙智曲线

蒙智曲线见图 6-2。这类人有的有学习障碍，有的没有启智，好似“白丁”。多数学历较浅，阅读力和思维力被遮挡，通过学习获得知识的能力明显不足。“蒙智曲线”实际是一条低而平的直线。处在“蒙智曲线”的人，多是社会底层的穷人、先天学习障碍的人，需要社会救助。

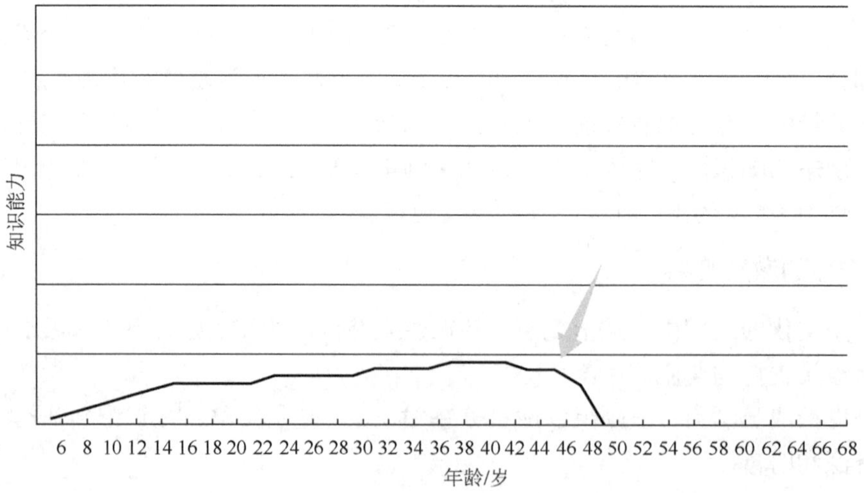

图 6-2　蒙智曲线

这类人可能因为家庭条件或其他因素，从小没有机会接受良好的教育，有的甚至没有启智，好似“白丁”。多数学历较低，阅读力和思维力没有被开发，通过学习获取知识的能力明显不足。他们过早进入社会，通过工作来吸取经验。但往往从事社会底层工作，所以成长速度非常得缓慢。

由于从小没有接受教育，他们往往无法意识到自己缺乏知识需要改变，他们也缺乏能力去预见未来的危机。身边朋友也多来自社会底层，无法激发他们对更美好生活的向往，从而导致他们一直停留在当下的环境。

糟糕的是这群人多是从事体力或低技能劳动，当到了 50 岁左右时因为体能的下降，他们的能力将会急速下降。技能也很快被社会无情地淘汰，接下来的生活很可能需要社会补助或依赖自己的儿女。

2. 早谢曲线

早谢曲线见图 6-3。这类人多数在青少年时期接受学校教育，一般取得了高中学历，掌握基础知识，具有通过学习获得知识的初步能力。这时 18～20 岁，学习力登上高点，此后学业松懈，学习力趋降。如盛开的鲜花，过早凋谢，所以称为“早谢曲线”。这类人多处在社会中下层。

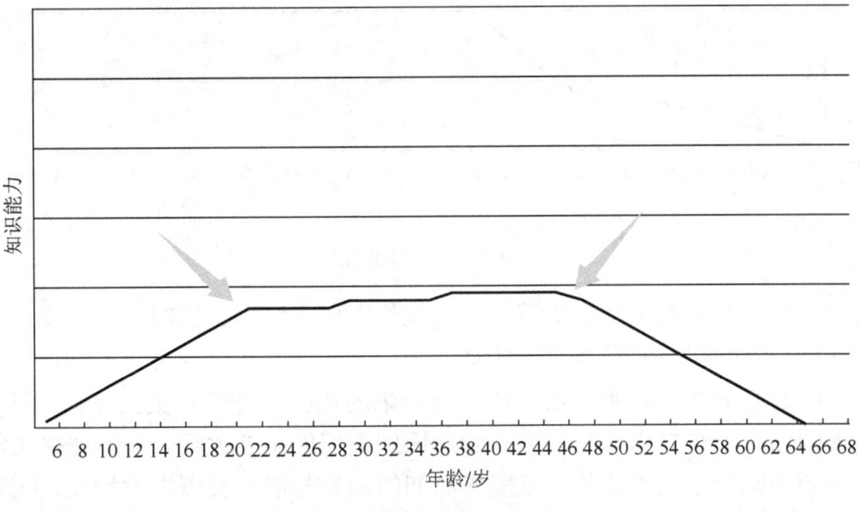

图 6-3 早谢曲线

这类人多数接受过高中教育，掌握了基础知识，具有通过学习获取知识的能力。但在学校他们并不是非常好学，本身对学习没有培养出兴趣，只是为了学历而学习。这也是他们在学校期间成长的曲线要略微平缓一些的原因。20 岁左右他们的学习力登上人生顶峰，因为本身对学习并没兴趣，所以一旦离开学校后就完全放弃学习。

他们能找到相对稳定的工作，但能力的成长完全取决于工作的需求。而且也趋于在同一岗位工作数十年。由于长期的被动成长，他们的学习力与适应能力低下，对未来的危机也较为不敏感，一旦失业将面对重大人生危机。有些人能从危机中走出来，有些人可能就只能委屈从事工资更低的工作。你会发现这些人刚开始的生活可能不错，但随着时间的推移生活质量反而慢慢下降。

当进入 50 岁后，他们的知识水平与能力开始逐年下降，一点点地被社会淘汰。他们就像鲜花还没充分地盛开，就慢慢凋谢。这类人多处在社会中下层。

3. 中庸曲线

中庸曲线见图 6-4。这类人多数在获得高中学历之后，学习力继续向上攀登。继而在高等学府深造，并取得相关专业知识、专业技能，以及相适应的高等学历、学位。至此，学习力已经登上一个新高度，但随后终止了上升趋势，缓慢掉头下行。这类人多是社会中间势力。

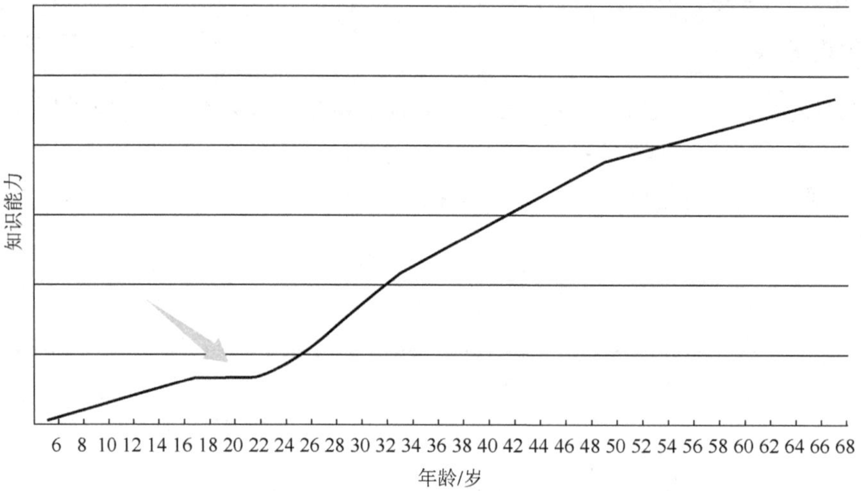

图 6-4　中庸曲线

这类人在学校时也是厌学，知识与能力成长得更为缓慢。他们通常也会过早地结束学业进入社会，但好在他们掌握了一些基础知识，并具有通过学习获取知识的能力。在经历过生活的磨练后他们开始觉悟，认识到未来的危机，并向往更美好的生活。

这类人因为有一定知识与学习力，当意识到知识的重要性后，他们往往比常人有更大的决心与毅力坚持不断地成长。短期内他们的知识与能力会爆发性增长，随着生活的改善而趋于缓慢，由于过早离开学校，这类人往往要付出更多的努力才会取得相对合理的回报。

值得注意的是，由于他们体验过知识改变命运的全过程，所以他们会持续不断地学习，是终身学习理念的实践者。这类人起点虽然比早谢曲线的人还低了一些，但由于长时间地主动学习，他们的适应能力较强，往往能提前为未来做好准备，最终的生活也将一步步变得更好。未来人生的成就取决于对不同机会的把握。

4. 卓越曲线

卓越曲线见图 6-5。这类人离开学府之后，并没有间断学习。在进入组织后，开启

“第二次学习”，学用结合，在干中学，学习力继续向高位强势攀升。在职业生涯结束之际，学习力登上最高点，随后缓慢下降。这部分人多处在社会上层。

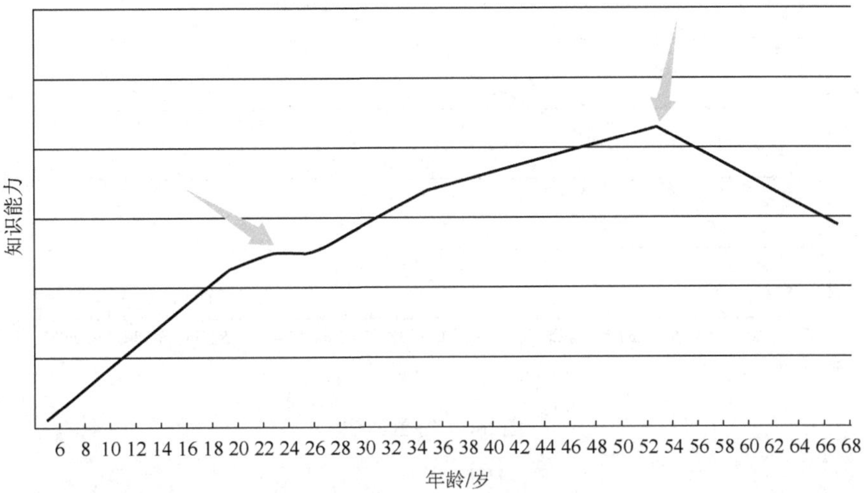

图 6-5　卓越曲线

这类人在学校的时候就比较好学，从小就培养了主动学习的能力，离开学校后没有向早谢曲线那样中断学习。进入企业组织后，他们可能会有短暂的迷茫期，但因为智力见识都比较高，所以很快会找到成长的方向并开启“第二次成长”。这时候他们更多的是学用结合，学习力持续向高位强势攀升。

他们可能并没有强烈的危机感，因为在学历与能力方面，他们时常都走在多数人前面。而在事业上不断前进的步伐也让他们面对更多的机会。这部分人多数处于社会中上层，在企业中属于管理层级。但在职业生涯结束之际，他们的学习力会登上最高点，随后缓慢下降。由于他们积累的知识与经验质量较高，尽管能力下降他们也不容易被社会淘汰，退休后仍可以从事较有意义的事情！

5. 睿智曲线

睿智曲线见图 6-6。这类人一生当中，学习力始终保持上升趋势，直至生命终结。这是终生学习理念的实践者，也是全智人生、智慧人生。这类人是出类拔萃的顶尖人才。这类人在校品学兼优，毕业于名牌大学，进入较好的工作岗位后，他们的学习力始终保持上升趋势，直至生命终结。他们很早就知道自己人生的目标，所以总是走在前面。他们也会面对困境，但由于持续的主动学习使他们有能力解决这些难题。

古往今来，人类学习力发展的基本趋势是，从“蒙智曲线”向“睿智曲线”拉升外推，白丁越来越少，智者越来越多。未来是学习时代，知识时代，睿智时代。谈笑有鸿儒，往来无白丁。

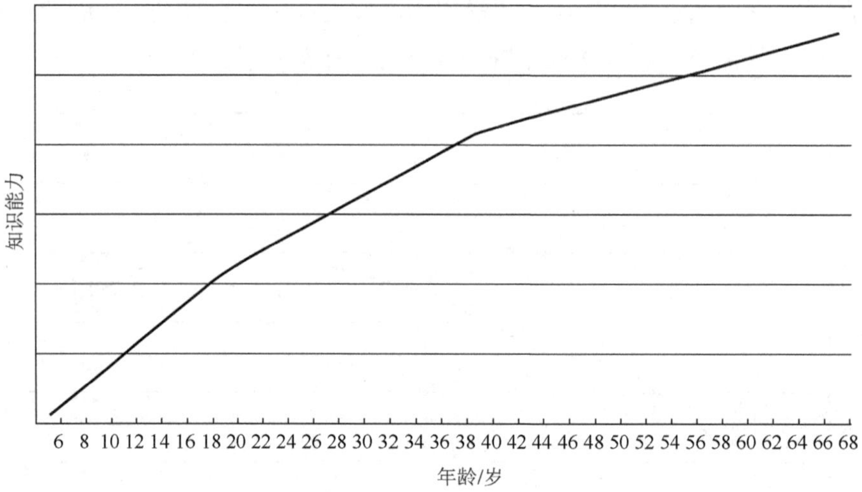

图 6-6　睿智曲线

6.4　学习力的树根理论

❖ 研创活动

（1）什么是学习力的树根理论？

（2）学习力的树根理论对学校未来发展有哪些启发？

1．树根理论

如果将人看作一棵树，学习力就是树的根，也就是人的生命之根。如果将一个企业比作一棵大树，学习力就是大树的根，也就是企业的生命之根。

2．树根理论的意义

树根理论表明，评价一个企业在本质上是否有竞争力，不是看这个企业取得了多少成果，而是要看这个企业有多强的学习力。这就像观察一棵大树的生长情况一样，不能只看到大树郁郁葱葱、果实累累的美好外表，因为无论有多么美的外表，如果大树的根已经烂掉，那么眼前的这些繁荣很快就会烟消云散。所以，一个企业短暂的辉煌并不能说明其有足以制胜的竞争力，反而会让人心生悲哀。学习力才是企业的生命之根，企业一定要精心培植自己的根，让自己的根越来越深厚、越来越坚强，只有这样，才能在以后可能遭遇的种种风雨中挺立不倒。小孩子学习也是这样，只有摆正了学习态度，只有从内心真正认识到了学习的重要性，他才可能坚持不懈地去努力，才可能获得成功。

企业一定要明确学习力的重要性。虽然中国有一些企业一直在这方面做得很好，如一些优秀的国营企业、合资企业、民营企业等。他们很重视培养自己的学习力，经常不定期地开展各类学习活动。但是，从总体上来说，中国还有更多的企业需要正视自己组织的学习力，需要建立有效的学习型组织来提升自己的学习力。

美国的微软、日本的松下、韩国的三星、中国山东的莱钢、中国山东青岛的海尔等，它们成功的奥秘在于以下几点。

一是能以最快速度、最短时间学到新知识，获得新信息；二是组织的员工尤其是领导层能不断提高学习能力；三是加强“组织学习”，形成具有特色的组织文化，集思广益，获得最大成效；四是以最快速度、最短时间把学习到的新知识、新信息用于企业变革与创新，最大限度地适应市场和客户的需要。

在这个科学技术飞速发展的时代，每个人都需要不断地学习新知识，否则就会被别人抛在身后。所以，一个人的学习能力是十分重要的，这种能力决定了每个人在社会中扮演的角色。学习能力大部分是后天环境影响和培养而得的，所以无论哪个人都有同样的机会增强自己的学习能力，适应社会发展。

6.5　学习能力测评指标

❖ **研创活动**

（1）学习能力测评指标有哪些？

（2）调研文献资料，设计一个学习力或学习能力评价指标体系。

爱迪乐经过十多年的教学研究，逐步形成了评价学生基本学习能力的六大指标：学习专注力、学习成就感、自信心、思维灵活度、独立性、反思力。

根据中国教育家协会、中华教育研究交流中心联合广州市特级教师协会最新研究结果表明，学习能力表现可以分为六项“多元才能”和十二种“核心能力”。六项“多元才能”指的是：知识整合能力、社交能力、心理素质、团队合作、理财能力、策划与决策能力。十二种“核心能力”指的是：注意力、观察力、记忆力、思维力、想象力、创造力、理解力、语言表达、操作能力、运算能力、听/视知觉能力。

6.6　学习方式

❖ **研创活动**

（1）学习方式究竟是什么？

（2）信息技术如何促进学习方式变革？

学习是人类的本能，与生俱来，伴随着人的一生。学习是一种信仰，学习是一种享受，学习是一种生活方式，学习是人类进步的阶梯，学习是人类成长过程中的永恒主题。正是人类具有很强的学习能力，才使得人类成为具有复杂思维能力和创新能力的高级智慧生物。从古至今，在人类的教育史上出现了各种各样的学习方式，不同的人在学习过程中采用不同的学习方式，学习方式在悄然发生着变革。学习方式对于人类而言，是一个既熟悉又陌生的词汇，学习方式究竟是什么，古今中外有哪些典型的学习方式，什么力量支配着学习方式的变革，学习者应该采用哪种学习方式等问题困扰着人类的学习。转变学习方式、变革学习方式已经成为教育研究和实践领域中的热点话题。

1. 信息技术变革学习方式

信息技术变革阅读方式，主要体现在：第一，从文本阅读走向超文本阅读。其中主要是“电子书刊”的出现，使得知识间的联结可以有多种联结组合方式与检索方式，从而打破了传统阅读单一的线性结构。第二，从单纯阅读文字发展到多媒体电子读物。在电子读物中阅读的对象由传统阅读抽象化的文字扩展为声音、图像、三维动画等多种媒体，使阅读和感受、体验结合在一起，大大提高了阅读的兴趣和效率。第三，通过与电子资料库的对话进行高效率检索式阅读。

信息技术变革写作方式，主要体现在：第一，从手写走向键盘输入、扫描输入、语音输入。计算机文字处理系统的日臻完善，使得电子写作具有极大的灵活性，可以随意抄写、复制、增补、删除等，大大节省了人类耗费在写作中的大量重复性劳动。第二，图文并茂、声形并茂的多媒体写作方式。第三，超文本结构的构思与写作。第四，在与电子资料库对话中阅读与写作的一体化。

斯蒂芬·威廉·霍金 21 岁时不幸患上了会使肌肉萎缩的卢伽雷氏症，所以被禁锢在轮椅上，只有三根手指可以活动。1985 年，因患肺炎做了穿气管手术，被彻底剥夺了说话的能力，演讲和问答只能通过语音合成器来完成。盲人可以通过盲人专用计算机上网学习、工作和娱乐。6 点式盲文标注的键盘，可以帮助盲人凭借触觉直观地感觉出键位，盲文键盘顶部设置的快捷键还简化了操作。同时，盲用计算机还预装有能够“读计算机”的盲用语音软件，应用先进的语音合成技术，可以准确“读”出计算机屏幕信息；准确的鼠标位置语音判断功能，可以读出鼠标的位置、单击的图标名称和网页上的文字。

信息技术变革计算方式，主要体现在：第一，借助各类信息技术的高效运算已成为当代最基本的计算能力。第二，文字的数字化使读、写、算融为一体。第三，运用信息技术建模、仿真与预测的能力将会越来越重要。

2. 学习方式的内涵与特征

学习方式对应的英文翻译为“learning style, style of learning, learning method, learning mode, approaches to learning”等。学习方式是人们非常熟悉的一个词汇，又是一个难以清晰阐释内涵的词汇。教育学和心理学领域的专家学者分别对学习方式有不同的理解。

教育学视角下的学习方式，侧重于学习过程中所采用的途径、形式和手段。例如，谢新观、丁新等的《远距离开放教育词典》认为学习方式是：“学习者在学习知识和技能时所采用的途径、形式和手段。”哈罗德·派斯勒（Harold Pashler）等认为：“学习方式是不同的人用不同的方式学习资料。从幼儿园到高等院校，学习方式在教育领域产生了重大影响。”

心理学视角下的学习方式，侧重于个体获取或处理信息的方式。例如，维尼·詹姆斯（Waynne James）等认为：“学习方式是个体在学习过程中自然或习惯性地获取和处理信息的模式，其核心概念是如何学习的个体差异。”庞维国认为从学习心理学的角度看：“学习方式泛指学习者在各种学习情境中所采用的具有不同动机取向、心智加工水平和学习效果的一切学习方法和形式。”郝贵生认为：“学习方式是学习主体在学习过程中形成的一种相对稳定的形式、程序和定势，它包括学习的动机、态度和方法等。”孔企平认为：“学习方式是指学生在完成学习任务时基本的行为和认知取向。学习方式不是指具体的学习策略和方法，而是学生在自主性、探究性和合作性方面的基本特征。”

朱京曦归纳了学习方式的三种观点：“第一种，从学生的行为结构出发，学习方式是学生的学习模式，也就是学习的组织方式和所采用的方法。第二种，从学生的认知倾向性出发，学习方式就是学习风格，是人们在学习时所具有或偏爱的方式，即学习者在研究解决其学习任务时所表现出来的具有个人特色的方式。学习方式是学习者持续一贯表现出来的学习策略和学习倾向的总和。第三种，从学习的社会性出发，学习方式是学生在学习过程中所表现出的精神状态和交往方式。”

以上主要是从教育学、学习心理学的角度阐释学习方式的内涵。从教育技术学视角看，学习方式是学习者在学习活动中所采取的手段、措施或策略，是学习活动的基本形式。学习方式揭示了不同时代学习内容与形式的特点，有助于从总体上认识和把握人类学习活动的特点与发展规律。学习过程中所采用的学习方式，取决于学习活动中所使用的学习工具。这正如生产方式与生产工具的关系，有什么样的生产工具就有什么样的生产方式。

学习方式具有多样性、适应性、相对稳定性三个主要特征。多样性是指在人类学习史上形成了各种各样的学习方式。适应性是指学习方式因人而异，因学习内容而异。不同的学习者往往采用不同的学习方式，即使是同一学习者在学习不同内容时也会采用不同的学习方式。对于某个具体的学习者来说，只有更有效的学习方式，没有最有效的学习方式。学习方式的有效性，针对具体的学习内容和学习者。相对稳定性是指学习方式不易随着学习者、学习内容和学习环境的改变而改变，也就是说转换或变革学习方式并非易事。

3. 学习方式与教学方式

在教育实践活动中，学习方式与教学方式最为密切，彼此相互影响，见图 6-7。教育者在教学中采用什么样的教学方式会直接影响学习者采用什么样的学习方式。一般情况下，学习者如果具有较强的学习力，则会选择最合适的学习方式，获得较高的学习效率，取得较好的学习效果，进而反馈给学习者，以增强其学习力。教育者如果具有较强的教学力，则会选择最合适的教学方式，获得较高的教学效率，取得较好的学习效果，进而反馈给教育者，以增强其教学力。

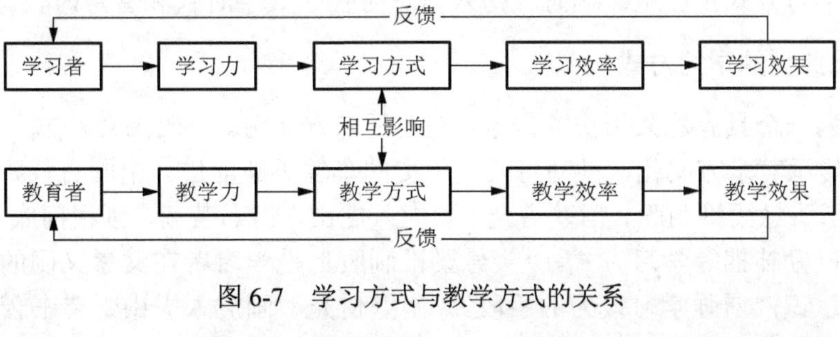

图 6-7　学习方式与教学方式的关系

学习力由学习动力、学习毅力和学习能力三要素构成，是把知识资源转化为知识资本的能力。对学习者来说，学习力的高低直接影响学习者能否选择恰当的学习方式。相对而言，教学力由教学动力、教学毅力和教学能力三要素构成，也就是把知识有效传授给学习者的能力。对教育者来说，教学力的高低直接影响教育者能否选择恰当的教学方式。

6.7　学习史上典型的学习方式

❖ **研创活动**

（1）自己学习过程中采用的学习方式有哪些？

（2）学习史上典型的学习方式有哪些？

理解学习方式的类型是学习方式变革的关键，学习方式具有多样性，只有科学、理性地认识学习方式的多样性，了解学习方式分类的依据和标准，才能在实践中科学、理性地运用学习方式。从猿到人的进化过程中，人类的语言能力、思维能力和学习能力逐步进化，从而提升了人类的创造力，使人类能够创造和使用工具，成为高级智慧生物。人类发展的历史就是人类学习的历史，正是由于人类具有很强的学习能力，才使人类创造了地球文明。从古至今，人类学习的历史长河中形成了各种各样的学习方式。

1．人类学习方式演变发展的三个里程碑

人类学习方式演变发展中的第一个里程碑，即文字的出现。文字是文化传播与学习的重要物质载体。在文字产生之前，人类的学习活动只能通过直接经验和依靠口头语言或体态语言传递的间接经验进行，文字产生之后，人类积累的经验借助文字形态得以保存和传播，而且经过不断研究和总结越来越系统化、理论化，由此不仅突破了文化传播的时空障碍，还使人类的学习活动以越来越抽象、间接的方式进行，大大提高了学习效率。正是文字的出现，才使学习从社会生活中分化出来，并逐渐发展成为相对独立的活动领域和活动方式。至此才出现了狭义的文化学习形态。

人类学习方式演变发展中的第二个里程碑，即印刷术。使这种狭义的文化学习形态获得加速发展，并成为近现代社会中占主导地位的学习方式，主要得益于印刷术的产生，尤其是活字印刷技术的发展。

人类学习方式演变发展中的第三个里程碑，即信息技术。当代信息技术的发展和普及，使人类学习方式正在从印刷时代跨入信息时代、数字时代和智慧时代。

2．古代典型的学习方式

中国作为一个具有悠久历史的国家，创造了东方文明。一代代文人志士，挑灯夜战、勤奋好学，传承着东方文化，推动着人类历史的车轮不断前进。中国古代致力于求学的文人，创造了头悬梁锥刺股、凿壁借光、画虎入虎山、借书苦读、刨根问底、仔细推敲、勤于思考、以勤补拙等学习方式。“头悬梁锥刺股”是学习者在又累又困的状态下，强化自我学习意识，增强学习毅力的手段。“凿壁借光、画虎入虎山、借书苦读”是学习者借助光、实地观察、学习资料等创造学习环境的策略。“画虎入虎山”更是体现了“绝

知此事要躬行”的理念，强调学习中实践的重要性。“刨根问底、仔细推敲”体现了学习者对学习的态度，追溯知识源泉，选择知识最佳表达方式。“勤于思考、以勤补拙”是学习者在学习过程需经常反思，持有勤奋的态度。

著名教育家孔子创办私学，广收门徒，教学中注重因材施教，善于启发学生思考问题。孔子的弟子围坐在一起听孔子讲学，这就是集体学习方式。孔子弟子自己读书温习功课，则是个体学习方式；在孔子的启发下学习，则是启发式学习方式。古希腊著名教育家苏格拉底在长期教学中，形成了“产婆术”教学法，引导人们产生正确的思想。“产婆术”教学法，对于学习者来说，可以称为启发式学习方式。

3．近现代典型的学习方式

人类近现代发展史上出现了很多学习方式，按照学习方式的历史、学习的信息化程度、学习借助的媒体等12种分类依据，可以对学习方式进行归类总结，见表6-1。

表6-1 学习方式分类表

分类依据	学习方式分类
学习方式的历史	古代学习方式、近代学习方式、现代学习方式
学习的信息化程度	传统学习方式、信息化（数字化）学习方式
学习借助的媒体	借助肢体的学习方式、借助语言的学习方式、借助文字的学习方式、借助多媒体的学习方式、借助超媒体的学习方式、借助仿真试验或仿真环境的学习方式
学习活动发生场所	面对面学习方式、网络学习方式、远程学习方式
学习方式的有效性	有效学习方式、无效学习方式
学习者的数量	集体学习方式、个体学习方式
学习的主动性	自主学习方式、合作（协作）学习方式、教师主导－学生主体学习方式、被动（灌输）学习方式、探究性学习方式、研究性学习方式
学习是否脱产	在职学习方式、全日制学习方式
知识的来源	程序性学习方式、经验性学习方式、体验性（实践性）学习方式
学习的速度	潜移默化学习方式、循序渐进学习方式、快速学习方式
知识获取的信息通道	诵读（讲述）学习方式、抄写学习方式、观察模仿学习方式、讲授—听讲学习方式、听写学习方式、默读（阅读）学习方式
学习中使用的新媒体、新技术	混合学习方式、计算机支持的协作学习方式、网络学习方式、E-Learning 学习方式、移动学习方式、仿真学习方式、虚拟学习方式、微课程学习方式、翻转课堂学习方式、智慧学习方式

（1）按照学习方式的历史，学习方式分为古代学习方式、近代学习方式和现代学习方式。这可借鉴中国历史的划分，1840年以前奴隶和封建社会的学习方式称为古代学习方式；1840～1949年半殖民地半封建社会时期，西方文化传入中国，广播、电视、电影、留声机、幻灯机等传入中国，成为了新的学习媒体，这时的学习方式称为近代学习方式；1950年以后的学习方式可以称为现代学习方式。

汉武帝思念死去的李夫人，有人用不透明的物体裁剪成类似李夫人的影像在墙上，让汉武帝观望。后来社会上发展为“皮影戏”和“驴影戏”。17世纪德国人根据“影戏”的原理，在灯光与画面间加上聚光镜，发明了“幻灯”。1877年，爱迪生发明了世界上最早的记录声音的留声机。卢米埃兄弟于 1894 年研制成了世界上第一架比较完善的电影放映机。1906 年圣诞节前夜，美国的费森登和亚历山德逊在纽约附近设立了一个广播站，并进行了有史以来第一次广播。美国无线电公司（Radio Corporation of America, RCA）1939 年推出世界上第一台黑白电视机。1946 年，美国宾夕法尼亚大学诞生了世界上第一台计算机 ENIAC。这些媒体的出现，逐步应用到教育领域，使视听教育、影视教育成为新的教育方式，形成了新的学习方式。

（2）按照学习的信息化程度，学习方式分为传统学习方式、信息化（数字化）学习方式。信息化学习方式，是指在现代信息意识指导下，学生在学习过程中，利用信息技术进行有效学习所表现出来的学习活动的基本形式，它揭示了学生利用信息技术进行学习活动的取向。传统学习方式属于精加工学习方式，信息化学习方式属于贯通式学习方式。信息化学习方式与数字化学习方式，在内涵上相似，是利用信息化工具在信息化环境中学习的方式。

（3）按照学习借助的媒体，学习方式分为借助肢体的学习方式、借助语言的学习方式、借助文字的学习方式、借助多媒体的学习方式、借助超媒体的学习方式、借助仿真试验或仿真环境的学习方式等。语言出现之前，人类依靠肢体的动作彼此交流传递信息。文字出现之前，人类还经历了结绳记事的阶段，如何学会结绳记事的技能，依靠的是“吱”“呀”的简单语言交流，以及比划的肢体语言。随后，语言、文字、多媒体、超媒体、仿真试验和仿真环境的出现，使学习方式逐渐发生了变化。

（4）按照学习活动发生的场所，学习方式分为面对面学习方式、网络学习方式、远程学习方式等。古代的私塾、现代的教室中进行的学习，都是面对面的学习方式。随着计算机、互联网、物联网等快速发展，学习者可以实现随时随地的网络学习，出现了网络学习方式。网络学习方式和远程学习方式较为接近，网络学习方式可以看作远程学习方式的一种。2013 年 6 月 20 日，神十航天员王亚平在太空向地面中小学生进行了“太空授课”，做了“质量测量”“单摆运动”“陀螺运动”“制作水膜和水球”四个物理实验。这种通过天链卫星将太空中的视频信号传输到地面教室的方式，将以往只能在假设状态下想象的“失重”物理实验变成了现实，实现了师生实时双向交流，将远程学习方式推向了新的起点。

（5）按照学习方式的有效性，学习方式分为有效学习方式和无效学习方式。学习方式的有效和无效都是相对的，某种学习方式可能对这个学习者有效，而对那个学习者无效。

（6）按照学习者的数量，学习方式分为集体学习方式和个体学习方式。学习者组成一个班级或学习小组进行学习的方式都是集体学习方式。学习者独自一个人进行学习的方式称为个体学习方式。

（7）按照学习的主动性，学习方式分为自主学习方式、合作（协作）学习方式、教师主导－学生主体学习方式、被动（灌输）学习方式、探究性学习方式、研究性学习方式。其中被动（灌输）学习方式，可以实现大量知识的集中灌输，知识的传输效率较高，但是知识传输的效果因人而异。自主学习方式、教师主导－学生主体学习方式、被动（灌输）学习方式是当前学校教育中学习者使用最多的学习方式。探究性学习方式强调学习者学习中对知识的探索，以发现、探索知识为目的。研究性学习方式，注重在研究中学习，在学习中研究，更强化知识的创新。

（8）按照学习是否脱产，学习方式分为在职学习方式和全日制学习方式。在职人员边工作边学习称为在职学习方式，如果脱产进行的学习则为全日制学习方式。

（9）按照知识的来源，学习方式分为程序性学习方式、经验性学习方式和体验性（实践性）学习方式。这三种学习方式分别与程序性知识、经验性知识和体验性（实践性）知识相对应。

（10）按照学习的速度，学习方式分为潜移默化学习方式、循序渐进学习方式和快速学习方式。学习者学习的知识，既有隐性知识，也有显性知识。隐性知识的学习多是在潜移默化的情况下进行的，即潜移默化学习方式。显性知识的学习多是以循序渐进的方式进行，即循序渐进学习方式。另外，为了应对外交、汇报、报告、旅游等活动，学习者往往需要快速学习一些特定的背景知识、专业术语、表达技巧等知识，这时的学习方式就是快速学习方式。快速学习能力是信息化社会，面对各种日新月异的信息和知识，应对各种复杂的富有挑战性的工作，提升创新能力必备的技能。

（11）按照知识获取的信息通道，学习方式分为诵读（讲述）学习方式、抄写学习方式、观察模仿学习方式、讲授—听讲学习方式、听写学习方式、默读（阅读）学习方式等。这些学习方式，还可以进一步归类为视觉学习方式、听觉学习方式、运动学习方式和组合学习方式。诵读（讲述）学习方式，既涉及听觉，也涉及口腔、大脑等器官的复杂运动。抄写学习方式主要涉及手的运动和大脑的活动。观察模仿学习方式主要涉及视觉、动作的模仿和大脑的活动。讲授—听讲学习方式和听写学习方式主要涉及听觉与大脑的活动。默读（阅读）学习方式主要涉及视觉和大脑的活动。

（12）按照学习中使用的新媒体和新技术，学习方式分为混合学习方式、计算机支持的协作学习方式、网络学习方式、E-Learning 学习方式、移动学习方式、仿真学习方式、虚拟学习方式、微课程学习方式、翻转课堂学习方式、智慧学习方式等。信息技术、通信技术、仿真技术、虚拟现实技术、智慧技术等的迅速发展，逐渐形成了这些新型数字化学习方式。

6.8　学习方式变革的标准与原因

❖ **研创活动**

学习方式变革的标准与原因是什么？

1. 学习方式变革的标准

通过以上对学习方式的归纳，可以发现在人类学习的历史长河中逐渐形成了各种各样的学习方式。那么在人类学习的历史中，学习方式究竟是否发生了变革，变革的可能路径有哪些。要想理清学习方式是否发生变革，首先需要界定什么是学习方式变革，学习方式变革的标准是什么。

所谓变革，是事物本质的改变。学习方式变革，也就是学习方式本质的变化。学习源于人类对未知事物的求知欲，人类学习的目的是更好地认识事物，探索未知世界，从而提高人类认识和改造客观世界的能力。学习方式变革是学习活动中的手段、措施或策略的根本性转变。学习方式的变革，既指学习者群体的学习方式变革，也指学习者个体的学习方式变革。学习方式变革促进学习变革和教育变革，促进人才培养方式的变革。学习方式变革的标准是学习活动中学习理念、学习环境、学习工具、学习媒体、学习材料的根本性变革，这个变革可以是单个或多方面的变革。学习方式的名称不同，内涵相似，这不是学习方式的变革。如信息化学习方式、数字化学习方式，这两种学习方式虽名称不同，但是内涵相近，不能说从信息化学习方式变革为数字化学习方式，或从数字化学习方式变革为信息化学习方式。

2．学习方式变革的多重原因分析

学习者转变学习方式是一个复杂的过程，多因素影响着学习方式变革。李本友、李红恩、余宏亮通过调查、访谈、观察等方式，认为“影响学生学习方式转变的因素主要有学习内容、学生个体、教师引导、评价方式、学校文化以及教学资源”。探究影响学习方式变革的原因，既可以通过问卷、访谈、观察等进行定性定量分析，也可以在借鉴已有研究成果、分析学习方式现象，以及结合具体学习活动实践基础之上，采用系统思考工具的“多重原因图”进行系统思考，见图 6-8。利用多重原因图分析影响学习方式变革的原因，有利于从系统上全面认识哪些原因促使学习方式发生变革，但是不能确认引起学习方式发生变革的原因的重要程度。影响学习方式变革的原因主要有学习者自身原因、学习者外在原因和学习方式自组织。

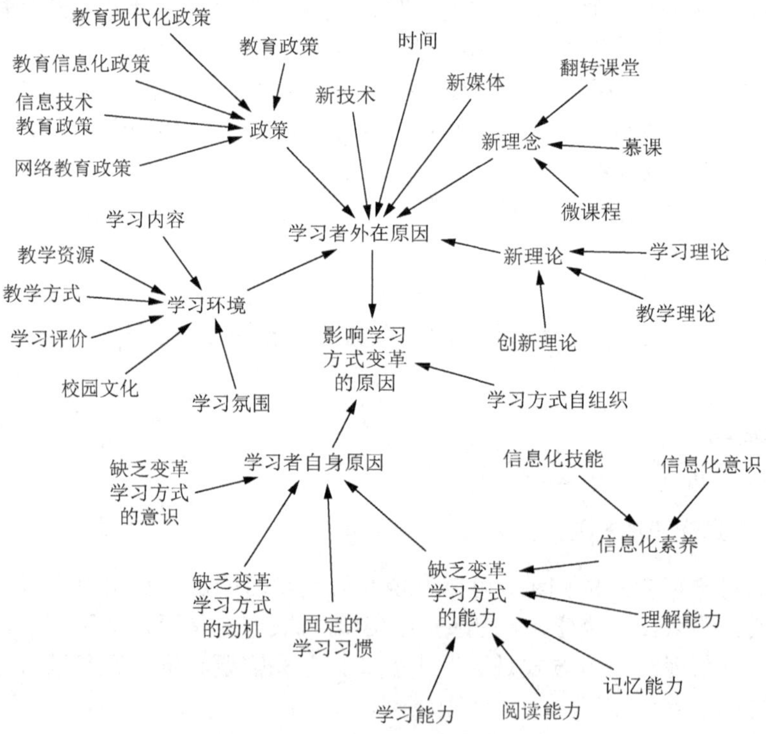

图 6-8　影响学习方式变革的多重原因分析

学习者自身原因如缺乏变革学习方式的意识和动机、固定的学习习惯、缺乏变革学习方式的能力等。变革学习方式的能力如学习能力、阅读能力、记忆能力、理解能力、信息化素养等。学习者如果具有强烈的变革学习方式的意识和动机，则有利于变革学习方式。学习者如果具有较强的场独立性，学习习惯较固定，则不利于变革学习方式。学习者如果具有较强的学习能力、阅读能力、记忆能力、理解能力和信息化素养等，则有利于变革学习方式。

学习方式变革的外在原因如学习环境、政策、新媒体、新技术、新理念、新理论、时间等。丰富的学习内容和教学资源，个性化、多样化、灵活化的教学方式，科学化、智能化的学习评价，丰富多彩的校园文化，良好的学习氛围等所构成的学习环境有利于实现学习方式变革。从传统学习环境到数字化学习环境、信息化学习环境，再到智慧化学习环境，学习环境的转变有利于学习方式变革。教育政策、教育现代化政策、教育信息化政策、信息技术教育政策、网络教育政策等各类教育政策，对促进学习方式变革起着引领和规范的作用。新媒体、新技术的出现，使学习工具发生了根本性变革，从而促使学习方式发生变革。慕课、翻转课堂、微课堂等新理念以及学习理论、教学理论和创新理论等新理论，为学习方式变革提供了理念和理论支持。

6.9　学习方式变革的路径

❖ **研创活动**

学习方式变革的路径有哪些？

在人类学习的历史中，学习方式在悄然发生着变革，学习方式变革的六条路径，见图 6-9。此处的学习方式 A 和学习方式 B，既可能是一种学习方式，也可能是多种学习方式。

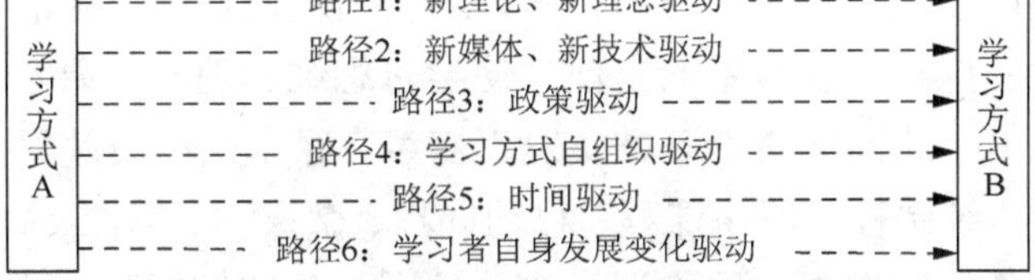

图 6-9　学习方式变革的六条路径

1. 变革路径之一：新理论、新理念驱动的学习方式变革

学习方式的变革与新理论、新理念密切相关，每种新理论、新理念的出现都或多或少促使学习方式发生变化。新理论、新理念，既可以是学习理论、学习理念，也可以是教学理论、教学理念等。从学习理论的发展来看，先后经历了行为主义学习理论、社会学习理论、认知主义学习理论、人本主义学习理论、建构主义学习理论、多元智能理论、联通主义学习理论等，见表 6-2。以联通主义学习理论为例，该理论是在教育信息化的

迅速发展，人类社会已经步入了信息化社会、数字化社会的背景下提出的，信息化工具和技术改变了人类的学习环境，使学习理念发生了改变，更强调“关系中学”和“分布式认知”，知识网络的形成。

表 6-2　学习理论发展简表

创立年代	学习理论	代表人物	主要观点
20 世纪初	行为主义学习理论	华生、斯金纳、班杜拉、桑代克	学习是“刺激-反应”的联结
20 世纪 50 年代初	社会学习理论	班杜拉	个人的认知、行为与环境因素三者及其交互作用对人类行为的影响。强调观察学习或模仿学习。交互决定论、自我调节理论和自我效能理论
20 世纪 50 年代	认知主义学习理论	苛勒、托尔曼、皮亚杰、布鲁纳、奥苏伯尔、加涅	苛勒的顿悟说、托尔曼的认知—目的论、皮亚杰的认知结构理论、布鲁纳的认知发现说、奥苏伯尔的认知接受说、加涅的信息加工学习论
20 世纪 50～60 年代	人本主义学习理论	马斯洛、罗杰斯	强调人的尊严、价值、创造力和自我实现。马斯洛的需求层次理论。教育实际中倡导以学生经验为中心的“有意义的自由学习”
20 世纪 70～80 年代	建构主义学习理论	皮亚杰	“情境”“协作”“会话”“意义建构”是学习环境中的四大要素。学习是对新信息的意义的建构，同时又包含对原有经验的改造和重组
20 世纪 80 年代初	多元智能理论	加德纳	人类的智能包含 9 个范畴：语言、数理逻辑、空间、身体一运动、音乐、人际、内省、自然探索、存在
21 世纪初	联通主义学习理论	西门思	学习应该是联结专门结点和信息源的过程，关注外部知识源的联结。学习主要是一个连续的、知识网络形成的过程。强调“关系中学”和“分布式认知”。学习包括个人的内化学习以及与外界互动的学习

2．变革路径之二：新媒体、新技术驱动的学习方式变革

从教育传播学的视角，只要出现新技术，就会出现新媒体、新的信息传播方式，从而催生学习变革。新媒体、新技术的出现，使学习思维、观念、课本、课程、课堂、校园等逐渐发生了改变，从而促使学习方式发生变革。课本从纸质教材到纸质教材与电子教材并存；课程从传统课程到网络课程、移动课程、微课程、慕课（MOOC）、SPOC 等；课堂从传统课堂到数字化课堂、网络课堂等；校园从传统校园到数字校园、智慧校园。新媒体、新技术是一个相对的概念，是相对于当时社会发展水平的新媒体、新技术。

文字、印刷术和信息技术的出现，使人类学习史上出现了三个里程碑。隋朝的雕版印刷，经过宋朝毕升的发展、完善，产生了活字印刷术。雕版印刷、活字印刷对隋朝和宋朝而言是新技术，使大规模印刷得以实现，有效促进了知识的传播和传承。信息技术改变了学习者的地位，变革了学习的人际交互方式和人机交互方式，改善了学习环境。基于视频创作的可视化学习模式是视频应用的高级形式，对于学生学习方式转变具有积极意义。

21 世纪是新媒体、新技术迅速发展的数字化时代，信息化、数字化、智慧化是这个时代的显明特征。计算技术、计算机技术、网络技术、数据库技术、数据存储技术、信息通信技术、人工智能技术、虚拟现实技术、仿真技术、移动技术、航天技术、物联网技术、智慧技术等新技术快速发展，使教学、学习、管理环境发生了很大变化，促使学习方式变革、教学方式变革、管理方式变革迎来了新的发展机遇。

3．变革路径之三：政策驱动的学习方式变革

学习方式的变革，在很大程度上受政策的影响。无论是国家层面的政策、省市层面的政策，还是区县、学校层面的政策，都会促使学习方式变革。影响学习方式变革的政策，既包含教育政策，又包含教育信息化政策、教育现代化政策、信息技术教育政策、网络教育政策等。

以《国家中长期教育改革和发展规划纲要（2010—2020 年）》和《教育信息化十年发展规划（2011—2020 年）》为例，这两个国家政策都提到“大力推进数字校园建设”。当前，全国正在积极推进数字校园建设，智慧校园作为数字校园未来的发展形态，受到数字校园建设者和研究者的重点关注。数字校园拓展了传统校园的时空维度，有利于促进数字化学习、数字化教学、数字化管理、数字化评价等，传统校园环境转变为数字校园环境、智慧校园环境，从而引发了移动学习方式、智慧学习方式、虚拟学习方式等数字化学习方式。再如，2014 年 5 月 27 日，教育部办公厅发布《中小学教师信息技术应用能力标准（试行）》，规范和引领中小学教师有效应用信息技术，提出“教师应用信息技术优化课堂教学的能力为基本要求；教师应用信息技术转变学习方式的能力为发展性要求”。从政策上引领教师有效应用信息技术，既有利于教师转变教学方式，又有利于学生转变学习方式。

4．变革路径之四：学习方式自组织驱动的学习方式变革

学习方式变革的过程是学习方式自组织和他组织的过程。外力干预下，也就是人工干预下学习方式发生的变革，即他组织引发的学习方式变革。没有外力干预，学习方式自发地内部结构发生变化，从无序到有序发生的变革，即自组织引发的学习方式变革。新理论、新理念、新媒体、新技术、政策等引发的学习方式变革，都是学习方式地组织引发的学习方式变革。学习方式自身结构的调整，以更好地适应学习者和学习环境，这样的学习方式都是学习方式自组织引发的学习方式变革。以凿壁借光学习方式为例，随着人类生活水平的提高，学习环境的逐步改善，这种学习方式已经不具有适应性，逐渐弱化直至消亡。凿壁借光学习方式的消亡，则是自组织引发的学习方式变革。

5．变革路径之五：时间驱动的学习方式变革

从人类学习的历史来看，每种学习方式都是出现在特定的历史时期。随着时间的推移，新理论、新理念、新媒体、新技术、政策等不断发展，政治、经济、文化等诸多因素推动着社会发展。学习作为传播和传承知识的重要途径，提升人类认知和改造客观世

界的主要手段，推动着人类和人类社会的发展。学习方式随着人类学习的历史发展而变化，人类社会发展到一个新阶段，就会有与之相适应的新学习方式出现。从人类学习的历史看，时间改变了学习方式，促进持续出现新的学习方式。

6．变革路径之六：学习者自身发展变化驱动的学习方式变革

以上五种学习方式变革的路径多是从学习者群体发生学习方式变革角度阐释，而从学习者个体来说，其自身发展变化驱动着学习方式产生变革。每个学习者，从幼年到成年，再到中年、老年，在一生的学习中，都会采用很多学习方式，而且每个阶段采用的学习方式具有差异性。对一个学习者而言，在成长的过程中，学习能力、阅读能力、理解能力、记忆能力等在不停地发生变化。有的学习者在某个年龄段之前，这些能力达到高峰，此后各种能力保持不变或逐渐变弱。有的学习者随着年龄的增加，这些能力逐渐增强，直至生命结束。正是由于学习者这些自身能力的变化，所以在不同的年龄段所采用的学习方式具有差异性。

6.10　学习方式变革的趋势

❖ **研创活动**

学习方式未来如何变革？

转变和变革学习方式是当前教育研究与实践领域的热点话题。所谓学习方式变革，是指学习活动中的手段、措施或策略的根本性转变。学习方式变革遵循“适者生存”法则，变革具有相对性、变革周期越来越短、价值属性因人而异等规律。判断学习方式变革的标准是学习活动中的学习理念、环境、工具、媒体、材料等是否发生了根本性的变革。这些标准的变革程度决定了学习方式变革的广度和深度。学习方式变革具有路径依赖性，不同的学习方式变革依赖不同的变革路径。驱动学习方式变革的路径既有学习者自身发展变化的需求，也有新理念与新理论、新媒体与新技术、政策等外在动因，还有学习方式自我进化等自组织系统的影响。对学习者个体而言，不存在最好的学习方式，而应根据学习内容、环境、自身情况选择最适合的学习方式。学习方式变革的最终目的是促进学习者学习，提高学习绩效，推进人类知识的传播与传承。

纵览人类学习史上出现的各种学习方式，可以发现学习方式变革具有以下四个基本规律：第一，学习方式变革遵循“适者生存”的法则，不适应学习者和学习内容的学习方式会逐渐消亡；第二，学习方式变革具有相对性，学习者群体的学习方式变革具有历史普遍性，学习者个体的学习方式变革具有历史特殊性；第三，人类科学技术发明的时间周期越来越短，学习工具的研制周期逐渐缩短，学习方式变革的时间周期也逐渐缩短；第四，学习方式的价值属性因人而异，而且容易受身体状况、学习氛围、学习内容、学习动机等多种因素影响。

未来学习方式的变革将趋向于多样化、个性化、主动化、信息化、泛在化、智慧化。

伴随着新理念、新理论、新媒体、新技术的迅速发展，将会出现越来越多的学习方式。尽管由于协作学习、协同学习有利于培养学习者的协作能力和协同能力，将会受到学习者的青睐，但是个性化学习仍将是未来学习的重要形态，学习方式将进一步彰显个性化。学习方式由被动式向主动式转变，由传统学习向移动学习、泛在学习转变，更加强调个性化学习，是信息时代教育变革的核心内容之一。信息化理念、信息化工具、信息化手段、信息化方法等支持的信息化学习方式将会逐步替代或融合传统的学习方式。随着学习节奏、工作节奏和生活节奏的加快，闲暇教育将会成为人类获取信息和知识的重要手段，泛在学习方式将会为闲暇教育提供有力支持。智慧教室、智慧校园、智慧教育的迅速发展，将会为学习者营造便捷、舒适、高效的智慧学习环境，智慧学习方式将会应运而生，最大限度地培养和挖掘人的智慧。

在人类学习史上，出现了各种各样的学习方式，尽管学习方式变革并非易事，但是随着时间的推移，学习方式在悄悄地发生着变革。对于一个学习者而言，没有最好的学习方式，只有最适合自己的学习方式，学习者应该依据学习内容、学习环境、自身情况等选择最适合自己的学习方式。古代的典型学习方式，仍有重要的现实意义，并不意味着出现新的学习方式，必然要摒弃传统的学习方式。学习方式变革具有路径依赖性，不同的学习方式依赖不同的学习方式变革路径，逐步实现学习方式的演化、变革。人类在学习的过程中，不能为实现学习方式变革而变革，学习方式变革的最终目的是促进学习者学习，提高学习绩效，促进人类知识的传播和传承。

6.11　学习方式指数测评

❖ **研创活动**

（1）学习方式如何测评？

（2）调研文献资料，设计一个学习方式评价指标体系。

学习方式指数测评

学习方式指数测评，是基于美国北卡罗来纳州立大学教授理查德·费尔德（Richard M. Felder）与巴巴拉·所罗门（Barbara A. Soloman）关于学习方式理论所研发的在线测评分析系统，它主要侧重揭示人群学习方式的四个维度，即感观与直觉、视觉与口头、积极与思考、连续与全面。

学习方式指数测评，其主要目的是帮助在校学生了解自己自然的学习偏好，设法拓宽学习方式，以便尝试用多种方式开展学习，而不仅只用自己所偏好的方式。

使用最广泛的学习方式模型是由理查德·费尔德（Richard Felder）和琳达·西尔弗曼（Linda Silverman）在 20 世纪 80 年代末开发的学习方式指数模型。根据这个模型（Richard Felder 于 2002 年进行了修改，删除了“归纳”与“推理”的维度，并将“听觉型”的信息接收方式改为了“口头型”的名称），学习方式可以分为四个层次，即感官与直觉、视觉与口头、积极与思考、连续与全面。可以将这些层次当作一个统一体，将一种学习偏好放在最左边，另一种学习偏好放在最右边。学习方式指数模型，见表 6-3。

表 6-3　学习方式指数模型

感官	感官型的学习者偏好具体、实用和程序化的信息，他们寻求的是事实
直觉	直觉型的学习者偏好概念性、创新性和理论性的信息，他们寻求的是含义
视觉	视觉型的学习者偏好图表和图像，他们寻求的是信息的视觉体现
口头	口头型的学习者偏好听或读信息，他们寻求的是对词句的解释
积极	积极型的学习者偏好多个目标，喜欢做实验，喜欢通过尝试来学习，他们喜欢在群体中工作，以解决问题
思考	思考型的学习者偏好深入思考，喜欢评估各种观点，喜欢通过分析来学习，他们喜欢独自解决问题
连续	连续型的学习者偏好用直线有序地表述信息，他们将细节组合在一起，以便了解总体的情况
全面	全面型的学习者偏好整体的、系统性的方法，他们首先看到的是整体情况，然后再分析具体的细节

拓展资料

人类学习方式的演变进程

1．人类学习方式的演变进程[DB/OL]http://my.tv.sohu.com/us/81589578/28308587.shtml?src= pl.2012-07-31.

2．庞维国．论学习方式[J]．课程•教材•教法，2010(5)：13．

3．郝贵生．论学习方式的现代化[J]．天津师大学报，1994(5)：23．

4．孔企平．论学习方式的转变[J]．全球教育展望，2001(8)：19．

5．朱京曦．试论教育技术视野中的学习方式变革[J]．中国电化教育，2003(8)：11．

6．桑新民．学习科学与技术——信息时代大学生学习能力培养[M]．北京：高等教育出版社，2004：24．

7．陈佑清．关于学习方式类型划分的思考[J]．课程•教材•教法，2010(2)：36-40．

8．李芒．学习生存性视域中的信息化学习方式[J]．北京师范大学学报(社会科学版)，2007(5)：42．

9．黄荣怀，陈庚，张进宝，等．论信息化学习方式及其数字资源形态[J]．现代远程教育研究，2010(6)：68-73．

10．徐福荫．新技术与新媒体催生学习变革[R]．武汉：第十二届教育技术国际论坛(ETIF2013)．2013．

11．童慧，杨彦军．ICT 支持的人类学习方式的发展与变革[J]．电化教育研究，2013(5)：25-30．

12．谭娇连，徐晓东．用视频转变学生的学习方式[J]．中国远程教育，2013(11)：57-61．

13．王运武．“数字校园”向“智慧校园”的转型发展研究——基于系统思维的分析思辩视角[J]．远程教育杂志，2013(2)：21-28．

14．李本友，李红恩，余宏亮．学生学习方式转变的影响因素、途径与发展趋势[J]．教育研究，2012(2)：122-128．

15．教育部办公厅关于印发《中小学教师信息技术应用能力标准(试行)》的通知[EB/OL]．http：//www．moe.edu.cn/publicfiles/business/htmlfiles/moe/s6991/201406/170123.html[2014-05-27].

16．王运武，朱明月．学习方式何以变革：标准与路径[J]．现代远程教育研究，2015(3)：27-35．

第 7 章　学习的类型与学习者个性差异

● **学习目标**

1. 学会分析学习者的学习困惑。
2. 掌握知识的定义和分类。
3. 掌握隐性知识转化为显性知识的方法。
4. 掌握技能的分类。
5. 掌握能力的定义和分类。
6. 掌握学习的分类。
7. 掌握学习者个性差异。
8. 掌握多元智能理论。
9. 掌握学习风格分类。
10. 能够根据学习者的学习时间偏爱测定结果，给出个性化学习建议。
11. 能够根据学习者的感知觉通道偏爱测定结果，给出个性化学习建议。
12. 能够根据学习者的所罗门学习风格测定结果，给出个性化学习建议。

● **知识点**

知识、技能、能力、隐性知识、显性知识、学习的分类、学习者个性差异、多元智能、学习风格分类、学习时间偏爱测定、感知觉通道偏爱测定、所罗门学习风格测定。

● **技能点**

分析厌学现象，促进隐性知识显性化，依据知识和技能类型选择合适的学习方式，依据学习者个性差异选择合适的学习策略，依据学习风格选择合适的学习策略，学习时间偏爱测定，感知觉通道偏爱测定，所罗门学习风格测定。

● **思考题**

1. 如何分析学习者的学习困惑？
2. 知识如何分类？技能如何分类？能力如何分类？
3. 知识、技能和能力之间是什么关系？
4. 人类需要学习的知识与技能有哪些？人类通过什么方式学习这些知识与技能？
5. 学习如何分类？
6. 学习者存在哪些个性差异？
7. 如何从多元智能视角阐释学习者个性差异？
8. 学习风格如何分类？
9. 如何促进隐性知识显性化？
10. 如何依据知识、技能和能力类型选择合适的学习方式？
11. 如何依据学习者个性差异选择合适的学习策略？
12. 如何依据学习风格选择合适的学习策略？
13. 分析自己的学习风格属于什么类型，应如何制定适合自己的学习策略？

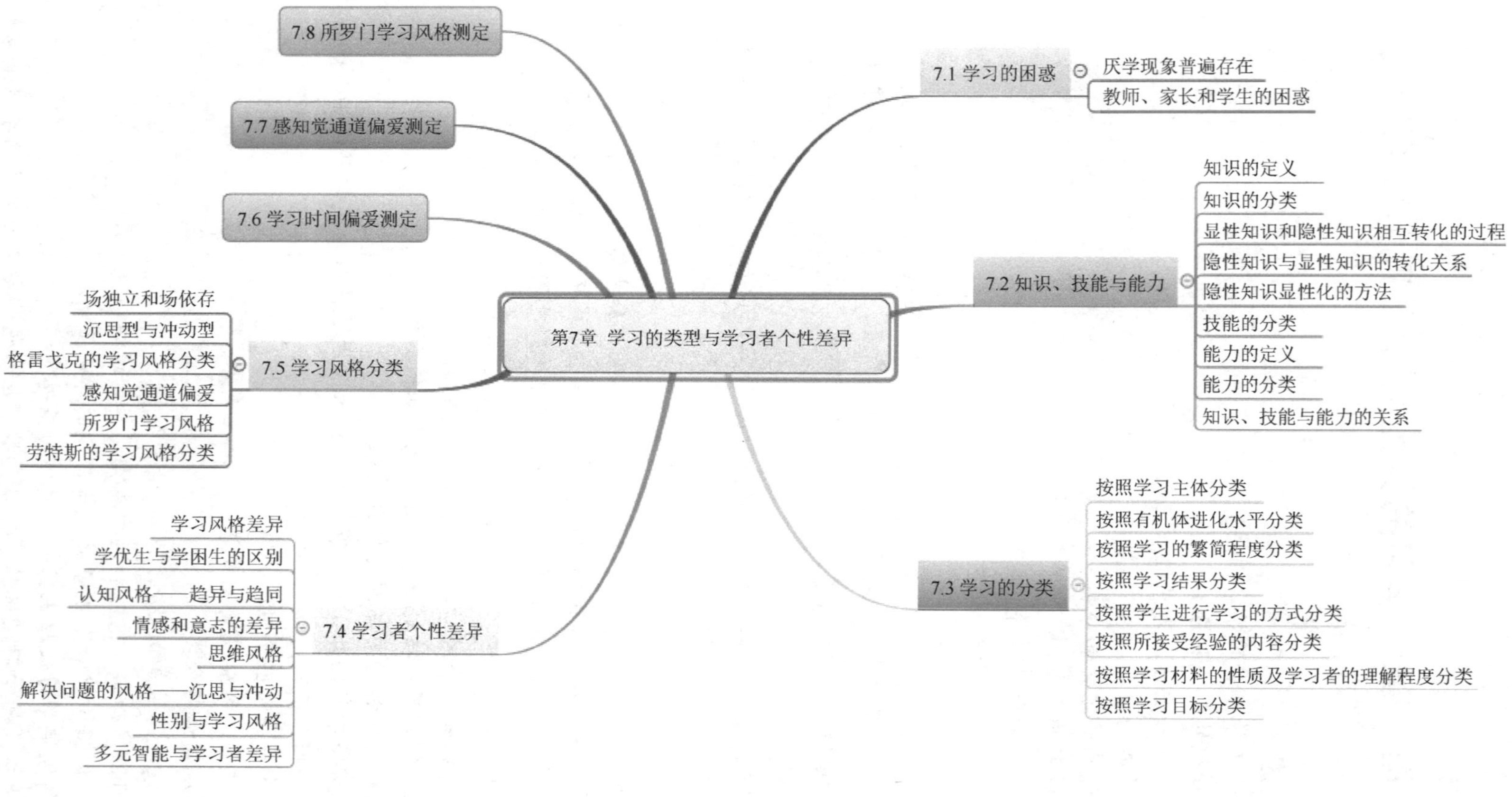

“学习的类型与学习者个性差异”知识导学图

7.1 学习的困惑

❖ 研创活动

（1）反思自己的学习有哪些困惑？如何才能更好地应对学习的困惑？

（2）如何分析学习者的学习困惑？

1. 厌学现象普遍存在

“厌学”是指学生因学习生活不能满足自身需要而产生的一种不满意、不愉快和厌烦的情绪体验。具有厌学情绪的学生会表现出学习态度消极、学习兴趣减弱，并采取逃课、抄袭作业等远离学习活动的行为。大量研究表明，中国大学生存在较为普遍的厌学现象，这直接影响了人才培养质量，在国家教育资源相对匮乏的情况下，也造成教育资源的浪费。

当前，探讨厌学现象的原因成为我国高等教育领域的重要论题，基于不同研究视角，学者得出不同的研究结论。刘瑞贤从教育背景出发，认为“自由”“独立”“批判”等大学精神的失落，导致大学生对专业内容、学习方式以及对学者身份的不认同，最终影响大学生学习的主动性。宋义霞从社会环境因素（西方消极文化、学习生活环境、社会分配）、教育体制因素（应试教育消极后果、专业选择）、教师教学因素（教师主导作用、教师素质）和个人因素（学习动力、意志品质、经济压力、情感管理）等四个方面进行分析，认为大学教育理念落后和教育管理体制不科学是大学生厌学的主要原因。刘君栓等对大学生厌学影响因素进行较为全面的探讨，包含社会（专业前途、社会风气）、学校（课程安排、授课方式、教师素质、学生管理）、家庭教育和个人角度（学习动机、专业兴趣、抗挫折能力）等因素，得出如下结论：一是快餐文化及娱乐精神对学习时间的冲击和教师讲授的内容、方法与实际应用脱节等因素共同影响大学生的学习兴趣；二是当代大学生自我管理能力差、意志薄弱，存在急功近利的思想，认为学习与学生工作、社会兼职相比“性价比低”，而不愿主动学习。

2009 年，中国青少年研究中心公布《中日韩美四国高中生权益状况比较研究报告》，调查发现，96.5%的美国高中生、92.6%的韩国高中生、89.6%的日本高中生和84.6%的中国高中生有过“不想上学的想法”。经常有这种想法的学生以美国高中生最多，达 27.9%；韩国与日本分别有 25.9%和 20.7%，中国高中生为 10.1%。另有调查结果显示，高职院校的学生对学习都感到无趣或厌烦学习的比例达到 60%，厌学情绪特别明显。

闫祥林等对南京市 9 所高校 1032 名学生的调查结果表明：大学生厌学程度受个人因素与环境因素影响，并在性别、年级和专业上存在显著性差异，个人因素与环境因素存在交互作用，且个人因素在环境因素与厌学程度的关系中发挥调节作用。因此，要从适应学生需求角度进行教学改革，以提升大学生学习的主动性。

2. 教师、家长和学生的困惑

家长的困惑：孩子为何厌学？为何学习效果差？怎样帮助孩子提高学习能力和成绩？

学生困惑：为何我很努力却学不好？如何应对中考、高考、考研、考博、CET4、CET6 等各种各样的考试？

教师的困惑：应该推行素质教育还是应试教育？大班教学还是小班教学？我那么努力地教学，为什么学生还是学不会？

众多的困惑困扰着教师、家长和学生，为了更好地帮助学生走出学习的困惑，首先要知晓学习的类型、学习者的个性差异，然后针对学生的学习个性，选择高效的学习方法和学习计划。

7.2　知识、技能与能力

❖ **研创活动**

（1）知识如何分类？技能如何分类？能力如何分类？

（2）知识、技能和能力之间是什么关系？

（3）如何促进隐性知识显性化？

（4）如何依据知识、技能和能力类型选择合适的学习方式？

1. 知识的定义

知识到底是什么，中国目前仍然有争议。中国对知识的定义一般是从哲学角度作出的。《博弈圣经》中知识的定义：“我把识别万物实体与性质的是与不是，定义为知识。”

知识是人类的认识成果。来自社会实践。其初级形态是经验知识，高级形态是系统科学理论。知识就是概念之间的联结。它是概念的内容的一个方面。概念的内容的另一个方面，就是与直观之间的联结。我们构造概念的目的归根结底是把握直观。因此，概念与概念之间必须彼此联结形成知识。有了知识才有力量，才能去把握直观。知识是个体通过与环境相互作用后获得的信息以及组织。

知识是符合文明方向的，是人类对物质世界以及精神世界探索的结果总和。知识，至今也没有一个统一而明确的界定。有一个经典的定义来自于柏拉图：一条陈述能称得上是知识必须满足三个条件，它一定是被验证过的，正确的，而且是被人们相信的，这也是科学与非科学的区分标准。由此看来，知识属于文化，而文化是感性与知识上的升华，这就是知识与文化之间的关系。

知识也是人类在实践中认识客观世界（包括人类自身）的成果，它包括事实、信息的描述或在教育和实践中获得的技能。知识是人类从各个途径中获得经过提升总结与凝练的系统的认识。在哲学中，关于知识的研究称为认识论，知识的获取涉及许多复杂的过程：感觉、交流、推理。知识也可以看成构成人类智慧的最根本的因素，知识具有一致性，公允性，判断真伪要以逻辑，而非立场。知识的定义在认识论中仍然是一个争论不止的问题，罗伯特·格兰特指出，尽管“什么是知识”这个问题激发了世界上众多伟大思想家的兴趣，但是至今也没有一个统一而明确的界定。

2. 知识的分类

1）中国图书馆分类法

《中国图书馆分类法》（简称《中图法》）是中国图书馆和情报单位普遍使用的一部综合性的分类法。《中图法》使用字母与数字相结合的混合号码，基本采用层累制编号法。《中国图书馆分类法》包括马列主义、毛泽东思想、哲学、社会科学、自然科学、综合性图书五大部类，22 个基本大类。

中国古代主流图书采用四部分类，即经、史、子、集。

经部：指儒家学说，儒家经书开始有五部，即诗、书、易、礼、春秋，称为“五经”。从唐代到宋代，形成十三经，即易、书、诗、周礼、仪礼、礼记、左传、公羊传、谷梁传、论语、孝经、尔雅、孟子。

史部：指记载历史兴衰治乱和各种人物以及制度沿革等的历史书，远在 4000 多年前，中国即有历史的记录。各种体裁的历史著作都属于这一类。司马迁的《史记》为中国正史的开始，以后几乎每朝一史，共有二十四史。此外古史、野史、法典、地志、职官、政书、时令等，凡记事的书籍均归入史部。

子部：指记录诸子百家及其学说的书籍。春秋战国之际，学者辈出，百家争鸣，哲学、名学、法学、医学、算学、兵学、天文学、农学十分发达。每家著书一种，后人因为次于经书而成一家之言，所以称为子书，道教、宋明理学、清朝的考据学也都归入子部。

集部：凡历代作家的散文、骈文、诗、词、曲等集子和文学评论著作，均归入此类。属于一人所有的称为别集，汇选若干人的作品称为总集，有关诗的集子称为诗集。

2）现代认知心理学视野中的知识分类

从心理学的角度来看，知识是人脑对客观事物的主观表征，有两种形式：一种是陈述性知识，即“是什么”的知识；另一种是程序性知识，即“如何做”的知识，如骑马的知识、开车的知识、计算机数据输入的知识等。

陈述性知识是描述客观事物的特点及关系的知识，也称为描述性知识。陈述性知识主要包括三种不同水平：符号表征、概念、命题。

符号表征是最简单的陈述性知识。所谓符号表征就指代表一定事物的符号。如学生所学习的英语单词的词形、数学中的数字、物理公式中的符号、化学元素的符号等，都是符号表征。概念是对一类事物本质特征的反映，是较为复杂的陈述性知识。命题是对事物之间关系的陈述，是最复杂的陈述性知识。命题可以分为两类：一类是非概括性命题，只表示两个以上的特殊事物之间的关系；另一类表示若干事物或性质之间的关系，称为概括，如“圆的直径是它的半径的两倍”，这里的倍数关系是普遍的关系。

程序性知识是一套关于办事的操作步骤和过程的知识，也称操作性知识。这类知识主要用来解决“做什么”和“如何做”的问题，可用来进行操作和实践。

策略性知识是一种较为特殊的程序性知识。它是关于认识活动的方法和技巧的知识。例如，“如何有效记忆？”“如何明确解决问题的思维方向？”

3）OECD 分类

世界经济合作与发展组织（Organization for Economic Co-operation and Development，

OECD）在 1996 年的年度报告《以知识为基础的经济》中将知识分为四大类。第一，知道是什么的知识（know - what），主要是叙述事实方面的知识；第二，知道为什么的知识（know - why），主要是自然原理和规律方面的知识；第三，知道怎么做的知识（know - how），主要是指对某些事物的技能和能力；第四，知道是谁的知识（know - who），涉及谁知道和谁知道如何做某些事的知识。

4）隐性知识和显性知识

根据知识能否清晰地表述和有效地转移，可以把知识分为显性知识（explicit knowledge）和隐性知识（tacit knowledge）。隐性知识是迈克尔 •波兰尼（Michael Polanyi）在 1958 年从哲学领域提出的概念。波兰尼认为："人类的知识有两种。通常被描述为知识的，即以书面文字、图表和数学公式加以表述的，只是一种类型的知识。而未被表述的知识，像我们在做某事的行动中所拥有的知识，是另一种知识。"他把前者称为显性知识，而将后者称为隐性知识，按照波兰尼的理解，显性知识是能够被人类以一定符码系统（最典型的是语言，也包括数学公式、各类图表、盲文、手势语、旗语等诸种符号形式）加以完整表述的知识。隐性知识和显性知识相对，是指知道但难以言述的知识。

3．显性知识和隐性知识相互转化的过程

日本知识管理专家野中郁次郎（Ikujiro Nonaka）提出了显性知识和隐性知识相互转换的 SECI 过程。显性知识和隐性知识相互转换的过程，见图 7-1。

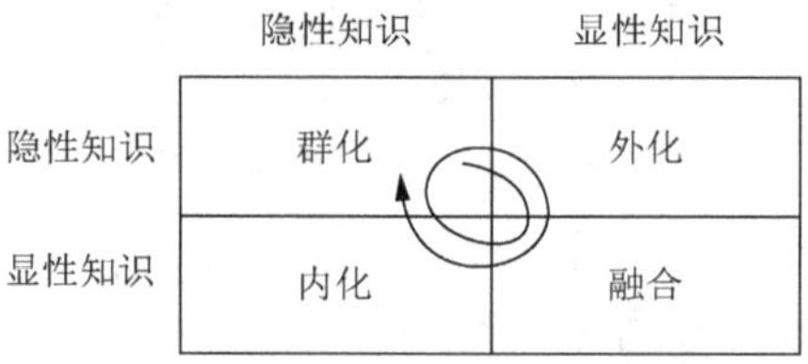

图 7-1　显性知识和隐性知识相互转换的过程

群化（socialization）即通过共享经验产生新的意会性知识的过程。

外化（externalization）即把隐性知识表达出来成为显性知识的过程。

融合（combination）即显性知识组合形成更复杂、更系统的显性知识体系的过程。

内化（internalization）即把显性知识转变为隐性知识，成为企业的个人与团体的实际能力的过程。

4．隐性知识与显性知识的转化关系

隐性知识与显性知识的转化关系，见表 7-1。

表 7-1　隐性知识与显性知识的转化关系

	隐性知识	显性知识
隐性知识	群化（意会知识）	外化（概念化知识）
显性知识	内化（操作化知识）	融合（系统知识）

（1）隐性知识到隐性知识的转化。这是在个人间分享隐性知识，是知识社会化的过程。主要通过观察、模仿和亲身实践等形式使隐性知识得以传递。师传徒授就是个人间分享隐性知识的典型形式。借助信息技术建立虚拟知识社区，则为在更广范围内实现从隐性知识到隐性知识的转化创造了条件。

（2）隐性知识到显性知识的转化。这是对隐性知识的显性描述，将其转化为别人容易理解的形式，这个转化所利用的方式有类比、隐喻和假设、倾听与深度会谈等。当前的一些智能技术，如知识挖掘系统、商业智能、专家系统等，则为实现隐性知识的显性化提供了手段。

（3）显性知识到显性知识的转化。这是一种知识扩散的过程，通常是将零碎的显性知识进一步系统化和复杂化。将这些零碎的知识进行整合并用专业语言表述出来，个人知识就上升为了组织知识，能更容易地为更多人共享和创造组织价值。分布式文档管理、内容管理、数据仓库等是实现显性知识组合的有效工具。

（4）显性知识到隐性知识的转化。这意味着，企业的显性知识转化为企业中各成员的隐性知识。也就是说，知识在企业员工间传播，员工接收了这些新知识后，可以将其用到工作中，并创造出新的隐性知识。团体工作、干中学和工作中培训等是实现显性知识隐性化的有效方法。这方面，也有一些协作工具，如电子社区、E- learning 系统等。

5. 隐性知识显性化的方法

实现隐性知识显性化的方法有很多，以下列举了一些方法。

（1）通过规范管理来减轻成长的痛苦。规范管理的前提是建立规范的管理制度。建立并实施管理制度的过程本身就是一个组织学习的过程。而成文的管理制度其实就是组织知识显性化的结果。组织只有把自己所拥有的知识显性化以后，才能被其组织成员相对容易地理解和接受，才能为组织成员之间的沟通和协调提供更多的共同语言。

（2）通过部门主管、专家的内部授课制度，使个人的隐性知识转化为共同知识。让部门主管或专家授课做课前备案，是知识显性化的第一步。这需要跨越一系列障碍，首先是将自己独有的隐性知识显性化，并与其他人分享，这不可能是组织成员的自发行为。而隐藏自己的知识并疑惑地看待来自他人的知识，才是大多数人的天性。其次组织中那些掌握独特关键知识的成员为了维护其特殊地位，不会轻易将自己持有的知识与他人共享，从而客观上阻碍了组织的知识显性化。因此使员工个人知识资源的显性化并实现组织成员间交流与共享，对组织来说是一个巨大的挑战。其难度可能丝毫不亚于竞争对手之间的交流和共享知识的难度。

（3）实施岗位的合理轮换制度，也是知识显性化的不错药方。通过岗位的轮换，一方面后来者要总结前任的成功经验和失败教训；另一方面会将以前一些零乱的信息进行集结、否定与扬弃，这两方面都是一种知识显性化的行为。

（4）组织上下级之间多种形式的互动沟通，也是使知识显性化的很好形式，特别有利于将组织高管的隐性知识显性化。

（5）流程化、格式化、模板化这“三化”是组织隐性知识、特别是经历型知识进行显性化的关键。

6. 技能的分类

1）动作技能和心智技能

技能是指人们通过练习而获得的动作方式和动作系统。按活动方式的不同，技能可分为动作技能和心智技能（智力活动）。

动作技能也叫操作技能、运动技能，是通过学习而形成的合乎法则的操作活动方式。日常生活中的许多技能都是操作技能，例如，音乐方面的吹拉弹唱，体育方面的球类、体操、田径等。操作技能形成的基本途径是练习。

操作技能（如掷铅球）的动作是由外显的机体运动来呈现的，其动作的对象为物质性的客体，即物体；心智技能（如数学运算）的动作，通常是借助内在的智力操作来实现的，其动作对象为事物的信息，即观念。操作技能的形成，依赖于机体运动的反馈信息；而心智技能则是通过操作活动模式的内化才形成的。

动作技能主要是肌肉运动。它表现在外部行动上，表现在对事物的直接行动中。如操作机器、写字、弹琴、打球等技能都属于这一类。心智技能主要是认识活动，包括感知、记忆、想象和思维，而以思维为它的主要成分，如解题、心算、阅读、作文等。掌握正确的思维方法是心智技能的主要特点。这两种技能是不能截然分开的，只是看活动中哪一方面起主导作用。如写字、体操、生产劳动等操作技能，主要是动作技能，而阅读、作文、计算等技能则主要是心智技能。

心智技能又可以分为各种专门的心智技能和一般的心智技能。专门的心智技能是在某种专门的认识活动中形成起来的。如阅读、作文和计算的技能是学生在学习活动中必须掌握的最基本的专门技能。一般的心智技能是在一般认识活动中形成起来的，它具有比较概括的特点。一般的心智技能和专门的心智技能也是既有联系又有区别的，一般的心智技能体现在各种专门的心智技能中，在各种专门的心智技能中也在一定程度上包含着一般的心智技能。学生在学习和从事写作等活动中，不仅掌握了各种专门的心智技能，也掌握了一般的心智技能。与此相似，动作技能也可以分为各种专门的动作技能和一般的动作技能。

2）能力倾向和技能

能力按照其获得的方式（先天具有与后天培养），可以分为“能力倾向”和“技能”两大类。能力倾向是指与生俱来的特殊才能，如音乐、运动能力等，不过也有可能因未被开发而荒废。因此，这是一种潜能。遗传、环境和文化都可以影响到天赋的发展。技能则是指经过后天学习和练习培养而形成的能力，如阅读能力、人际交往能力、表达能力等。在个人成长的过程中，从什么也不会做的小婴儿到一个生活自理，能够看、听、说、行走、阅读、写字的普通成年人，其实我们每个人都已经学会了无数的技能。

3）知识技能、自我管理技能和可迁移技能

美国辛迪梵（Sidney Fine）和理查德·鲍尔斯（Richard Bolles）将技能分为三种类型：知识技能、自我管理技能、可迁移技能（通用技能）。

知识技能是指需要通过教育或培训才能获得的特别的知识或能力，也就是个人所学习的科目、所懂得的知识。如是否掌握外语、中国古代历史、计算机编程或化学元素周期表等知识。知识技能一般用名词来表示。

自我管理技能经常看作个性品质而非技能，因为它用来描述或说明人具有的某些特征。它涉及个体在不同的环境下如何管理自己：是勇于创新还是循规蹈矩，是认真还是敷衍了事，能否在压力下保持镇定，是否对工作有热情，是否自信等。良好的自我管理技能能够帮助个体更好地适应周围的环境、应对工作中出现的问题，因此也称为“适应性技能”。

可迁移技能就是一个人会做的事。如教学、组织、说服、设计、安装、帮助、计算、考察、分析、搜索、决策、维修、研究等。可迁移技能的特征是可以从生活中的方方面面，特别是工作之处得到发展，并可以迁移应用于不同的工作之中。因此，可迁移技能也称为“通用技能”。因此，可迁移技能也是个人最能持续运用和最能够依靠的技能。

7. 能力的定义

能力是完成一项目标或者任务所体现出来的素质。人们在完成活动中表现出来的能力有所不同。能力总是和人完成一定的实践相联系在一起的。离开了具体的实践既不能表现人的能力，也不能发展人的能力。能力是生命物体对自然探索、认知、改造水平的度量，例如，人解决问题的能力，动物、植物的生殖能力等。能力是学习者对学到的知识和技能经过内化的产物，是使活动顺利完成的个性心理特征。与能力相关的还有一个重要概念，就是自我效能感。所谓自我效能感，是指个人对自己的能力，以及运用该能力将得到何种结果所持的信心或把握程度。

8. 能力的分类

以能力所表现的活动领域的不同来划分，可以分为：一般能力、特殊能力、再造能力、创造能力、认知能力、元认知能力、超能力。

（1）一般能力是指在进行各种活动中必须具备的基本能力。它保证人们有效地认识世界，也称智力。智力包括个体在认识活动中所必须具备的各种能力，如感知能力（观察力）、记忆力、想象力、思维能力、注意力等，其中抽象思维能力是核心，因为抽象思维能力支配着智力的诸多因素，并制约着能力发展的水平。

（2）特殊能力又称专门能力，是顺利完成某种专门活动所必备的能力，如音乐能力、绘画能力、数学能力、运动能力等。各种特殊能力都有自己的独特结构。如音乐能力由四种基本要素构成：音乐的感知能力、音乐的记忆和想象能力、音乐的情感能力、音乐的动作能力。这些要素的不同结合，就构成不同音乐家的独特的音乐能力。

一般能力和特殊能力相互关联。一方面，一般能力在某种特殊活动领域得到特别发展时，就可能成为特殊能力的重要组成部分。例如，人的一般听觉能力既存在于音乐能力之中，也存在于言语能力中。没有听觉的一般能力的发展，就不可能发展言语和音乐的听觉能力；另一方面，在特殊能力发展的同时，也发展了一般能力。观察力属一般能力，但在画家的身上，由于绘画能力的特殊发展，对事物一般的观察力也相应增强起来。人在完成某种活动时，常需要一般能力和特殊能力的共同参与。总之，一般能力的发展为特殊能力的发展提供了更好的内部条件，特殊能力的发展也会积极地促进一般能力的发展。

（3）再造能力是指在活动中顺利地掌握前人所积累的知识、技能，并按现成的模式进行活动的能力。这种能力有利于学习活动的要求。人们在学习活动中的认知、记忆、操作与熟练能力多属于再造能力。

（4）创造能力是指在活动中创造出独特的、新颖的、有社会价值的产品的能力。它具有独特性、变通性、流畅性的特点。

再造能力和创造能力是互相联系的。再造能力是创造能力的基础，任何创造活动都不可能凭空产生。因此，为了发展创造能力，首先就应虚心地学习、模仿、再造。在实际活动中，这两种能力是相互渗透的。

（5）认知能力是指个体接受信息、加工信息和运用信息的能力，表现在人对客观世界的认识活动之中。认知能力活动对象是认知信息。

（6）元认知能力是指个体对自己的认识过程进行的认知和控制能力，表现为人对内心正在发生的认知活动的认识、体验和监控。活动对象是认知活动本身，它包括个人怎样评价自己的认知活动，怎样从已知的可能性中选择解决问题的确切方法，怎样集中注意力，怎样及时决定停止做一件困难的工作，怎样判断目标是否与自己的能力一致等。

（7）超能力义同异能、特异功能，指心灵感应、透视、预知、念力、超自然能力，被归类于超心理学的范畴内。

超能力最早源自阴阳学名词，古人认为一个人的能力就像宫殿里的不同房间，当需要发挥什么能力时其中的一个门就会打开。这和利玛窦的记忆宫殿很像。所不同的是除了记忆还包括很多其他的能力。古人认为不同时间出生的人阳气不同，人的五行就会出现偏倚，因此每个人可以打开的能力门就不同，因此古人注重生辰八字。有的人阳气旺盛，打开的能力门多，就显得天资聪慧。

18 世纪以后，随着科学的进步，对于科学所无法说明的神秘作用，都称为迷信，ESP 能力也就式微了。美国现今有一门专门用来训练经理人的 ESP 课程，这个课程主要是用来培养透视力、预知力等心灵感应的心灵力量。ESP 是英文 Extra Sensory Perception 的略称，意指“超感觉”，通常是心灵感应、透视力、触知力、预知力等的总称。ESP 能力等于是“右脑的五感”。正如左脑有五感一样，右脑也有五感。有人认为 ESP 只是少数特异人士才拥有的神奇力量，其实这是每一个人都具备的能力，只不过人类因为压抑潜在意识的大脑新皮质过于发达，所以 ESP 的能力被封存起来，相反的动物的大脑组织几乎都是由旧皮质组成的，因此能够发挥这样的能力。

超能力主要可归为两类：一类是认识上的超常现象，即“特异感知”，外国所称的 ESP；另一类是意念直接作用于外界事物，称作“特异致动”。

美国杜克大学的莱因，在 20 世纪 30～40 年代曾进行过多次的 ESP 确认实验。实验的内容之一为，将实验者的眼睛蒙上好几层，接着让实验者的身心松弛。一会儿，就会在脑中出现黑而宽的荧幕般影像。如此一来，透视的准备便结束。在表示要透视的标的物后，就会在荧幕上出现标的物的文字、影像或色彩。但若是在疲劳或身体状况不佳的情况下，标的物就会模糊不清。这个研究方法在 20 世纪 40 年代得到确立，也得到了统计学的承认，最后，甚至在美国还普遍地认可超心理学（parapsychology）是现代科学的一个领域。中国台湾许多学术机构也有从事 ESP 的实验，并且也获得具体的证明及结果，如台湾大学就曾在电视媒体上公开其实验过程及成果。

微粒子科学的发达，已经证实物质的终极构成要素（基本粒子）是称为素子的粒子，而且素子具有波动的性质。而传达资讯动能，实际上靠的就是这种眼睛看不到的波动。以心电感应来说，心电感应是一种能够读取到远距对方思想的能力，是一种不必靠语言传达的沟通能力。

超能力的表现有如下几个方面。

预知力（precognition）：对未来事物的预先感知。

触知力（retrocognition、postcognition）：摸到一个人的物品就可以回知过去发生的事。

心电感应（telepathy）：可以捕捉周围人的思想，可以远距离传递思想。

心灵致动（psychokinesis、telekinesis）：是反映心灵的力量控制或影响物质对象，或对心理的物理事件造成影响。

隐身（invisible）：隐身的人可以突破墙壁，是一种非常高级的特异功能。

瞬间移动（teleportation）：隔空移物可以使物体空间转移的能力。

念力（psychokinesis），又称为念动力：通过人大脑的某种特殊意识去影响客观事物的运动规律，通过意念对物质系统的运动进行干预的能力。以意志力、不触碰物体而使物体动作，或是移动离子以产生高热、低温、电磁波等的能力。人体大脑意识引起的量子运动（共振）所带来的力称为念力，每个人的念力是不同的，常人的念力只能影响少数量子能态的运动，极少数人的念力可以引起大量的量子能态运动。

9．知识、技能与能力的关系

知识、技能和能力三者之间的关系，见图 7-2。

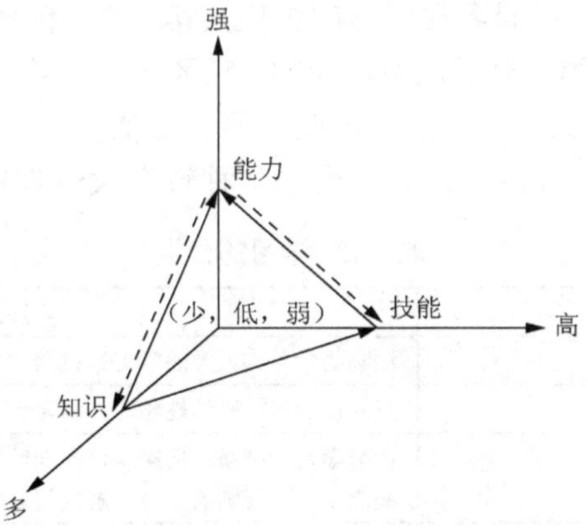

图 7-2　知识、技能和能力的关系

知识是技能和能力的基础，知识和技能又是能力的基础。但只有能够广泛应用和迁移的知识与技能，才能转化成为能力。能力不仅包含了一个人现在已经达到的成就水平，还包含了一个人具有的潜力。例如，一个读书很多的人可能有较丰富的知识，但在解决实际问题时，却显得能力低下，说明他的知识只停留在书本上，既不能广泛迁移，也不能用来解决实际问题。

知识、技能与能力有着密切的关系。首先，能力的形成与发展依赖于知识、技能的获得。随着人的知识、技能的积累，人的能力也会不断提高。其次，能力的高低又会影响到掌握知识、技能的水平。一个能力强的人较易获得知识和技能，付出的代价也比较小；而一个能力较弱的人可能要付出更多的努力才能掌握同样的知识和技能。所以，从一个人掌握知识、技能的速度与质量上，可以看出其能力的高低。

综上所述，能力是掌握知识、技能的前提，又是掌握知识、技能的结果。两者是互相转化、互相促进的。因为能力是学习者对学到的知识和技能经过内化的产物，所以教师只能传授给学生以知识和技能，而不能传授能力；但教师可以通过引导，促使学生形成能力。下面是知识、技能和能力在解决数学问题中的体现。

比较分数 1/2 与 1/6 的大小。对分数大小的比较，学生懂得应该先化成同分母分数，统一分数单位后再进行比较（这是知识），从而可以确定解题方向；学生掌握了通分的方法与步骤（这是技能），从而可以凭借这一技能进行解题活动。如果学生发现直接通分计算量大，容易出错误而去寻求另外的方法时，这就有能力成分的反映。如用统一分子的办法来比较这两个分数的大小。

7.3　学习的分类

❖ **研创活动**

（1）学习如何分类？

（2）理解学习的分类对促进学习者学习的意义。

由于学习现象是非常复杂的，涉及不同的学习对象、内容、形式、水平等，因而存在着各种不同类型的学习，并且各种学习的过程及其所需要的条件各有差异。若用单一的模式来解释不同的学习类型，显然是不恰当的。应区分不同类型的学习，探讨各种类型的学习规律，从而促进有效的学习。正因如此，研究者从不同的学习理论观点和不同的角度出发，划分了各种类型的学习。下面列举几种较有代表性的学习类型，见表 7-2。

表 7-2　学习的分类

分类依据	学习的类型
按照学习主体	动物的学习、人类的学习、机器的学习
按照有机体的进化水平	反应性学习、联结性学习、综合性学习、象征性学习
按照学习的繁简程度	信号学习、刺激—反应学习、连锁学习、言语联想学习、辨别学习、概念学习、规则的学习、解决问题的学习
按照学习结果	智力技能、认知策略、言语信息、运动技能、态度
按照学生进行学习的方式	接受学习、发现学习
按照所接受经验的内容	知识的学习、技能的学习、社会规范的学习
按照学习材料的性质及学习者的理解程度	机械学习、有意义学习
按照学习目标	认知领域的学习、情感领域的学习、动作技能领域的学习

1. 按照学习主体分类

根据学习主体即学习者的不同，一般可以将学习分为动物的学习、人类的学习和机器的学习三种。虽然机器的学习不属于本章所探讨的学习范畴，但为了更准确地了解人类和动物的学习本质，也有必要对机器的学习进行分析。

人类的学习和动物的学习有相似之处，都是有机体对环境的一种适应。但人类的学习和动物的学习在本质上是不同的，这主要表现在以下几个方面。

首先，从学习的功能与动力来说，动物的学习仅限于消极适应环境变化，以满足其生理需要，而人类的学习则是主动适应并改造自然和社会环境，以满足其生理的和社会的需要。

其次，从学习的形式与内容来说，动物主要是以直接的方式来获取个体的经验，或者主要依靠其先天遗传的种族经验，在学习内容的质与量方面也不可与人类相提并论，而人类可以在社会实践活动中，在与他人交往的过程中以间接的方式获取经验，并能对事物及其关系加以概括、抽象。

最后，从学习机制来看，动物的学习主要局限于第一信号系统，学习环节较为简单，而人类的学习主要是第一信号系统与第二信号系统的协同作用。第二信号系统给人的学习带来了新的学习机制，也使人类的第一信号系统不同于动物，并发展了更为高级的心理功能。

动物的学习和人类的学习虽有共同点，但其本质是不同的。既不能抹杀二者的区别，把人的学习导向生物学化的方向，也不能盲目、绝对地否认二者的连续性、共同性，把人的学习导向社会学化的方向。

机器的学习主要指计算机的学习，它是人工智能的一个活跃的研究领域。人工智能就是把人的某些智能赋予机器，把人的某些思维活动物化，让机器模拟人的某些智能，以代替和扩展人脑的某些功能。所以，人工智能也称为机器智能或智能模拟。机器的学习过程实际上就是一个随着经验的积累而不断改善其操作，并使之表现出智能的过程。简言之，就是计算机系统如何获得信息并利用信息来解决问题的过程。

机器的学习的研究涉及很多方面，例如，如何形成概念，如何识别和理解图像，如何进行数学问题的求解与定理的证明，如何理解自然语言等。20 世纪 80 年代中期，研究者用神经网络这种计算机系统来模拟大脑的活动。神经网络不仅可以模拟人类来进行多种形式的学习，还可以用于发现和预测人类大脑所不能做的。可以说，人工智能或机器的学习是人类认识发展史上的一个伟大的转折，是人类科学地认识自身的新开端。通过将人的思维活动物化，并对人的某些认识活动进行精确的定量的研究，有助于了解人类的学习，揭示人类思维的内在机制。

但是，人工智能不等于人的智能的复制，机器的学习也不能等同于人类的学习，二者有本质的区别。机器本身是人造的，工作程序是人编的，工作过程中是受人控制的。因此，机器不具有人的主观能动性，尽管具有自动性，但也需要有人的干预，绝对的超人的自动化是不存在的。此外，机器也不具有人的思维的社会性，不能模拟人的社会意识。机器不具有主观世界，没有人类所特有的自我意识、情感、兴趣及其他心理活动等。

总之，在对于人脑与计算机、人类的学习与机器的学习的关系问题上，应进行辩证的分析，既不能把有机物与无机物之间的界限绝对化，也不能抹杀二者在性质上的差异。机器的学习不等于人类的学习，而是人类的学习的物化。机器的学习既有可能性，又有局限性。

2. 按照有机体进化水平分类

雷兹兰（Razran）在对多种有关资料进行综合分析的基础上，依据进化水平的不同将学习分为四大类，每一类又包含一些子类别。

（1）反应性学习：一种最简单的学习，包括习惯化和敏感化。腔肠动物可以产生此类学习。

（2）联结性学习：主要指条件反射的学习，包括抑制性条件作用（不重复被惩罚的动作的学习，腔肠动物即可形成该学习）、经典性条件作用（可发生于简单动物身上，如蚯蚓）、操作性条件作用（在低等脊椎动物身上可产生）。

（3）综合性学习：把各种感觉结合为单一的知觉性刺激，包括感觉前条件作用（即S-S 学习）、定型作用（对复合刺激反应，而不对其中的个别刺激反应）和推断学习（客体永久性观念的运用）。

（4）象征性学习：一种思维水平的学习，主要为人类所特有，包括符号性学习、语义学习和逻辑学习。这三种学习是言语学习的三个阶段。

3. 按照学习的繁简程度分类

加涅（Gagné）认为人类学习的复杂程度是有不同层次的，根据学习的繁简程度的不同，提出了八类学习。

（1）信号学习：学习对某种信号作出某种反应。经典性条件反射是一种信号学习。这是一种最简单的学习，其先决条件主要是有机体先天的神经组织。

（2）刺激—反应学习：主要指操作性条件作用或工具性条件作用。其中强化在该类学习中起非常关键的作用。

（3）连锁学习：是一系列刺激—反应的联合。个体首先要习得每个刺激—反应联结，并按照特定的顺序反复练习，同时还应接受必要的及时强化。

（4）言语联想学习：其实质是连锁学习，只不过它是语言单位的连接，如将单词组合为合乎语法规则的句子。

（5）辨别学习：能识别各种刺激特征的异同并作出相应的不同的反应。它既包括一些简单的辨别，如对不同形状、颜色的物体分别作出不同的反应，也包括复杂的多重辨别，如对相似的、易混淆的单词分别作出正确的反应。

（6）概念学习：对刺激进行分类，并对同类刺激作出相同的反应。这种反应是基于事物的某些特征而作出的，如圆的概念和质量的概念的学习。

概念（idea;notion;concept）是反映对象的本质属性的思维形式。人类在认识过程中，从感性认识上升到理性认识，把所感知的事物的共同本质特点抽象出来，加以概括，就成为概念。概念的学习是知识学习的基础，是人的思维活动中首先要学习的内容。要么加深对原有概念的理解，要么学习新概念。一些学生努力下功夫背“概念”的定义，却总也学不好。概念学习包括一系列的复杂的认知心理活动。学习者通过观察和实践一类事物，找出这类事物共同的关键性特征，并用一个词语进行表示，就形成了一个概念。

掌握概念的途径：不通过专门的学习活动，而是在日常生活中通过与他人沟通或经验达到对概念的掌握；专门的学习活动、特别是科学概念的学习，这也构成了学校教育中概念学习的主要内容。

概念学习的关键是掌握事物具有区别于其他事物的本质特性。概念学习的过程一般是通过大量的感性认识材料进行认识和分析，找到其特有的本质属性，排除同类事物中的非本质属性，归纳总结后升华抽象形成对概念的理解。而概念的定义需要用简洁明确的语言符号来陈述概念的内涵与外延。概念图是学习概念的一种很好工具。

（7）规则的学习：又称原理学习或命题学习，指了解概念之间的关系，学习概念间的联合。自然科学中的各种定律、定理的学习是规则学习。规则的学习建立在概念学习之上。原理反映若干概念之间的关系，原理学习就是要理解并掌握这些概念之间特殊的联系。

对定理、定律、法则、公式等的学习就属于原理学习范畴。掌握原理的学习者应该能够利用就一定的刺激环境做出恰当的反应。例如，汽车制动时车里的人为什么要向前冲？礼花为什么会有这种或那种颜色？

原理学习的基本条件：学习者首先应该能够对构成规则的一系列概念有所掌握和理解；提供充分的外部指导，例如，教师的言语解释，尤其是对构成原理的相关概念的详尽解释以及对这些概念有条理的组织；原理的学习需要学习者在具体情境下对运用原理，加深理解。

因此通常的原理教学过程是：概念的讲解，概念关系的组织与阐述，与原理相关的具体实例讲解，具体情境下原理应用的练习。请回忆一下你高中物理老师对牛顿第一定律的教学过程。

（8）解决问题的学习：亦称高级规则的学习，指在各种条件下应用规则或规则的组合去解决问题。

问题解决是学习的高级形式，是比概念学习和原理学习更高级的形式。它是在已具有的知识、经验、技能或概念的基础上，根据问题的要求对其进行重新改组或组合，形成一个适应问题要求的方案。中国的基础教育中甚至在高等教育中对问题解决学习的关注似乎不够。

问题解决的一般思维过程：第一阶段，认识问题和明确地提出问题，包含对问题的初步界定；第二阶段，分析所提出问题的特点与条件，为此需要搜集与问题相关的材料与信息；第三阶段，提出假设，考虑解决方案，学习者根据已有知识、经验、技能以及对问题的理解与认识，提出问题解决的方案；第四阶段，检验假设，验证问题解决的正确性。

问题解决的学习方法有：尝试错误法、顿悟法、类比法、重新表述问题、手段一目的分析、逆向法等。信息时代下，互联网为问题解决学习提供了全新的工具和环境，一种新的问题解决学习方案——Big6 模式诞生。Big6 是美国迈克·艾森堡（Mike Eisenberg）

和鲍勃·伯克维茨（Bob Berkowitz）首先提出的。Big6 的全称是“Big6 信息问题解决模式”（big6 model of information problem-solving），属于“问题解决”式的研究学习。它是一种已经得到普遍应用的网络主题探究模式，用来培养学生信息能力和问题解决能力。

Big6 的主要步骤实际上包括：任务驱动—寻找搜索方法—收集信息—运用信息—表达信息—评价信息。Big6 关注的重点，充分体现了对学生信息素养的培养，并且把重点放在对信息的搜索、阅读和理解上。Big6 特别注重让学生学习和了解：“我怎样找到需要的信息？”“在什么地方用什么方法找到信息？”而且把“运用信息”的要求，界定为让学生学会识别：“哪些信息是我需要的？”这是设计 Big6 课例必须解决的核心问题。Big6 口诀：定问题、找策略、取资料、详阅读、能综合、会评价。

上述八类学习是分层排列的，由简单到复杂，由低级到高级。同时又具有累积性，每类学习都以前一层次的低级学习为前提，较高级、较复杂的学习是建立在较低级、较简单的学习基础之上的。加涅后来又对这八类学习进行了修正，将前四类学习合并为一类，将概念学习分为具体概念和定义概念的学习。因此，原来的八类学习变成了六类学习：连锁学习、辨别学习、具体概念学习、定义概念学习、规则的学习、解决问题的学习。

4．按照学习结果分类

根据学习所得到的结果或形成的能力的不同也可以对学习进行分类。加涅于 20 世纪 70 年代提出了五类学习结果。

（1）智力技能：利用符号与环境相互作用的能力，即学习“怎么做”的一些知识，有人称为过程知识，如应用一些原理、法则去解答习题。智力技能又包括一系列子类别。加涅依据学习的不同层次所划分的八类学习都可以视为智力技能。

（2）认知策略：内部组织起来的用于调节学习者自己内部注意、学习、记忆与思维过程的技能。如何选择性地注意，如何编码以便于提取，如何采取有效的步骤解决问题，如何在适当的时候进行迁移，诸如此类的调节控制过程都是通过认知策略来完成的。

（3）言语信息：学习大量的名称、事实、事件的特性以及许多有组织的观念等。与智力技能类似，言语信息也包括复杂程度不同的一些子类别：最简单的是名称或命名，即了解、知道学习对象的名称或称呼；其次是用简单的命题来表达某一事实；还有一种是指由相互关联的事实、命题等构成的知识体系。

（4）运动技能：由有组织的、协调而统一的肌肉动作构成的活动。该技能是在不断练习的基础上形成的。

（5）态度：影响个人选择行动的内部状态。个体采取何种动作是受到态度影响的。个体可以通过各种方法来学习态度，如通过某种特殊事件、模仿或其他亲身经历来形成态度。

加涅认为，每种学习结果都有各自的特点，其产生依赖于不同的内外部条件，教学只有了解各种不同的条件，才能有效地促进产生各种学习结果。这一观点是积极的。但他的五类学习的含义除了态度，前四类的含义是含糊不清的，不能盲从。

5. 按照学生进行学习的方式分类

奥苏伯尔根据学生进行学习的方式，把学生的学习分为接受学习和发现学习。

1）接受学习

接受学习是指人类个体经验的获得是来源于学习活动中主体对他人经验的接受，把别人发现的经验经过其掌握、占有或吸收，转化为自己的经验。这种学习又叫掌握学习。接受学习，即学习者把现成的定论的形式呈现给自己的学习材料，与其已形成的认识结构联系起来，以实现对这种学习材料的掌握的学习方式。接受学习是指学习者接受现成的概念、结论、原理，它是课堂教学中教师讲学生听的学习方式。

接受学习区别于发现学习之处在于主体所得经验来自经验传递系统中他人对此经验的传授，并非来自主体的发现与创造。

接受学习也有高级和低级之分。低级的接受学习主要表现为呆读死记、一知半解；高级接受学习则表现为举一反三、融会贯通等。

2）发现学习

发现学习是指人类个体经验的获得是来源于学习活动中主体对经验的直接发现或创造，并非由他人的传授而得。发现学习是指学习的内容不是以定论的形式传授给学生，而是由教授者或者学习引导者启发学习者独立发现事物意义的学习（解决问题的办法、事物之间的联系、关系、规律、原理等），然后对意义进行理解、记忆和应用。因发现学习中经验来自学习主体自身的创造，故这种学习又叫创造学习。发现学习，是在教师不加讲述的情况下，学生依靠自己的力量去获得新知识、寻求解决问题方法的一种学习方式。发现学习依靠学习者独立发现。

发现学习的根本特点在于其所得经验是学习主体发现或创造的结果，并非来自别人的传授。从这一意义上来说，发现是人和动物所共有的。因为对实验室条件下的动物而言，根本不存在经验传授的条件，其经验的获得只能靠自己的发现与创造。但是，人和动物的发现学习在性质与水平上都是有区别的。

就人的发现学习而言，其水平也是不同的，存在着高级和低级之分。一般来说，幼小儿童在其掌握语言以前的学习基本上都属于低级的发现学习。在这种学习活动中，很难发现事物的本质与规律。他们所获得的经验，一般属于感性范畴。这同科学家在其发明创造活动中发生的发现学习有质的区别，因为后者在原则上属于理性经验的获得。

接受学习与发现学习两者并不对立。发现学习比系统的接受学习多花 1.3～1.5 倍的时间，因此需要精选内容，需要较好地组织与实施，还需要有效地自主学习。值得注意的是，有人认为，接受学习在很大程度上是机械的，发现学习是有意义的。这实际上是对接受学习和发现学习的误解。首先，接受学习既可以是机械的，也可以是有意义的。在理解的基础上的接受就是有意义的，反之是机械的。同样，发现学习中亦存在着意义和机械的区分。动物通过盲目尝试获得某种经验即属于机械的发现学习，而科学家的发明创造即属于有意义的发现学习。其次，有学者（如布鲁纳）把接受学习说成是低级的，发现学习是高级的，这是错误的。与此相反，有学者（如奥苏伯尔）认为接受学习是高级的，而发现学习是低级的，这同样也是错误的。实际上，接受学习和发现学习是个体获得经验的两条途径，两者都是在能动反映现实的基础上，通过主体主动构建而实现的。

6．按照所接受经验的内容分类

冯忠良认为，依据教育系统中所接受经验的内容不同，可以将学习分为知识的学习、技能的学习和社会规范的学习三类。

1）知识的学习

知识的学习即知识的掌握，是通过一系列的心智活动来接受和占有知识，在头脑中构建起相应的认知结构。具体来讲，知识的学习是通过领会、巩固和应用三个环节完成的，每一环节又有其特殊的心智动作。知识的学习要解决的是认识问题，即知与不知、知之深浅的问题。

2）技能的学习

技能的学习是指通过学习或练习，建立合乎法则的活动方式的过程，有心智技能学习和操作技能学习两种。技能的学习比知识的学习更为复杂，不仅包括对活动的认识问题，还包括活动或动作的实际执行问题。不仅要知道做什么、怎么做，同时还要能够实际做出动作。技能的学习最终要解决的是会不会做的问题。

知识学习属于人的认知活动，动作技能学习则属于人的实践活动，它们是两种不同性质的学习，需要采取完全不同的学习方法。动作技能是个体有意识、有目的地利用身体动作完成一项任务的能力。工科、农科、医科、体育运动、表演艺术等专业以及各类职业学校教育中，动作技能的学习比知识的学习占有更大比重。动作技能学习方法与大多数学习者传统的知识学习方法有本质差别，而很多学习者在动作技能学习与教学中存在利用知识学习的方法来学习动作技能的问题。

动作技能学习比知识学习更具实践特性，讲究“知行合一”。例如，学习游泳，只知道自由泳的姿势要领，而不下水实践练习，依然学不会；你也不可能只看汽车操控手册就立即学会开车。

知识学习以对概念的理解为基础，而技能学习则必须对一系列操作程序的掌握和驾驭为基础。在概念和知识的记忆中，人们获得的是抽象的间接经验，容易遗忘，而动作技能的学习运用到“动觉记忆”，获得的是具体的个性化的直接经验，不易遗忘，尤其是从小获得的动觉记忆。例如，从小学会游泳和学会骑自行车的人，即使多年没有游泳和骑车，也能很快恢复。

心理学家费茨通过大量研究调查得出动作技能一般包含四种成分。第一，认知成分。学习者对动作技能的理解和判断，并在此基础上采取相应的对策，提出周密的计划。第二，知觉能力。学习者必须对动作技能做出准确、敏锐的辨别和反应的能力，特别是对反应线索的知觉能力，如对动作的方向性知觉。第三，协调能力。学习者对组成动作技能的各部分动作的方向、幅度、速度、力量和顺序的选择能力，准确的调节能力，以及内部心理控制和外部动作的协调、手眼协调、手脚协调等。第四，个性和气质特征。包括冷静与放松、情绪愉快且稳定、成就动机强、自信心强、自控能力强、意志力强等个性因素。

动作技能的形成，是通过练习从而逐步地掌握某种动作方式的过程。一般来说，由初步学会到熟练掌握，需要经历相互联系的四个主要阶段：认识阶段、分解阶段、联系定位阶段、自动化阶段。动作技能的学习需要从领会动作要点和掌握局部动作开始，到建立动作连锁，最后达到自动化。

3）社会规范的学习

社会规范又称行为规范，是人类社会用来调节人与人的关系，调节个体与群体、个体与社会关系的行为准则，由此来实现对社会的调控，维持社会的正常秩序和稳定发展。社会规范的学习是把外在于主体的行为要求转化为主体内在的行为需要的内化过程。社会规范的学习既包含规范的认识问题，又包含执行及情感体验问题，因此比知识、技能的学习更为复杂。从个体内部讲，是个体所获得的社会交往经验与情感体验的内化，同时又受到社会文化传统熏陶和社会政治法律制度与道德观念、社会舆论的规范和制约。

道德规范学习是最核心、最典型的社会规范学习。在学校教育中很重视，却很缺乏深入研究与实践，有时甚至很纵容道德教育的缺失。当前道德教育问题，主要有：道德学习效率差的认识论根源显然与社会道德规范本身的复杂性以及道德教育的复杂性相关；德育工作者不了解社会规范学习完全不同于知识的学习，道德教育经常采用知识灌输、笔试考查的模式，严重违背道德教育规律，造成很多言行不一、只重视自我、两面行为、心理疾病泛滥等现象；社会和家庭对道德教育的缺失是造成这些问题的根源。

道德学习主要通过了解和懂得社会的行为规范，发展道德认识能力，建立道德概念，发展道德判断力、道德选择能力；培养和锻炼良好行为规范，行动体现道德；培养和发展良好的个性心理品质如道德理想、道德信念、道德意志等；培养和建构健康的审美观念与人生价值观，获取丰富、强烈的情感体验，包括正反两面的情感体验；家庭成员、教育者的潜移默化，言传身教；参与各种社会、集体、社团公益活动，了解、理解和包容社会；体验不同文化、不同风俗习惯以及不同思维方式，建立集体和团队意识与奉献精神。

7．按照学习材料的性质及学习者的理解程度分类

根据学习材料的性质及学习者的理解程度，奥苏伯尔把学习分为机械学习和有意义学习，其中有意义学习需具备的条件是：学习材料对学生而言有潜在意义；学生头脑中有同化新学习材料的知识；学生具有有意义学习的意向。奥苏伯尔主张接受学习，他认为接受学习必须按“有意义学习”的标准和条件进行，接受学习的目的是建立起相应的认知结构。所谓“有意义学习”，他定义为“有意义学习过程的实质，就是符号所代表的新知识与学习者认知结构中已有的适当观念建立非人为的和实质性的联系”。

机械学习，即不加理解、反复背诵的学习，亦即对学习材料只进行机械识记。机械学习是指学习一系列相互之间不存在意义练习的材料，或者学习者在学习中并未理解材料间的意义联系。如3岁孩童能背得几十首唐诗。机械学习有时也指只能通过不断强化而获得知识的学习方式。如英语口语学习中需要不断地进行枯燥的发音练习。机械学习有时并不都是坏事。

有意义学习则是通过理解学习材料的意义联系而掌握学习内容的学习，其中的意义是学习的产物或结果，而不仅是所学材料内容的意义。有意义学习过程的实质，就是使符号所代表的新知识与学习者认知结构中已有的适当概念建立非人为的和实质性的联系。有意义学习理论强调在新知识的学习中，认知结构中的原有适当观念起决定作用，这种原有的适当观念对新知识起固定作用。

有意义学习的三个先决条件：第一，学习材料本身具有逻辑意义，即新旧知识在人类认识范围内可以建立客观的联系。第二，学习者认知结构中具有同化新知识的有关观念。第三，学习者必须具有有意义学习的学习心向，有一种将新知识与旧知识发生联系的强烈愿望。学生要具有有意义学习的意向，即把新知识与认知结构中原有的适当观念关联起来的意向。

8. 按照学习目标分类

布卢姆（Bloom）从教育目标和教育任务出发，将学习分为认知领域的学习、情感领域的学习和动作技能领域的学习这三大类，每一大类又包含一些子类别。对不同类型的学习加以区分，有助于深化对学习的理解，从而促进学习。

7.4 学习者个性差异

❖ **研创活动**

（1）学习者存在哪些个性差异？

（2）学优生具有哪些共性特征，如何才能成为学优生？

（3）如何依据学习者个性差异选择合适的学习策略？

学习者个性差异是指学习者在学习方面所表现出来的复杂个性差异。不同个体对外界信息刺激的感知、注意、思维、记忆和解决问题的方式不同，由此形成了学习者在学习上的不同类型与不同风格，主要表现在时间偏好、感知觉通道、知觉风格、思维方式、大脑左右半球、动机与情感等方面的差异。了解自己的学习个性差异，有助于每个学习者更深刻、更自觉地反思和了解自己学习个性，找到最适合自己的个性化学习方式，实现学习中的自我意识与自我超越。

个性差异又叫个别差异，个体差异（individual differences），通常指个体在内在身心结构和外在行为习惯上所表现出来的相对稳定而又不同于他人的个性特征。

1. 学习风格差异

学习风格（learning style），是指学习过程中学习者所习惯、偏好的相对稳定的个性化学习活动方式。学习风格是指对学生感知不同刺激、并对不同刺激做出反应这两个方面产生影响的所有心理特性。学习风格是学习者持续一贯的带有个性特征的学习方式，是学习策略和学习倾向的总和。认知风格是学习风格的一个重要组成部分，是指感知、记忆、思维方式的个体表现，或接受、存储、转化、利用信息的不同方式。

个性特征的不同造成了不同学习者在学习风格上的差异，尤其是认知加工方式的不同，产生了不同的学习风格。有的学生善于学习和思考抽象理论，有的则对抽象的理论不感兴趣，而对形象、生动的学习内容情有独钟；有的善于在小组中学习和争论，而有的则喜欢独立学习和在清静的环境中思考；有的学生需要较多约束和经常的刺激，而有的学生则更善于自我激励。

不同的学习风格的差异，决定了每个学习者对学习内容、形式、学习环境和学习要求等存在着不同的需求和选择，当学习与自己的风格相适应时，学生会感到如鱼得水，学习效率成倍提高；而当学习与自己的风格不相适应时，学生会感到难受、痛苦，学习效率明显降低。正因为学习风格对每个人的学习生活有着十分重大的影响，所以，了解和掌握学习风格的知识与理论，深入研究和反思自己的学习风格，不仅能够帮助大学生更好地根据自己学习的特点和风格，设计和选择更适合自己的学习方式，实现个性化的高效学习，还有助于扬长避短，充分展示自己学习风格的优势，弥补和克服自己学习风格中的弱点与缺陷。

目前，学习风格的研究成果多数是从心理学的角度出发，通过对个体的生理和心理特点进行研究，总结出个体之间在感知觉、认知、动机、意志等方面表现出的差异。具体来说，在生理方面主要表现为：年龄、性别、体质特征、时间知觉的不同以及对声音、光线、温度的偏爱和对感知觉通道的偏爱等；在心理方面，学习风格主要表现为信息加工、思维方式、爱好、动机、情感意志等方面的差异。学习者生理差异各因素描述，见表 7-3。

表 7-3　学习者生理差异各因素描述

年龄性别特征	不同个体由于遗传和环境因素而具有不同的性别与年龄特征
体质特征	个体由于遗传和后天环境而具有不同的生理机能，也称与健康有关的行为
时间节律	学习个体有自己的生物节律，分为清晨型、上午型、下午型、夜晚型（猫头鹰型），不同时间段产生不同的学习效果
感知觉通道偏爱	个体倾向于通过某种感觉器官的刺激而接受信息和学习，包括视觉型、动觉型、听觉型
环境因素	个体倾向于在不同的环境中进行学习，物理环境因素包括对声音、光线、温度、坐姿的偏爱；社会环境因素则包括小组竞争、小组合作、独立学习、结伴学习、成人支持、亲密关系
活动性	由于先天或者后天的影响，个体对活动的偏爱程度不同

学习风格是个体在一定的生理特性基础上，受社会环境和教育的影响，在长时期的活动中逐步形成的。由于每个人的特性不同，所以不同的人应该有不同的学习方法，学优生与学困生的学习方法应有差异，男同学与女同学在学习对策上也应有所不同。但是，学习风格也会受学习方法的影响，也会因学习方法的改变而改变。

学习风格是个体在一定的生理特性基础上，受社会环境和教育的影响，在长时期的活动中逐步形成的。美国纽约圣约翰大学的邓恩夫妇，将学习风格的要素分为五大类。

（1）环境类要素：对环境的偏爱；光线强弱的偏爱；温度高低的偏爱；坐姿的偏爱

等。学生对环境的要求差异：喜欢安静/低噪声；喜欢弱光和低反差/明亮的屋子；喜欢一定的室温/微寒的室温；喜欢在白天或晚上的某一特定时间学习等。

（2）情绪类要素：包括激发动机、坚持性强弱、责任性强弱、对学习内容组织程度的偏爱。学生在情感或情绪方面的需求差异，如期望经常受到鼓励、安慰/自动激发动机，坚持不懈。

（3）社会性要素：喜欢独立学习；喜欢结伴而行；喜欢与成人一起学习；喜欢与不同的人一起学习。

（4）生理性要素：喜欢听觉刺激；喜欢视觉刺激；喜欢动作刺激；早上学习效果最佳；上午学习效果最佳；下午学习效果最佳；晚上学习效果最佳。

（5）心理性因素：分析与综合；对大脑左右半球的偏爱；沉思与冲动。

2. 学优生与学困生的区别

学习成绩与学习方法密切相关，学优生采用的方法比较科学，而学困生则相反。比如，背课文记公式，学优生根据记忆规律进行高效记忆，在开始背诵时就去回忆复述，而学困生只是反复读反复写，却不去分析思考，不去回顾和自我讲述的情况；再如，做作业时碰到难题，学优生先经过复习教材，进行独立思考，然后请教他人；但学困生却不能通过复习教材，要么半途而废，要么直接去问答案，不能努力弄懂面临的问题。

学优生要取得更大的进步，除了原有的学习方法，还应掌握一些要求较高的学习方法。波利亚解题思考方法值得学习，它分下列五步：第一，预见法；第二，收集资料进行组织；第三，辨认与回忆，充实与重新安排；第四，分离与组合；第五，回顾。此外，波利亚提到解答问题法：①弄清问题；②拟定问题；③实现计划；④回顾。这两种方法，只有学优生在解答问题的过程中，思维发展达到一定水平，才能有操作使用的可能性。

学困生并不是智力水平不高，而是因为没有得到充分的利用，因此智力因素的开发是学困生的当务之急。注意力不集中、记忆力差、想象力贫乏，使学困生付出与学优生同等代价时，仍然难以将学习搞上去。背同样一段法则，学优生一两遍，学困生可能十多遍也无法记住。每遇到这样的情况，学困生会认为自己“天生就笨”的想法，从而放弃学习。记忆能力也是通过锻炼获得的，前面讲到的超级学习法、快速记忆法对学困生来说首先应学会，因为掌握了一定的知识量有利于知识的迁移。学困生也只有迅速记住所学教材的内容，他的学习状况才会转变过来。

3. 认知风格——趋异与趋同

趋异与趋同是记忆的两种方式。各学习者对此也有不同的偏爱。趋异者倾向于精确知觉新的信息，能觉察出新旧信息的细微不同和变化，从而精确地回忆；而趋同者则倾向于很快地将新信息同化入原有信息之中，而不作精确的分析，从而在脑中保持较为模糊的印象，也不能精确回忆。

记忆能力较强的同学，最初对新旧学习材料进行了精确分化，并用合理的方式进行了识记，他们比记忆能力弱的人更容易检索并使用已有信息；而记忆能力较弱的人，即趋同者，不能对新旧材料精确分化，只对材料进行大致的笼统的记忆。

趋异与趋同也是相对而言，对同一个人，对自己擅长的学科能够趋异记忆，而对自己不喜欢的学科，就不愿进行精加工，往往采用趋同记忆。不断地进行记忆能提高自己的记忆能力，也能提高学习的兴趣，一个以趋同记忆为主的人也就变成了以趋异记忆的人。

4. 情感和意志的差异

学习者情感因素存在差异。如独立性、自觉性、好奇心、坚持性、焦虑水平、挫折耐受力；成就动机、自我实现动机、社会性动机；模范、冒险与谨慎、竞争与合作、学习兴趣、学习态度等方面的差异。

学习者的学习坚持与意志力存在差异。意志是人自觉地确定目的，并调节支配自身行动，克服困难，去实现预定目标的心理过程，是人的主观能动性的突出表现形式。

学习者的成就动机存在差异。成就动机是指个体积极主动地从事某种自认为重要或有价值的工作，并力求达到完美地步的内在推动力量。

5. 思维风格

思维风格可分为分析型与非分析型两种。有人喜欢分析型思维，而有人喜欢整体型思维。分析型思维是指学习者在脑中把认识的概念、观念或问题分解为若干部分、特征或方面。非分析型思维是指学习者面对一个事物，不把它分解为各个部分、特征或方面，而是把它作为整体笼统地加以把握，思维的深刻性低，而模糊性较高。

一般来说，偏爱分析的学习者在学校里成绩较好。而有一些人在学校里学习平平，但一旦走上工作岗位，却表现出较强的工作能力与较好的工作成就，这可能与他们擅长综合有关。因此，既要培养分析技能，又要训练自己的综合技能。

6. 解决问题的风格——沉思与冲动

沉思与冲动反映个体信息加工、形成假设和解决问题过程的速度与准确性。沉思型学习者运用充足的时间考虑、审视问题，权衡各种问题解决的方法，然后从中选择一个满足多种条件的最佳方案，因而只要他作出反应，往往是正确的。而冲动型学习者则倾向于根据问题的部分信息或未对问题作透彻的分析就仓促作出决定，反应速度较快，但容易发生错误。

沉思与冲动正是学习个体性格上的反映，沉思型属内向思考型的性格，而冲动型则是外向行动型的性格。研究表明，如果问题有一定难度，沉思型认知风格，则有助于问题的解决，而冲动型认知风格会掩盖学习者解决问题的实际能力。因此，属外向行动型性格的人在认识问题时应克服自己的弱点，做到沉着、冷静。

7. 性别与学习风格

在知觉类型上，男女学生存在着较为明显的差异。一般来说，女生长于听觉和言语知觉，而男生则长于视觉和空间知觉。

在记忆类型上，一般来说，女生比较擅长形象记忆、情感记忆和运动记忆，而男生则比较擅长逻辑记忆。从记忆方式来看，女生的无意识记忆略占优势，而男生有意识记忆略占优势。

在思维类型上，一般来说，女生较偏向形象思维，更习惯或倾向于用形象思维解决问题，而男生则偏向抽象思维，更习惯或倾向于用抽象思维解决问题。

对每一个人来说，性别是不可选择的，而学习方法是可以选择的，不管是什么性别，都有自己的优势与弱势，应该利用自己的优势，努力克服自己的弱势，千万不要因性别而自卑。

8. 多元智能与学习者差异

❖ **研创活动**

如何从多元智能视角阐释学习者个性差异？

多元智能理论是由美国哈佛大学心理发展学家霍华德·加德纳（Howard Gardner）在 1983 年提出的。加德纳从研究脑部受创伤的患者发觉他们在学习能力上的差异，从而提出多元智能理论。

加德纳认为过去对智力的定义过于狭窄，未能正确反映一个人的真实能力。智能是人在特定情景中解决问题并有所创造的能力。他认为，人的智力应该是一个度量他的解题能力（ability to solve problems）的指标。根据这个定义，他在《心智的架构》（*Frames of Mind*）这本书里提出，人类的智能至少可以分成七个范畴（后来增加至九个）。

（1）语言（Verbal/Linguistic）。这种智能主要是指有效地运用口头语言及文字的能力，即指听说读写能力，表现为个人能够顺利而高效地利用语言描述事件、表达思想并与人交流的能力。这种智能在作家、演说家、记者、编辑、节目主持人、播音员、律师等职业上有更加突出的表现。

（2）数理逻辑（Logical/Mathematical）。从事与数字有关工作的人特别需要这种有效运用数字和推理的智能。他们学习时靠推理来进行思考，喜欢提出问题并执行实验以寻求答案，寻找事物的规律及逻辑顺序，对科学的新发展有兴趣。即使他人的言谈及行为也成了他们寻找逻辑缺陷的好地方，对可被测量、归类、分析的事物比较容易接受。

（3）空间（Visual/Spatial）。空间智能强调人对色彩、线条、形状、形式、空间及它们之间关系的敏感性很高，感受、辨别、记忆、改变物体的空间关系并借此表达思想和情感的能力比较强，表现为对线条、形状、结构、色彩和空间关系的敏感以及通过平面图形和立体造型将其表现出来的能力，能准确地感觉视觉空间，并把所知觉到的表现出来。这类人在学习时是用意象及图像来思考的。

空间智能可以划分为形象的空间智能和抽象的空间智能两种能力。形象的空间智能为画家的特长。抽象的空间智能为几何学家特长。建筑学家形象和抽象的空间智能都擅长。

（4）身体—运动（Bodily/Kinesthetic）。善于运用整个身体来表达想法和感觉，以及运用双手灵巧地生产或改造事物的能力。这类人很难长时间坐着不动，喜欢动手建造东西，喜欢户外活动，与人谈话时常用手势或其他肢体语言。他们学习时是透过身体感觉来思考。

这种智能主要是指人调节身体运动及用巧妙的双手改变物体的技能。表现为能够较好地控制自己的身体，对事件能够做出恰当的身体反应以及善于利用身体语言来表达自己的思想。运动员、舞蹈家、外科医生、手艺人都有这种智能优势。

（5）音乐（Musical/Rhythmic）。这种智能主要是指人敏感地感知音调、旋律、节奏和音色等能力，表现为个人对音乐节奏、音调、音色和旋律的敏感以及通过作曲、演奏和歌唱等表达音乐的能力。这种智能在作曲家、指挥家、歌唱家、乐师、乐器制作者、音乐评论家等人员那里都有出色的表现。

（6）人际（Inter-personal/Social）。人际关系智能，是指能够有效地理解别人及其关系和与人交往能力，包括四大要素。①组织能力，包括群体动员与协调能力。②协商能力，指仲裁与排解纷争能力。③分析能力，指能够敏锐察知他人的情感动向与想法，易与他人建立密切关系的能力。④人际联系，指对他人表现出关心、善体人意，适于团体合作的能力。

（7）内省（Intra-personal/Introspective）。这种智能主要是指认识到自己的能力，正确把握自己的长处和短处，把握自己的情绪、意向、动机、欲望，对自己的生活有规划，能自尊、自律，会吸收他人的长处。会从各种回馈管道中了解自己的优劣，常静思以规划自己的人生目标，爱独处，以深入自我的方式来思考。喜欢独立工作，有自我选择的空间。这种智能在优秀的政治家、哲学家、心理学家、教师等人员那里都有出色的表现。

内省智能可以划分两个长层次：事件层次和价值层次。事件层次的内省指向对于事件成败的总结。价值层次的内省将事件的成败和价值观联系起来自审。

（8）自然探索（Naturalist，加德纳在 1995 年补充）。能认识植物、动物和其他自然环境（如云和石头）的能力。自然智能强的人，在打猎、耕作、生物科学上的表现较为突出。自然探索智能应当进一步归结为探索智能，包括对于社会的探索和对于自然的探索两个方面。

（9）存在（Existentialist，加德纳后来又补充）。人们表现出的对生命、死亡和终极现实提出问题，并思考这些问题的倾向性。根据加德纳的理论，学校在发展学生各方面智能的同时，必须留意每一个学生只会在某一、两方面的智能特别突出；而当学生未能在其他方面追上进度时，不要让学生因此而受到责罚。

7.5　学习风格分类

❖ **研创活动**

（1）学习风格如何分类？

（2）如何依据学习风格选择合适的学习策略？

（3）分析自己的学习风格属于什么类型，应如何制定适合自己的学习策略？

依据不同的分类标准，学习风格有不同的类型，见表 7-4。

表 7-4　学习风格分类

分类依据	学习风格类型
认知方式	场独立性和场依存性、沉思型与冲动型、抽象型和具体型
格雷戈克的学习风格（思维类型）	具体—序列、具体—随机、抽象—序列、抽象—随机
学习者的人格因素	内部控制与外部控制、焦虑水平
感知觉通道偏爱	视觉型、听觉型、动觉型、视听型、视动型、视听动型
所罗门学习风格	活跃型与沉思型、感悟性与直觉型、视觉型与言语型、序列型与综合型
劳特斯的学习风格	情感 I、情感 II、认知 I、认知 II

1．场独立和场依存

场独立性和场依存性这两个概念来源于威特金（Witkin）对知觉的研究。第二次世界大战期间，威特金为了研究飞行员怎样利用来自身体内部的线索和见到的外部仪表的线索调整身体的位置，专门设计了一种可以摇摆的座舱，舱内置一座椅。当座舱倾斜时，被试可调整座椅，使身体保持垂直。研究发现，有些被试主要利用来自仪表的视觉线索，不能使自己的身体恢复垂直。有些被试则主要利用来自身体内部的线索，尽管座舱倾斜，仍能使身体保持垂直。威特金将前一种人的知觉方式称为场依存性方式，后一种称为独立性方式。后来的研究发现场依存性和场独立性是两种普遍存在的认知方式。

场独立性（field independence）指很容易地将一个目标从他的背景中分离出来的能力，相反，场依存性是指在将一个知觉目标从它的背景中分离出来时感到困难的知觉特点。场独立者对客观事物作判断时，倾向于在利用自己内部的参照，不易受外来因素影响和干扰，在认知方面独立于周围的环境背景，倾向于在更抽象和分析的水平上加工信息，独立对事物做出判断。

场独立性的学习者在认知活动中倾向于更多利用内在参照作为信息加工的依据，通常总是把要加工的刺激同背景区分开来；他们的知觉比较稳定，不易随背景的变化而改变；他们比较自主，当情境需要或需要来自内部时，能对所提供的信息进行改组；这种学习者善于学习理工学科内容，往往能明确提出自己的学习目标，能较深入地进行分析，愿意个人独立钻研，对所提供的学习材料能重新组织，较适应结构松散的教学方法。

个体较多地依赖自己所处的周围环境的外在参照，以环境的刺激交往中定义知识、信息称作场依存性（field dependence）。场依存者对物体的知觉倾向于以外部参照作为信息加工的依据，难以摆脱环境因素的影响，他们的态度和自我知觉更容易受周围的人，特别是权威人士的影响和干扰，善于察言观色，注意并记忆言语信息的社会内容。

场依存性的学习者在认知活动中，不主动地对外来信息进行加工，倾向于以外在参照作为信息加工依据，通常很难从包含刺激的背景中将刺激分辨出来，所以他们的知觉很容易受错综复杂的背景的影响，例如，如果在他们熟知图形的背景上添加一些纵横交错的线条，他们则可能感到难以认出这个原来熟悉的图形；他们在受到批评时，学习效果会显著下降；这种学习者喜欢有人际交流的集体学习环境，对社会学科材料的学习与记忆效果较好；较依赖于学习材料的预先组织，需要明确的指导和讲授，喜欢结构严密的教学。

场独立与场依存学习者的区别，见表 7-5。

表 7-5　场独立与场依存学习者的区别

	场独立者	场依存者
学科兴趣	自然科学	社会科学
学科成绩	自然学科成绩好	自然学科成绩差
	社会学科成绩差	社会学科成绩好
学习策略	独立自觉学习	易受暗示，学习欠主动
	由内在动机支配	由外在动机支配
教学偏好	结构不严密的教学	结构严密的教学

场独立和场依存学习者各有优势和劣势，见表 7-6。

表 7-6　场独立与场依存学习者的优势和劣势

类型	优势	劣势
场独立	善于从整体中分析出各个元素，喜欢学习无结构的材料，喜欢个人独自学习，不太容易受外界的影响，对于他人的评价有自己的看法，不受外界环境的干扰	倾向于冲动、冒险，容易过分主观
场依存	善于把握整体，善于学习系统化、条理化的材料，喜欢与同伴在一起讨论或进行协作学习，注意环境的要求，很容易适应环境，受大家欢迎，受内在动机支配	表现较为谨慎，不愿冒险，但当受到批评时，很容易受到影响，学习积极性下降，容易受外界环境的干扰，学习欠主动，受外在动机支配

对场独立学习者的建议：面对问题时要具体分析，对于不需要过多思考的问题，努力从整体上把握，锻炼直觉能力；注意与他人交流观点和看法，并认真考虑他人的意见和建议，不要断然拒绝。

对场依存学习者的建议：对于需要逐步分析的问题，要思考解题的思路、过程、策略，逐步发展逻辑分析能力；在听到他人的要求、意见和建议、疑问时，要加以分析，提出自己的评判，培养和提高自己的批判思维能力。

2. 沉思型与冲动型

沉思与冲动的认知方式反映了个体信息加工、形成假设、解决问题过程的速度和准确性。沉思型学习者碰到问题时倾向于深思熟虑，用充足的时间考虑、审视问题，权衡各种问题解决的方法，然后从中选择一个满足多种条件的最佳方案，因而错误较少。而冲动型学习者倾向于很快地检验假设，根据问题的部分信息或未对问题作透彻的分析就仓促做出决定，反应速度较快，但容易发生错误。

研究发现与冲动型学习者相比，沉思型学习者表现出具有更成熟的解决问题策略，更多地提出不同假设。而且沉思型学习者能够较好地约束自己的动作行为，忍受延迟性满足，比冲动型学习者更能抗拒诱惑。此外，沉思型与冲动型学习者的差别还在于：深思型学习者往往更易自发地或在外界要求下对自己的解答做出解释，而冲动型学习者则很难做到，即使在外界要求下必须做出解释时，他们的回答也往往是不周全、不合逻辑的。

3. 格雷戈克的学习风格分类

格雷戈克（Cregorc）将学习者的学习风格分为具体—序列、具体—随机、抽象—序列和抽象—随机四种类型。

（1）具体—序列型风格的学习者喜欢通过直接的动手经验学习，希望教学组织得井然有序；采用学习手册、程序教学、演示和有指导的实验练习，对他们的学习效果最佳。线性、清晰、条理而有序的信息加工，能迅速提取记忆细节，做事坚定，有耐心，办事稳妥，责任心强，勤劳刻苦，目的性强，不擅长理解抽象的理论，讨厌无组织、华而不实的东西，多是实干家。

（2）具体—随机型风格的学习者能通过试误法，从探索经验中迅速得出结论；他们喜欢教学游戏、模拟，愿意独立承担设计项目。独立性强，喜欢独立工作，以现实为基础，愿意尝试实验实践，喜欢以别出心裁的方式来做实践，不愿接受别人领导，有丰富的创造力，不喜欢按说明的要求办事，求知欲强，常有独特见解，追求变化和多样化，善于解决突发性问题。

（3）抽象—序列型风格的学习者善于理解以逻辑序列呈现的词语或符号信息；他们喜欢通过阅读和听课的方式进行学习。学术气息强，逻辑性强，分析推理能力以及抽象理解力强，敢于向权威挑战，喜欢独立思考和工作，善于从错综复杂的现象中抓住事物的本质，有可能成为科学家和哲学家。

（4）抽象—随机型风格的学习者特别善于从演讲中抓住要点，理解意思，并能对演讲者的声调和演说风格做出反应；对这类学习者来说，参加小组讨论、听穿插问答的讲授或看电影和电视，可以取得较好的学习效果。冲动和激情引发思考，思维跳跃性强，不按常规出牌，办事不讲条理，凭直觉和想象去感应与判断事物，想象力丰富，语言感受力强，情感丰富，善于交际，热情，风趣，善于用语言描述自己的感受，对艺术作品理解力强。

4. 感知觉通道偏爱

依据学习者感知觉通道偏爱，学习风格分为：视觉型、听觉型、动觉型、视听型、视动型、视听动型。视觉、听觉和动触觉的人数比例大致是 4∶3∶3。80%的人有多种不同的学习类型倾向，20%的人比较单纯。动觉和触觉的学生越来越多，这与成长环境因素和生育因素有关。

1）视觉学习类型

视觉学习类型者非常喜欢看书、杂志和报纸。如果你向他问路，他可能会给你画一张很清楚的地图。能够比较认真地听讲，专心地看老师在黑板上板书、讲解，同时，他们在阅读书籍方面也不会有什么太大的问题。如果他搞清楚一个复杂问题，他往往会说“我明白了”。大多数视觉学习者，但不是所有的人，倾向于有条有理、整洁和讲究衣着。有人很爱惜书，很新。视觉学习者多是书面学习类型和视觉学习类型。

给视觉学习者的建议：用视频、图像进行学习；画图表、地图；使用概念图做笔记或组织信息；做想象中的活动；运用模拟表演进行学习；运用多媒体计算机和互联网创设的虚拟仿真情境进行学习。

2）听觉学习类型

听觉学习类型者非常喜欢音乐和收听广播，他们通常对读一本书或者指导手册不是很感兴趣，他更需要得到声音信息。喜欢交谈，与新老朋友都会很好相处，但上课时如果交谈就会带来一些不好的影响。他对老师的关注更多地集中在声音方面。如果有人教会他一个复杂问题，他往往会这样表示“我听懂了”。如果你要给他买礼物，那么买一个录音机或者 MP3，而不要买一本书。

给听觉学习者的建议：演奏乐器；通过歌曲进行学习；通过参与或者听音乐会进行学习；伴随音乐锻炼身体和学习；把音乐与其他学科领域结合起来；通过音乐来构想画面；用音乐调节和改变你的情绪；在计算机上谱曲。

3）动觉触觉学习类型

动觉触觉学习类型者往往是学校老师不太喜欢的学生，甚至有些人被归结为“儿童多动症”。每个人在婴幼儿时期都是动觉触觉学习者，随着年龄的增大，大多数人的视觉和听觉学习方式占了主导地位。其实，动觉触觉学习是最好最快的学习。动觉触觉学习类型的学生更需要运动、需要感觉、需要触摸、需要动手去做的过程。所以，如果强迫他们坐在课堂上不动，那么他们就会感觉非常无聊乏味。如果有人告诉他一个复杂问题，他往往会说“它感觉不错”。动觉触觉学习者多是体验学习类型、操作学习类型和群体互动学习类型。

给动觉触觉学习者的建议：通过舞蹈和运动来学习；在自然学科和数学学科方面多动手；通过多改变学习状态获得积极的休息；把运动与所有的课程都结合起来；当你在游泳时，在头脑中复习功课；利用模型和各种工具辅助学习；通过校外调查旅行学习；利用班级游戏活动和通过在戏剧中扮演角色来学习。

5．所罗门学习风格

1）活跃型与沉思型

活跃型学习者倾向于通过积极地做一些事，即讨论或应用或解释给别人听来掌握信息。而沉思型学习者更喜欢首先安静地思考问题。“来，我们试试看，看会怎样。”这是活跃型学习者的口头禅。而“我们先好好想想吧！”则是沉思型学习者的通常反应。活跃型学习者比倾向于独立工作的沉思型学习者更喜欢集体工作。每个人都是有时候是活跃型，有时候是沉思型的，只是有时候某种倾向的程度不同，可能很强烈或一般，亦或很轻微。

2）感悟型与直觉型

感悟型学习者喜欢学习事实，而直觉型学习者倾向于发现某种可能性和事物间的关系。感悟型的不喜欢复杂情况和突发情况，而直觉型的喜欢革新不喜欢重复。感悟型的比直觉型的更痛恨测试一些在课堂里没有明确讲解过的内容。感悟型的对细节很有耐心，很擅长记忆事实和做一些现成的工作。直觉型的更擅长掌握新概念，比感悟型的更能理解抽象的数学公式。感悟型的比直觉型的更实际和仔细，而直觉型的又比感悟型的工作得更快更具有创新性。感悟型的不喜欢与现实生活没有明显联系的课程；直觉型的不喜欢那些包括许多需要记忆和进行常规计算的课程。

每个人都是有时是感悟型的，有时是直觉型的，只是有时候其中某一种的倾向程度不同。要成为一个有效的学习者和问题解决者，你要学会适应两种方式。如果你过于强调直觉作用，你会错过一些重要细节或是在计算和现成工作中犯粗心的毛病。如果你过于强调感悟作用，你会过于依赖记忆和熟悉的方法，而不能充分地集中思想理解和创新。

3）视觉型与言语型

视觉型学习者很擅长记住他们所看到的东西，如图片、图表、流程图、图像、影片和演示中的内容，言语型学习者更擅长从文字的和口头的解释中获取信息。当通过视觉和听觉同时呈现信息时，每个人都能获得更多的信息。

在大学里很少呈现视觉信息，学生都是通过听讲和阅读写在黑板上及课本里的材料来学习。不幸的是，大部分学生都是视觉型学习者，也就是说学生通过这种方式获得的信息量不如通过呈现可视材料的方法获得的信息量大。

4）序列型与综合型

序列型学习者习惯按线性步骤理解问题，每一步都合乎逻辑地紧跟前一步。综合型学习者习惯大步学习，吸收没有任何联系的随意的材料，然后突然获得它。序列型学习者倾向于按部就班地寻找答案；综合型学习者或许能更快地解决复杂问题或者一旦他们抓住了主要部分就用新奇的方式将它们组合起来，但他们却很难解释清楚他们是如何工作的。

许多人读到这段描述会错误地认为他们是综合型的，以为每一个人都有恍然大悟的经历。序列型学习者可能没有完全了解材料，但他们能以此做些事情（如做家庭作业或参加考试），因为他们掌握的是逻辑相连的。另外，缺乏顺序思考能力的极端综合型学习者即使对材料有了大概的了解，他们可能对一些细节还是很模糊，而序列型学习者能对主题的特殊方面知道许多但联系到同一主题的其他方面或不同的主题时，他们就表现得很困难。

6．劳特斯的学习风格分类

劳特斯（Lotas）将学习者学习风格划分为情感 I、情感 II、认知 I、认知 II 等四种类型。所谓情感 I 是指学习者喜好在群体中学习，对他人非常敏感，根据他人的情感进行决策。而属于情感 II 的学习者则关心生活的意义和目的，他们根据道德和美学进行决策。所谓认知 I 是指学习者喜好关心生活的实践方面，并根据精确的信息进行决策。而属于认知 II 的学习者则喜欢用事实建构和理解理论。

学习风格本身没有好坏之分，每一个人都有自己独特的学习风格，它就像一个签名那样有个性。每种类型都可以学好，关键是要针对自己的学习类型，找到适合自己的方法。不同的群体，不论是以文化、学历还是性别来划分，都包含了学习风格的所有种类。在每一个文化、社会经济阶层或者班级内部都存在着不同的学习风格。对于教学设计者而言，了解学习风格的主要目的在于找出不同的学习风格与教学内容的组织、教学方法的运用、教学媒体的选择之间的关系，以便为学习者提供适合其学习风格特点的教学。

7.6　学习时间偏爱测定

❖ **研创活动**

自己喜欢在什么时间学习，如何制定适合自己的学习策略？

每一学习者均有自己的生物节律，表现为在学习上也有不同的偏爱，有人喜欢在清晨，还有人喜欢在晚上。根据学习者对不同学习时间的偏好，可将学习者分为百灵鸟型与猫头鹰型。

百灵鸟型：该类型的学习者在清晨头脑清醒，反应敏捷，记忆和思维效率高。这类学习者可以早起多学点东西。

猫头鹰型：该类型的学习者一到夜晚，大脑转入高度兴奋状态，且特别清醒，注意力集中，精力充沛，思维活跃。而这类学习者夜间学习效果较佳。

每位学习者可以利用自己的生物钟，科学安排学习时间，提高学习效果。不要因他人提早起床你也就起床，也不要看到他人开夜车你就跟着开夜车。

学习时间偏爱测定量表

请对下列陈述作“是/否”选择。

1．早上通常不愿起床。(是否)
2．晚上通常不想睡觉。(是否)
3．希望整个上午都能睡觉。(是否)
4．上床后好长时间才能睡着。(是否)
5．感觉只有过了上午 10:00 才完全清醒。(是否)
6．假如晚上睡得很晚，会困得什么都记不住。(是否)
7．午饭后通常感到是个低潮。(是否)
8．当我需要集中精力完成一项任务时，喜欢早些起床工作。(是否)
9．只要我能胜任，我会把最需要集中注意的任务放在下午去做。(是否)

10．一吃完晚饭就开始做通常最需要集中注意的工作。（是否）

11．能整夜不睡。（是否）

12．希望在中午前不要工作。（是否）

13．希望白天在家，晚上出去工作或学习。（是否）

14．喜欢清晨工作。（是否）

15．能使我集中注意保持最佳记忆效果的时间是：

A．清晨（是否）B．午饭时分（是否）C．下午（是否）

D．晚饭前（是否）E．晚饭后（是否）F．晚上（深夜）（是否）

学习者对上述 20 题（15 大题）均作是否选择后，根据评分标准（每符合 1 题得 1 分）分别算出在清晨、上午、下午、晚上的得分（表 7-7），并据此在学习时间偏爱图（图 7-3）中画出时间偏爱曲线，进而判定为何种类型。评分标准：下列四大栏八小栏，每符合一处打一“√”得一分，然后将四大栏得分求和。

表 7-7　学习时间偏爱评分表

	清晨		上午		下午		晚上	
题号	8 14 15A	1 3 5 10 11 12 13	5 15B	3 8 9 10 11 12 13 14	3 5 9 12 15C 15D	7 8 11 13 14	2 4 5 10 11 13 15E 15F	6 8 14
得分								

得分＼时间段	清晨	上午	下午	晚上
11				
10				
9				
8				
7				
6				
5				
4				
3				
2				
1				
0				

图 7-3　学习时间偏爱图

7.7　感知觉通道偏爱测定

❖ **研创活动**

测定自己的感知觉通道偏爱，制定适合自己的学习策略。

感知觉通道偏爱测定量表

阅读下列句子，若非常符合你，请在后面空格上选择 5 分，若完全不符合则选择 1 分，若属于中间，则选择 3 分。将得分填入感知觉通道偏爱得分表中（表 7-8）。

	5 分	3 分	1 分
1．听比看能记住更多的内容	□	□	□
2．看书面说明比听口头说明容易	□	□	□
3．喜欢记录或做笔记以便日后阅读复习	□	□	□
4．用铅笔或钢笔书写时用力很大	□	□	□
5．看图表或视觉指示时需加以解释、提示	□	□	□
6．喜欢做摆弄器具的工作	□	□	□
7．擅长并喜欢绘制图表	□	□	□
8．能敏锐地辨别出不同的声音	□	□	□
9．学习材料抄写几遍后记得最牢	□	□	□
10．能理解并根据地图上的图示说明看地图	□	□	□
11．通过听讲座或录音学习效果较好	□	□	□
12．爱玩硬币和钥匙	□	□	□
13．通过大声重复朗诵字母比在纸上拼写字母记忆单词效果更好	□	□	□
14．读报比听收音机更能理解新闻材料	□	□	□
15．学习时喜欢吃口香糖、香烟或零食	□	□	□
16．记忆的最佳方式是将所学材料在脑中想象出一幅画面	□	□	□
17．通过书写或抄写学习生字	□	□	□
18．对教材内容愿听老师讲而不愿自己看	□	□	□
19．擅长玩拼板玩具（魔板）和走迷津	□	□	□
20．喜欢通过眼睛看而学习	□	□	□
21．了解新闻喜欢听收音机而不愿看报	□	□	□
22．通过阅读参考资料来获取感兴趣的有关信息	□	□	□
23．与他人接触如拥抱、握手感到很舒服	□	□	□
24．听口头说明比看书面说明容易	□	□	□

表 7-8 感知觉通道偏爱测定得分表

视觉		听觉		动觉	
题号	得分	题号	得分	题号	得分
2		1		4	
3		5		6	
7		8		9	
10		11		12	
14		13		15	
16		18		17	
20		21		19	
22		24		23	
总分		总分		总分	

7.8 所罗门学习风格测定

❖ **研创活动**

测定自己的所罗门学习风格，制定适合自己的学习策略。

所罗门学习风格量表

1．为了较好地理解某些事物，我首先

（a）试试看　　（b）深思熟虑

2．我办事喜欢

（a）讲究实际　　（b）标新立异

3．当我回想以前做过的事，我的脑海中大多会出现

（a）一幅画面　　（b）一些话语

4．我往往会

（a）明了事物的细节但不明其总体结构

（b）明了事物的总体结构但不明其细节

5．在学习某些东西时，我不禁会

（a）谈论它　　（b）思考它

6．如果我是一名教师，我比较喜欢教

（a）关于事实和实际情况的课程　　（b）关于思想和理论方面的课程

7．我比较偏爱的获取新信息的媒体是

（a）图画、图解、图形及图像　　（b）书面指导和言语信息

8．一旦我了解了

（a）事物的所有部分，我就能把握其整体

（b）事物的整体，我就知道其构成部分

9. 在学习小组中遇到难题时，我通常会
(a) 挺身而出，畅所欲言　(b) 往后退让，倾听意见
10. 我发现比较容易学习的是
(a) 事实性内容　(b) 概念性内容
11. 在阅读一本带有许多插图的书时，我一般会
(a) 仔细观察插图　(b) 集中注意文字
12. 当我解决数学题时，我常常
(a) 思考如何一步一步求解　(b) 先看解答，然后设法得出解题步骤
13. 在我修课的班级中，
(a) 我通常结识许多同学　(b) 我认识的同学寥寥无几
14. 在阅读非小说类作品时，我偏爱
(a) 那些能告诉我新事实和教我怎么做的东西
(b) 那些能启发我思考的东西
15. 我喜欢的教师是
(a) 在黑板上画许多图解的人　(b) 花许多时间讲解的人
16. 当我在分析故事或小说时，
(a) 我想到各种情节并试图把他们结合起来去构想主题
(b) 当我读完时只知道主题是什么，然后我得回头去寻找有关情节
17. 当我做家庭作业时，我比较喜欢
(a) 一开始就立即做解答　(b) 首先设法理解题意
18. 我比较喜欢
(a) 确定性的想法　(b) 推论性的想法
19. 我记得最牢的是
(a) 看到的东西　(b) 听到的东西
20. 我特别喜欢教师
(a) 向我条理分明地呈示材料
(b) 先给我一个概貌，再将材料与其他论题相联系
21. 我喜欢
(a) 在小组中学习　(b) 独自学习
22. 我更喜欢被认为是
(a) 对工作细节很仔细　(b) 对工作很有创造力
23. 当要我到一个新的地方去时，我喜欢
(a) 要一幅地图　(b) 要书面指南
24. 我学习时
(a) 总是按部就班，我相信只要努力，终有所得
(b) 我有时完全糊涂，然后恍然大悟
25. 我办事时喜欢
(a) 试试看　(b) 想好再做

26. 当我阅读趣闻时，我喜欢作者
（a）以开门见山的方式叙述　（b）以新颖有趣的方式叙述
27. 当我在上课时看到一幅图，我通常会清晰地记着
（a）那幅图　（b）教师对那幅图的解说
28. 当我思考一大段信息资料时，我通常
（a）注意细节而忽视概貌　（b）先了解概貌而后深入细节
29. 我最容易记住
（a）我做过的事　（b）我想过的许多事
30. 当我执行一项任务时，我喜欢
（a）掌握一种方法　（b）想出多种方法
31. 当有人向我展示资料时，我喜欢
（a）图表　（b）概括其结果的文字
32. 当我写文章时，我通常
（a）先思考和着手写文章的开头，然后循序渐进
（b）先思考和写作文章的不同部分，然后加以整理
33. 当我必须参加小组合作课题时，我要
（a）大家首先“集思广益”，人人贡献主意
（b）各人分头思考，然后集中起来比较各种想法
34. 当我要赞扬他人时，我说他是
（a）很敏感的　（b）想象力丰富的
35. 当我在聚会时与人见过面，我通常会记得
（a）他们的模样　（b）他们的自我介绍
36. 当我学习新的科目时,我喜欢
（a）全力以赴，尽量学得多、学得好
（b）试图建立该科目与其他有关科目的联系
37. 我通常被他人认为是
（a）外向的　（b）保守的
38. 我喜欢的课程内容主要是
（a）具体材料（事实、数据）　（b）抽象材料（概念、理论）
39. 在娱乐方面，我喜欢
（a）看电视　（b）看书
40. 有些教师讲课时先给出一个提纲，这种提纲对我
（a）有所帮助　（b）很有帮助
41. 我认为只给合作的群体打一个分数的想法
（a）吸引我　（b）不吸引我
42. 当我长时间地从事计算工作时
（a）我喜欢重复我的步骤并仔细地检查我的工作
（b）我认为检查工作非常无聊，我是在逼迫自己这么干

43．我能画下我去过的地方

（a）很容易且相当精确　　　　　（b）很困难且没有许多细节

44．当在小组中解决问题时，我更可能是

（a）思考解决问题的步骤

（b）思考可能的结果及其在更广泛的领域内的应用

所罗门学习风格分析表

1．在表 7-9 适当的地方填上“1”（如果你第 3 题的答案为 a，在第 3 题的 a 栏填上“1”；如果你第 15 题的答案为 b，在第 15 题的 b 栏填上“1”）。

2．计算每一列总数并填在总计栏地方。

3．这 4 个量表中每一个，用较大的总数减去较小的总数，记下差值（1 到 11）和字母（a 或 b）。例如，在“活跃型/沉思型”中，你有 4 个“a”和 7 个“b”，你就在那一栏的最后一行写上“3b”（3 = 7−4，并且因为 b 在两者中最大）；又如，若你在“感悟型/直觉型”中，你有 8 个“a”和 3 个“b”，则在最后一栏记上“5a”。

表 7-9　所罗门学习风格分析表

活跃型/沉思型			感悟型/直觉型			视觉型/言语型			序列型/综合型		
问题	a	b	问题	a	b	问题	a	b	问题	a	b
1			2			3			4		
5			6			7			8		
9			10			11			12		
13			14			15			16		
17			18			19			20		
21			22			23			24		
25			26			27			28		
29			30			31			32		
33			34			35			36		
37			38			39			40		
41			42			43			44		
总计			总计			总计			总计		
（较大数-较小数）+较大数的字母											

解释：每一种量表的取值可能为 11a、9a、7a、5a、3a、a、11b、9b、7b、5b、3b、b 中的一种。其中字母代表学习风格的类型不同，数字代表程度的差异。若得到字母“a”，表示属于前者学习风格，且“a”前的系数越大，表明程度越强烈；若得到字母“b”，表示属于后者学习风格，且“b”前的系数越大，同样表明程度越强烈。例如，在活跃型/沉思型量表中得到“9a”，表明测试者属于活跃型的学习风格，且程度很强烈；如果得到“5b”，则表明测试者属于沉思型的学习风格，且程度一般。在视觉型/言语型量表中得到“a”，表明测试者属于视觉型的学习风格，且程度非常弱；如果得到“3b”，则表明测试者属于言语型的学习风格，且程度较弱。

拓展资料

1．闫祥林，李阿特，邢鹏，等．高校在校生厌学现象相关因素实证研究——基于南京市 9 所高校 1032 份问卷的调查[J]．南京农业大学学报(社会科学版)，2013(5)：104-110．

2．施良方．学习论[M]．北京：人民教育出版社，2000．

3．皮连生．教育心理学[M]．上海：上海教育出版社，2011．

4．田晋红，田晋川．学习的分类[J]．西南农业大学学报(社会科学版)，2003(4)：102-104．

5．马利军，黎建斌．大学生核心自我评价、学业倦怠对厌学现象的影响[J]．心理发展与教育，2009(3)：101-106．

6．傅安球，聂晶，李艳平，等．中学生厌学心理及其干预与学习效率的相关研究[J]．心理科学，2002(1)：22-23．

7．学习时间的偏爱[DB/OL]. http://www.sina.com.cn[2005-09-07].

第 8 章　学习效率与学习评价

● **学习目标**

1. 理解学习效率的内涵。
2. 学会分析影响学习效率的因素。
3. 掌握提高学习效率的途径。
4. 掌握学习金字塔。
5. 掌握学习评价的目的和内涵。
6. 了解学习评价的原则。
7. 了解学习评价的功能与类型。
8. 掌握学习评价技术。
9. 养成高效学习的习惯。

● **知识点**

学习效率、学习对象、学习动机、学习态度、学习方法、学习环境、学习压力、人体生物钟、提高学习效率的途径、学习评价的目的和内涵、学习评价的原则、学习评价的功能与类型、学习评价技术、综合素质评价。

● **技能点**

分析学习效率的影响因素，掌握提高学习效率的途径，熟练运用学习评价技术。

● **思考题**

1. 如何理解学习效率?
2. 很多学习者学习效率不高的原因何在?
3. 影响学习效率的因素有哪些?
4. 如何依据人体生物钟科学地安排学习任务?
5. 提高学习效率的途径有哪些?
6. 阐述学习金字塔，它对学习有哪些启发?
7. 学习评价的目的和内涵是什么?
8. 阐述学习评价的原则。
9. 阐述学习评价的功能与类型。
10. 列举常见的学习评价技术，选择一种学习评价技术，介绍该评价技术的使用方法。
11. 反思自己的学习效率，如何提高自己的学习效率?
12. 如何养成高效学习的习惯?

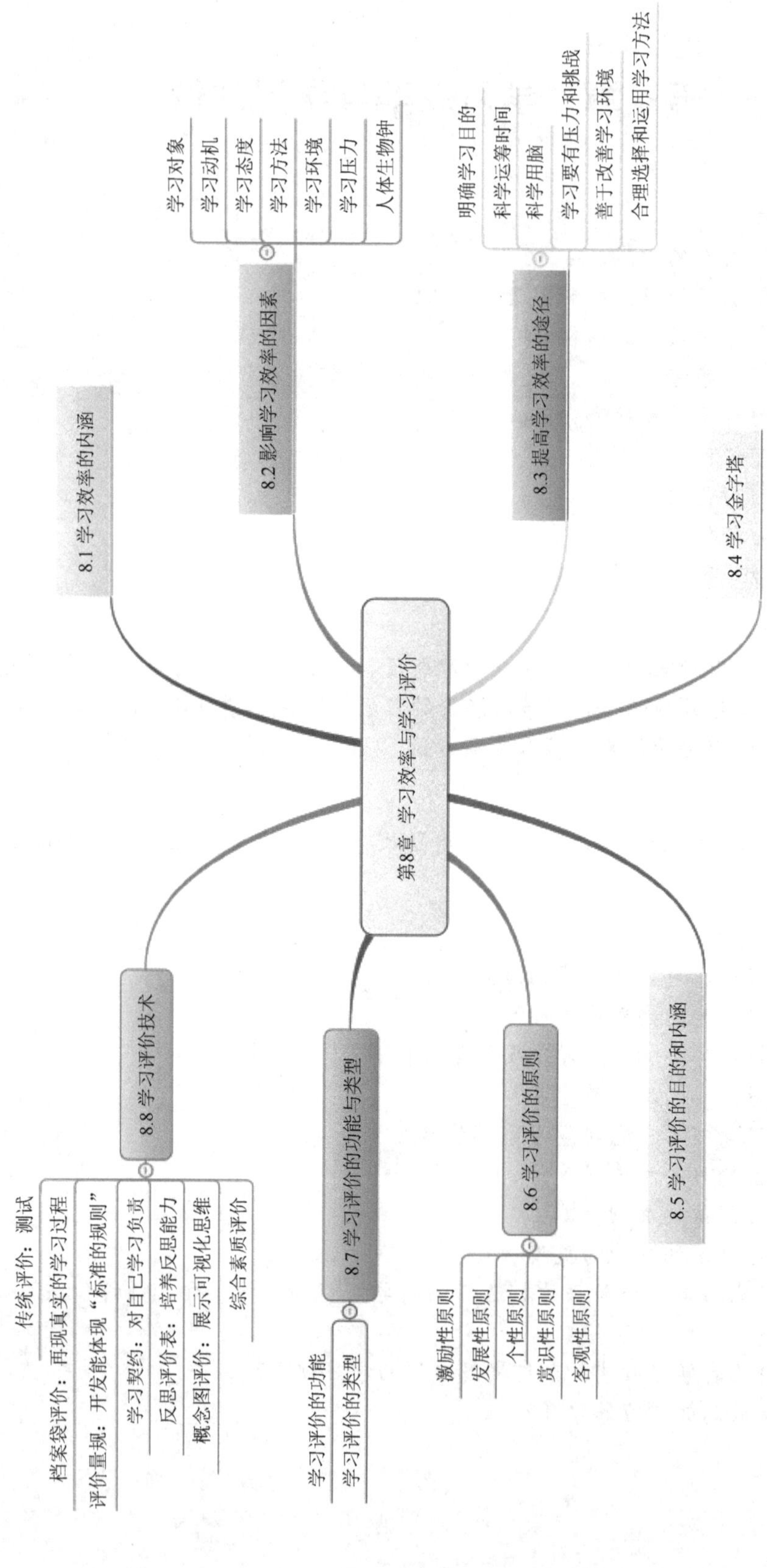

“学习效率与学习评价”知识导学图

8.1　学习效率的内涵

❖ **研创活动**

如何理解学习效率？

培育能力的事必须继续不断地去做，又必须随时改善学习方法，提高学习效率，才会成功。

——叶圣陶

成功的学习必定是高效的学习，低效率的学习等于浪费生命。

——海伦·凯勒

学习外语并不难，学习外语就像交朋友一样，朋友是越交越熟的，天天见面，朋友之间就亲密无间了。

——高士其

只要心还在跳，就要努力学习。

——张海迪

在知识爆炸的时代，知识的更新越来越快，所以学会高效率地学习是智慧时代每个学习者必须掌握的一项技能。学习效率是学习快慢的表现形式，学习兴趣、学习能力和学习效率三者是和谐统一的辩证关系。学习效率就是学习所消耗的时间、精力与获得学习成果的数量和质量之比。

用公式表示就是

$$\text{学习效率}=\frac{\text{学习产生（学习数量和质量）}}{\text{学习投入（时间和精力）}}$$

学习效率的高低，是一个学生综合学习能力的体现。在学生时代，学习效率的高低主要对学习成绩产生影响。当一个人进入社会之后，还要在工作中不断学习新的知识和技能，这时候，一个人学习效率的高低则会影响他（或她）的工作成绩，继而影响他（或她）的事业和前途。

8.2　影响学习效率的因素

❖ **研创活动**

（1）很多学习者学习效率不高的原因何在？

（2）影响学习效率的因素有哪些？

（3）如何依据人体生物钟科学地安排学习任务？

影响学习效率因素主要包括：学习对象、学习动机、学习态度、学习方法、学习环境、学习压力、人体生物钟等。

1. 学习对象

维果茨基把教学与发展内在结构结合起来，提出了著名的“最近发展区”理论。最近发展区理论认为学生的发展有两种水平：一种是学生的现有水平，指独立活动时所能达到的解决问题的水平；另一种是学生可能的发展水平，也就是通过教学所获得的潜力。两者之间的差异就是最近发展区。教学应着眼于学生的最近发展区，为学生提供带有难度的内容，调动学生的积极性，发挥其潜能，超越其最近发展区而达到下一发展阶段的水平，然后在此基础上进行下一个发展区的发展。

学习对象太难会使大脑受到抑制，进入疲劳状态，并使学习者丧失学习的信心。学习对象过于简单，学习者虽然学得很轻松，但没有挑战，也没有收获和发展。学习对象的难易程度必须与学生的水平相适应。学习对象的难易程度，主要是学习内容的深浅、学习材料的抽象程度和结构化程度。选择与“最近发展区”相适应的学习内容和方法，才能使学习者面临最大的挑战，并最大限度地调动和激发学习者的潜能。

2. 学习动机

学习动机是学习主体对学习目标的预期，对学习目标积极主动地界定和要求，这种对自身的预期和要求才是学习动力的源头活水。学习动机中具有学习主体的自我意识，而一旦激发起自我的学习意识，学习的主动性、能动性和积极性就会表现出来，学习效率就会提高。所以学习动机对学习效率有很大的影响。

学习的积极性和主动性对学习效率有很大的影响。实验证明学习动机与学习效率的关系呈倒“U”形曲线，见图 8-1。在一定范围内，随着学习动机的增强，学习效率提高，当学习动机达到中等程度时，学习效率最高。但当学习动机过强时，学习效率反而降低，这就是“求成心切，反受其害”的含义。

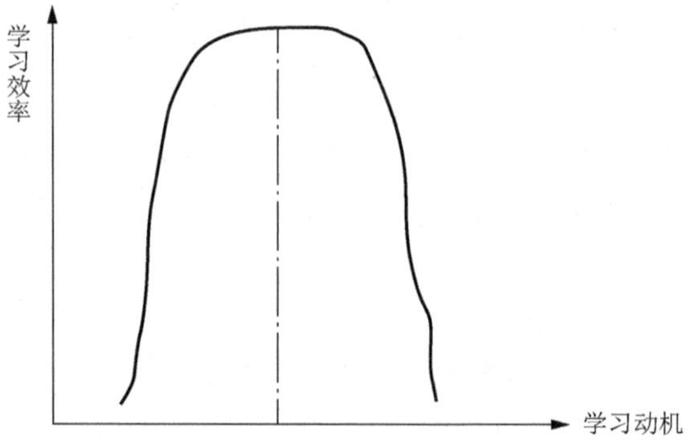

图 8-1　学习动机与学习效率的关系

3. 学习态度

学习态度是指学习者对学习较为持久的肯定或否定的行为倾向或内部反应的准备状态。从行为特征来看，学习态度往往表现为向往学习与逃避学习，喜欢学习与厌恶学习，积极学习与涣散学习等。学习态度就是习得的、影响个人对学习作出行为选择的有组织的内部准备状态或反应的倾向性。

学习态度通常可以从学生对待学习的注意状况、情绪状况和意志状态等方面加以判定和说明。学生的学习态度，具体又可包括对待课程学习的态度、对待学习材料的态度以及对待教师、学校的态度等。认识成分是指学生对学习活动或所学课程的一种带有评价意义的认识和理解，它反映着学生对学习的价值的认识，它是学习态度的基础。情感成分是指学生伴随认识而产生的情绪或情感体验，如对学习的喜欢或厌恶等，由于情感本身就反映出学生的学习态度，因此，情感成分是态度的核心。行为意向成分是指学生对学习的反应倾向，即行为的准备状态，准备对学习作出某种反应。一般说来，学习态度的上述三种成分是相互协调一致的。

4. 学习方法

学习方法是通过学习实践总结出的快速掌握知识的方法。因其与学习掌握知识的效率有关，越来越受到人们的重视。学习方法，并没有统一的规定，因个人条件不同、时代不同、环境不同，选取的方法也不同。其中，有人专门总结的特殊定向的学习训练方法，如背诵、默写、速记、笔记等，可对其他学习者产生启发效果和借鉴作用。运用合适的学习方法，能够提高学习效率，否则降低学习效率。

5. 学习环境

学习环境，是指支持学习者学习的外部条件和内部条件。学习环境是影响学习者学习的外部环境，是促进学习者主动建构知识意义和促进能力生成的外部条件。学习环境分为学校学习环境、家庭学习环境和社会学习环境。学校学习环境是指学校的校舍、师资、教学条件、教学手段、校风、学风等，这些都是影响学生学习的因素；家庭学习环境是指家庭为学生学习而提供的物质条件，如安静舒适的房间、和睦的家庭关系、能够辅导学生学习的家庭成员；社会学习环境是指影响学生树立正确的人生观、世界观和学习目的的社会氛围。

学习环境包括：物理学习环境、资源学习环境、技术学习环境、情感学习环境。学习环境的便捷性、舒适性和智慧性等都会影响学习效率。为更好地利用学习环境提高学习效率，需要营造积极向上的环境氛围，创设交流合作的学习环境。

6. 学习压力

学习压力是指人在学习活动中所承受的精神负担。主要表现在以下几个方面。学习压力是指学生在就学过程中所承受的来自环境的各种紧张刺激，以及学生在生理、心理和社会行为上可测定、可评估的异常反应。

学习压力来源主要包括：第一，来自学校方面的压力，包括校方管理层、任课教师和班主任带来的压力及同学间的竞争压力；第二，来自社会方面的压力，包括高考、教育体制、社会舆论带来的压力；第三，来自家长方面的压力，包括父母、亲戚、朋友的无形压力。

学习压力对学习效率具有双重影响，见图 8-2。如果没有压力，将会失去学习的动力，使学习停滞不前；如果压力过度，将会增加焦虑，降低学习效率。没有压力或过度压力都对学习效率具有消极影响。适度的压力能够激发学习者的干劲和潜能，使学习表现更积极，对学习效率具有积极影响，能够提高学习效率。

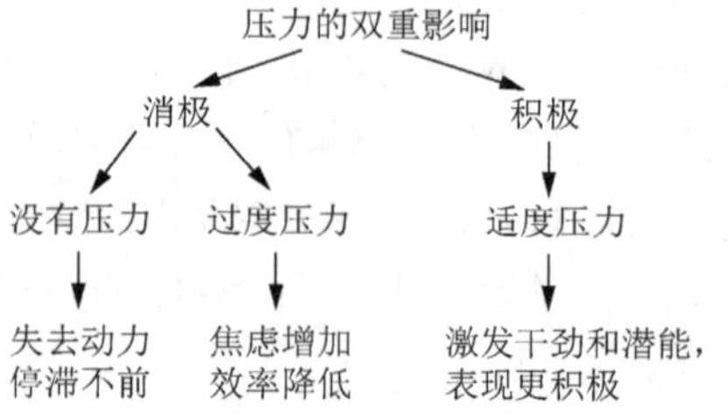

图 8-2　学习压力对学习效率的双重影响

7. 人体生物钟

人体生物钟，简称“生物钟”。它是生物体内的一种无形的“时钟”，实际上是生物体生命活动的内在节律性，它是由生物体内的时间结构序所决定的。通过研究生物钟，目前已产生了时辰生物学、时辰药理学和时辰治疗学等新学科。可见，研究生物钟，在医学上有着重要的意义，并对生物学的基础理论研究起着促进作用。掌握自己的“生物钟”，在自己的最佳状态时学习效率最高。

人体生物节律

20 世纪初，一位德国内科医生威尔赫姆·弗里斯和一位奥地利心理学家赫尔曼·斯瓦波达，通过长期的临床观察，发现在患者的病症、情感以及行为的起伏中，存在着一个以 23 天为周期的体力盛衰以及以 28 天为周期的情绪波动。大约过了 20 年，奥地利因斯布鲁大学的阿尔弗累特·泰尔其尔教，在研究了数百名高中和大学学生的考试成绩后，发现人的智力以 33 天为波动周期。从此体力、情绪与智力盛衰起伏的周期性节奏，便开始被揭示出来。体力、情绪和智力的变化，组成了一首协调、优美而又神秘的三重奏。科学家将这三重奏的“曲子”谱写在同一个坐标谱系内，绘制出了一幅优美的三条波浪形的曲线图，见图 8-3。

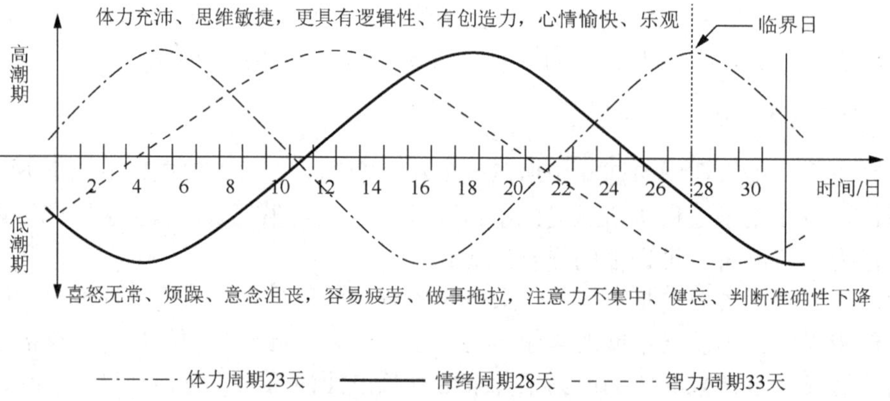

图 8-3　人体生物周期

人体生物节律周期表，见表 8-1。曲线处于中线以上的日子，称为生物节奏的“高潮期”。体力周期曲线处在“高潮期”，就会感到体力充沛，生机勃勃；情绪周期曲线处在“高潮期”，就会表现出强烈的创造力，丰富的艺术感染力，心情愉快、达观；当智力周期曲线处在“高潮期”，那时人的头脑灵敏、思维敏捷、记忆力强，更具有逻辑性和解决复杂问题的能力。相反，处于中线以下的那段日子，称为生物节奏的“低潮期”。在这些日子里，体力容易疲劳，做事拖拉、畏却；在情绪方面往往表现为喜怒无常、烦躁、意志沮丧；在智力方面则出现注意力不易集中、健忘、判断率降低等。在跨越中线的那段日子，称为“临界期”，这是一个极不稳定的时期，身体正处于频繁的变化之中，或者说是处在过渡状态。在这段临界期中，极易出现差错，粗枝大叶，容易感染疾病，机体各方面的协调性能较差，容易发生事故等。

表 8-1 人体生物节律周期表

	生物节律高潮期	生物节律临界日	生物节律低潮期
体力节律	体力充沛，身体灵活，动作敏捷，耐力和爆发力强，充满活力，能担负较大负荷的体力劳动，劳累后恢复得快；此时身体抗病能力强，不易感染疾病，治疗疾病效果明显	抵抗力低，免疫功能差，身体软弱无力，极易疲劳。易受外来各种不良因素的侵袭。有时表现的动作失常。运动员进行大运动量训练易受伤。慢性病极易复发或病情加重，是危重患者或老人的危险点	身体乏力、懒散，耐力和爆发力较差，劳动时常感到力不从心，易疲劳。比较容易感染疾病。低潮期治病的效果一般不明显
情绪节律	心情愉快，舒畅乐观，精力充沛，意志坚强，办事有信心，创造力、艺术感染力强。是创作的最好时期。思路灵活、敏捷，是解决矛盾，处理疑难问题的好时候。对待问题的态度积极且富建设性。能与人融洽相处。经商贸易一般不易出错，效率也高	情绪不稳定，烦躁易怒，心绪不宁，精力特别不易集中。精神恍惚，工作易出差错，最易出交通、航空飞行和工伤事故。自制能力差，缺乏理智、容易冲动。一点小事都可能激怒人，人一旦被激怒常做出过火行为	情绪低落，精神不振，意志比较消沉。做事缺乏勇气，信心不足，注意力易分散，常感到烦躁不安或心绪不宁，此时也容易出现工作差错和事故
智力节律	头脑灵活，思维敏捷，思路清晰，记忆力强，精力和注意力集中。善于综合分析，判断准确，逻辑思维性强，工作效率和工作质量高。是学习、创造、写文章、决策、计算的最佳时机	判断力差、健忘、注意力涣散，严重者头脑发晕发胀，丢三落四，工作中极易出差错和失误。此时不宜做计算、交易，最好也不要强迫自己写文章	思维显得迟钝，记忆力较弱。理解和构思联想比较缓慢，逻辑思维能力较弱，注意力不易集中，判断力往往降低，缺乏直觉，工作详细，但是效率不高

人体生物节律或人体生物钟是人体自身的一种生命规律，存在于每一个人。但由于人的身体素质、年龄大小、文化知识、修养及接受的教育不同，以及一些内外因素的影响，在每个人身上的表现也有差别，有的人表现明显，有的人可能不明显。一般来说，知识面广、修养高的人，可自觉不自觉地进行心理调整，所以其情绪节律的影响就显得轻。环境、条件、所接触的人等外部因素的影响和刺激也很重要，它们往往是行为的助燃剂。如果在临界日遇到外部因素的刺激，内因外因加起来，就很容易出事。外界刺激可加剧一个情绪处于临界点或低潮的人的情绪不稳，使暴躁的人更暴躁。反之，如果处于良好环境中，或者有良好的思想诱导，情绪处于临界日很可能会引发非凡举动，成就英雄。

人体随时间节律有时、日、周、月、年等不同的周期性节律。例如，人体的体温在 24 小时内并不完全一样，早上 4 时最低，18 时最高，但相差在 1℃以内。人体的正常的生理节律发生改变，往往是疾病的先兆或危险信号，矫正节律可以防治某些疾病。智力生物节律，就是人一天中有时记忆力好，有时则差，有一定的规律，如有的人早上 5～9 时记忆力好，而另一些人则是晚上记忆力好等。许多学者研究指出，按照人的心理、智力和体力活动的生物节律，来安排一天、一周、一月、一年的作息制度，能提高工作效率和学习成绩、减轻疲劳、预防疾病、防止意外事故的发生。反之假如突然不按体内生物钟的节律安排作息，人就会在身体上感到疲劳、在精神上感到不舒适等。

人体一天中的各种生理波动如下。

1 点钟：处于深夜，大多数人已经睡了 3～5 小时，由入睡期-浅睡期-中等程度睡眠期-深睡期，此时进入有梦睡眠期。此时易醒/有梦，对痛特别敏感，有些疾病此时易加剧。

2 点钟：肝脏仍继续工作，利用这段人体安静的时间，加紧产生人体所需要的各种物质，并把一些有害物质清除体外。此时人体大部分器官工作节律均放慢或停止，处于休整状态。

3 点钟：全身休息，肌肉完全放松，此时血压低，脉搏和呼吸次数少。

4 点钟：血压更低，脑部的供血量最少，肌肉处于最微弱的循环状态，呼吸仍然很弱，此时人容易死亡。此时全身器官节律仍放慢，但听力很敏锐易被微小的动静惊醒。

5 点钟：肾脏分泌少，人体已经历了 3～4 个“睡眠周期”（无梦睡眠与有梦睡眠构成睡眠周期），此时觉醒起床，很快就能进入精神饱满状态。

6 点钟：血压升高，心跳加快，体温上升，肾上腺皮质激素分泌开始增加，此时机体已经苏醒，想睡也睡不安稳了，此时为第一次最佳记忆时期。

7 点钟：肾上腺皮质激素的分泌进入高潮，体温上升，血液加速流动，免疫功能加强。

8 点钟：机体休息完毕而进入兴奋状态，肝脏已将身体内的毒素全部排尽。大脑记忆力强，为第二次最佳记忆时期。

9 点钟：神经兴奋性提高，记忆仍保持最佳状态，疾病感染率降低，对痛觉最不敏感。此时心脏全力开展工作，精力旺盛。

10 点钟：积极性上升，热情将持续到午餐，人体处于第一次最佳状态，苦痛易消。此时为内向性格者创造力最旺盛时刻，任何工作都能胜任，此时虚度光阴实在可惜。

11 点钟：心脏照样有节奏地继续工作，并与心理处于积极状态保持一致，人体不易感到疲劳，几乎感觉不到大的工作压力。

12 点钟：人体的全部精力都已调动起来。全身总动员，需进餐。此时对酒精仍敏感。午餐时一桌酒席后，下午的工作会受到重大影响。

13 点钟：午餐后，精神困倦，白天第一阶段的兴奋期已过，此时感到有些疲劳，宜适当休息，最好午睡半到 1 小时。

14 点钟：精力消退，此时是 24 小时周期中的第二个低潮阶段，此时反应迟缓。

15 点钟：身体重新改善，感觉器官此时尤其敏感，人体重新走入正轨。工作能力逐渐恢复，是外向型性格者分析和创造最旺盛的时刻，可持续数小时。

16 点钟：血液中糖分增加，但很快又会下降，医生把这一过程称为“饭后糖尿病”。

17 点钟：工作效果更高，嗅觉、味觉处于最敏感时期，听觉处于一天中的第二高潮。此时开始锻炼比早晨效果好。

18 点钟：体力活动的体力和耐力达一天中最高峰，想多运动的愿望上升。此时痛感重新下降，运动员此时应更加努力训练，可取得好的运动和训练成绩。

19 点钟：血压上升，心理稳定性降到最低点，精神最不稳定，容易激动，小事可引起口角。

20 点钟：当天的食物、水分都已充分贮备，体重最重。反应异常迅速、敏捷。驾驶员处于最佳状态，不易出事故。

21 点钟：记忆力特别好，直到临睡前为一天中最佳的记忆时间（第四次，也是最高效时）。

22 点钟：体温开始下降，睡意降临，免疫功能增强，血液内的白细胞增多。呼吸减慢，脉搏和心跳降低，激素分泌水平下降。体内大部分功能趋于低潮。

23 点钟：人体准备休息，细胞修复工作开始。

24 点钟：身体开始其最繁重的工作，要换已死亡的细胞，建立新的细胞，为下一天做好准备。

8.3　提高学习效率的途径

❖ 研创活动

（1）提高学习效率的途径有哪些？

（2）反思自己的学习效率，如何提高自己的学习效率？

（3）如何养成高效学习的习惯？

1．明确学习目的

学习的目的是为了掌握知识，为自己的将来打好基础，做好铺垫。学习仅是一个过程。正如人们常说的“学以致用”，学习就是为了将来的发展。因此头脑清醒的人，学习会有的放矢，目标非常明确。而头脑糊涂的人，学习则无的放矢，忙于应付，非常被动。在生活中，我们无时无刻不在接触新事物，只要抓住了机会，调整好心态，在哪里都可以学习到有价值的东西，这就需要明确自己的学习目的。学习是为了什么，怎样才能学以致用，是每个人都需要思考的问题。

树立清晰的人生目标，有利于明确学习目的，激发学习动力和学习毅力，提升学习效率。哈佛大学曾对一群智力、学历、环境等客观条件都差不多的年轻人做过一个长达 25 年的追踪调查。25 年后，这些调查对象的生活状况如下：3%有清晰且长远目标的人，25 年来几乎都不曾更改过自己的人生目标，几乎都成了社会各界顶尖的成功人士；10%有清晰短期目标的人，大都生活在社会的中上层；60%目标模糊的人，几乎都生存在社会的中下层，都没有什么特别的成绩；余下 27%没有目标的人，仍在社会的最底层。

2．科学运筹时间

对学习进行整理规划与安排，“凡事预则立，不预则废。”要学会依据学习目标制订学习计划，日计划、周计划、月计划、学期计划，并善于总结，做到“一日三省吾身”。

常用的时间运筹方法有：时间常规运筹法、目标运筹法、集中高效运筹法、重点运筹法、交叉更替运筹法、复线运筹法、封闭运筹法、分散运筹法、休息时间运筹法等。

（1）时间常规运筹法。教师指导下的学习，是有常规可循的，大至教学计划、课程设置、课表安排、课内学习、课外学习与自由活动的安排、阶段复习与考试安排；小至每天上什么课、作业多少、听课、自习、自由活动等，总是带有规律性的。抓住这些规律，科学运筹时间，即可做到不慌不乱，井井有条，既能保持学习的稳定性，又能养成良好习惯，保证学习成绩逐步提高。

（2）目标运筹法。目标运筹就是把时间运筹同学习目标联系起来，根据学习目标，计划安排学习时间。也就是确定学习目标，对时间进行目标管理。有了学习目标，才谈得上如何计划时间。没有学习目标，就失去时间运筹的目的性。什么时间干什么、出什么成果，要有目标，预定的任务一定要力争按时完成，这样心中就有紧迫感、责任感。要学会把主要精力和时间用来做主要的事，防止学习时浪费时间。

（3）集中高效运筹法。集中高效运筹时间的方法，主要是指在精力最充沛、最旺盛，智力活动最佳，注意力最集中的那段时间里，安排最重要的学习内容。因为，人的智力活动最佳期是各自不同的，有的人在早晨，有的人在下午，而有的人却在晚上。学习时，要把最重要、最关键的识记材料，安排在每天的最佳用脑时间里去进行，就能保证高速度、高效率、高质量的学习，获得清晰完整的记忆效果。所以，每个学习者一定要掌握自己学习的最佳时间规律，以便科学地运筹时间。

（4）重点运筹法。重点运筹就是把比较重要的，或者比较难的学习内容，安排在精力充沛的最长的那段时间里去完成。把比较容易、轻松，或自己比较感兴趣的学习内容，放在精力较差的那段时间去完成。人的精力已经消耗很多之后，从心理上会产生停止工作的念头，而有趣的学习内容又会激起你继续学习的热情。

（5）交叉更替运筹法。在一定时间内，为了保证科学用脑，缓解脑细胞，使其不长期处于兴奋状态，以免造成过度疲劳，就要采取交叉更替运筹时间的方法。当学习某一学科用脑时间过长，感到疲劳或效率减低时，就不要勉强再学，可变换一下学习内容，或进行一段有兴趣的其他活动，使大脑得到调节和休息，才能继续保持兴奋，以利于提高学习效率。

（6）复线运筹法。复线运筹就是在同一时间里，同时做两件或多件事情的安排时间的方法。人们常说，一心不能二用。这话不尽然，有时一心可以二用。现代脑科学研究发现人的不同行为是大脑不同区域支配的。复线运筹时间，必须首先做个有心人。时时想到时间可以复线运筹，一定可以找到避免“单打一”的方法，成为运筹时间的能手。要发挥时间的综合效应，干一件事而一举多得，这是提高时间利用率的好方法。碎片化时间加起来是生命中极为可观的一大部分。利用好碎片化时间，既节约了整块学习时间，又防止了集中记忆带来的大脑疲劳。

（7）封闭运筹法。为了避免外界的各种纷扰，避免打断思路，在集中精力完成某项学习任务时，可暂时采取将自己封闭起来，隔绝与外界交往的办法，进行高效率的集中学习，这就是封闭式运筹时间的方法。如期末考试、升学考试前，或者临时遇到特别繁重的学习任务，都可暂时与外界隔绝一定时间，把自己“封闭”起来，集中精力“打歼灭战”，突破某些学习内容，以获得更好的学习成果。但这种方法不易用得过多，不能只张不弛，如果违反劳逸结合的规律，甚至会造成不良后果。

（8）分散运筹法。分散运筹就是把某一科目需要学习的总时间，分成若干学习小段时间去进行。学习比较长的材料或难度较大的材料，分散运筹时间的学习效果比较好。这是因为分散运筹学习时间，可以避免因学习时间长而造成的兴趣降低和注意力减退；可以避免前后学习材料的互相干扰。

（9）休息时间运筹法。休息时间运筹法，就是安排和使用休息时间的方法。在考虑做功课的方法的同时，也要把休息的方法当成一个问题认真对待。对每一项任务和每一个人来说，都客观存在着一种最合适的工作时间和休息时间。在学习的进程中，休息时间是极其宝贵的。尽管进行脑力劳动时，工作的速度和准确度实际上几乎并不降低，但如果中间一点儿休息时间也没有，那么连续工作两小时后，往往就会出现厌烦、注意力分散和对任务不满的情况。

3. 科学用脑

大脑有很大的潜能有待开发，只要善于开发，科学利用，大脑的资源用之不竭。学习需要劳逸结合，注意学习的节奏。大脑需要充足的氧气，大脑需要运动，运动能够增加大脑氧气供应，提高思考效率。越运动，大脑越聪明。大脑需要充足的睡眠，睡眠可以帮助大脑恢复生命力。睡眠不足会影响注意力、记忆力、心情和思考判断能力。

大脑日理万机，工作繁重，全身器官就属它最辛苦，消耗最大。要使大脑精力旺盛，就得不断供给“食粮”满足工作需要。在大脑的“食谱”里，它最喜欢“吃”的是氧，就像鱼和水一样，每时每刻都离不开，正常人的大脑每分钟需要消耗氧气 250～400 毫升，一天需要 360～500 升氧气。虽然大脑消耗氧气量大，但库存量极少，体内氧气全部利用起来也只能供应脑组织 1～4 分钟使用。

4. 学习要有压力和挑战

为了获得更好的学习效果，学习需要有适当的压力和挑战。适当的压力和挑战能够促使学习者保证最佳的学习状态。在学习压力过大时，学习者需要自我调节学习压力；在缺乏学习压力时，学习者需要自我增加学习压力。学习没有挑战，会让学习者缺乏动力，学习者需要在教师指导下或自主选择具有一定挑战的学习任务。学习挑战过大，会让学习者感到沮丧，学习者需要借助先行组织者，为学习具有挑战的内容奠定基础。

5. 善于改善学习环境

学习环境对学习效率具有一定的影响，为促进更好地学习，学习者需要具备规划设计学习环境的能力，能够结合现实条件，改善学习环境，使学习环境舒适化、便捷化和智慧化。此外，还需营造良好的学习氛围，形成乐学、善思、勤奋、进取的学风。

6. 合理选择和运用学习方法

从古至今，人类探索了多种学习方法，每种学习方法都有自己的优缺点。学习者需要根据自己的特点和不同的学习内容，选择合适的学习方法。只有选择和运用合适的学习方法，才能达到事半功倍的学习效果。

8.4　学习金字塔

❖ 研创活动

阐述学习金字塔，它对学习有哪些启发？

1946 年，美国爱德加·戴尔提出学习金字塔，见图 8-4。学习金字塔用数字形式形象显示了：采用不同的学习方式，学习者在两周以后还能记住内容（学习内容平均留存率）的多少。

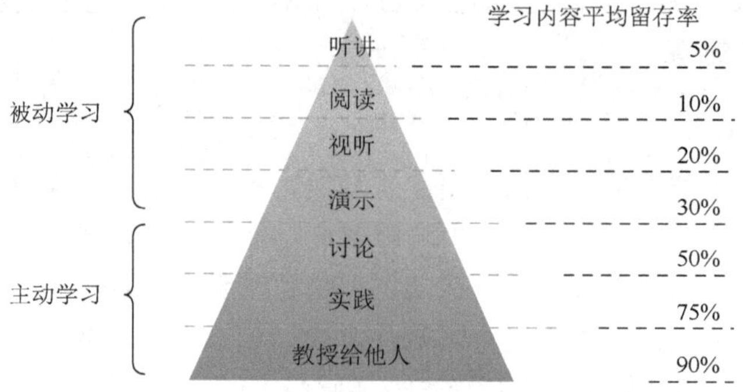

图 8-4　学习金字塔

第一种，在金字塔塔尖的学习方式是“听讲”，也就是老师在上面说，学生在下面听，这种最熟悉最常用的方式，学习效果却是最低的，两周以后学习的内容只能留下 5%。

第二种，通过“阅读”方式学到的内容，可以保留 10%。

第三种，用“声音、图片”的方式学习，可以达到 20%。

第四种，是“示范”，采用这种学习方式，可以记住 30%。

第五种，“小组讨论”，可以记住 50%的内容。

第六种，“做中学”或“实际演练”，可以达到 75%。

第七种，在金字塔基座位置的学习方式，是“教别人”或者“马上应用”，可以记住 90%的学习内容。

爱德加·戴尔提出，学习效果在 30%以下的几种传统方式，都是个人学习或被动学习；而学习效果在 50%以上的，都是团队学习、主动学习和参与式学习。学习方法不同，学习效果大不一样，因此，教师要学会调整甚至改变教学方式，学生要努力转变学习方法，要由被动听转到主动学，要综合使用耳、眼、脑、口、手多种器官。

8.5　学习评价的目的和内涵

❖ 研创活动

学习评价的目的和内涵是什么？

评价最重要的意图不是为了证明，而是为了改进。

——美国教育评价专家斯塔弗尔比姆

评价泛指衡量人物或事物的价值。评价是学习的重要组成部分，评价是学习的内容，评价能力是学习能力的关键环节。只有科学地认识自我、正确地设计自我、严格地管理自我、客观地评价自我，才能不断促进自身的学习与发展。学习评价是对学习者学习效果进行的价值判断，平时的考试是学习测量而不是学习评价。对考试结果分析，来衡量学习者的水平和能力才是学习评价。

对学生的学习进行正确的评价应包括三个方面的基本含义：一是评价要准确地反映学生的学习状况；二是评价要从多个方面反映学生的学习状况；三是评价要有激励性，要能够促进学生在学习上作出进一步的努力。正确的学习评价具有以下心理教育功能。

（1）可以有效地激发学生学习的内部动机。正确的学习评价能够使学生体会到学习的欢乐，增强学生的学习兴趣，这种学习的欢乐和对学习的兴趣，又可迁移为对生活的热爱和更为进取的人生态度。这就有利于学生的心理健康和个性发展。

（2）正确积极的学习评价能够给学生带来成功感，从而增强学生对自己学习能力的自信心，还能使学生对学习产生更多的胜任感和自我价值感。这种情感正是学生在学习上取得成功的重要心理因素。

（3）正确的学习评价不仅使学生认识到自己学习中的不足，更重要的是使学生看到自己学习的长处和潜力，让学生学会多角度地、积极地评价自己，使他们在个性上变得成熟起来。

8.6　学习评价的原则

❖ **研创活动**

阐述学习评价的原则。

在学生学习的过程中，教师对学生的学习行为给予评价与激励，可以激发学生的学习兴趣，使学生产生主动学习的内驱力，强化主动学习的意识。在学习评价方面，要注意运用以下原则。

1. 激励性原则

古人云：水不激不跃，人不激不愤。学习评价要树立正确的评价观，应多给予鼓励，以增强不同类型学生的学习信心，诱发内在的智力潜能，切实让学生在学习中体验成功的快乐，激励他们努力学习。特别是对学习比较滞后，作业效果不佳的学生，更要以激励为主，改变评价方式，帮助学生对作业充满信心，让评价成为师生间情感交流的载体。

2. 发展性原则

新课程最核心的理念是以人为本，这就要求我们要关注不同层次学生的发展，关注学生的成长。在教学的过程中，教师要为学生确定个体化的可实现的发展目标，并根据学生的具体情况，为其设计具体可行的改进建设，以促进学生的发展。

3．个性原则

俗话说，人上一百，形形色色。每个学生的个性是不相同的。教师在评价时不能千篇一律，而应体现学生的个性特点。

4．赏识性原则

在教学过程中，赏识带给学生的是一种快乐的动力，一种向上的自信。其奥妙就在于让学生看到自己的能力。作为教师，要学会赞美，学会赏识。

5．客观性原则

无论是表扬学生的长处，还是指出学生的不足，都应一切从实际出发，以事实为根据，不隐恶，不溢美，做到客观公正。

8.7　学习评价的功能与类型

❖ **研创活动**

阐述学习评价的功能与类型。

1．学习评价的功能

评价是与每一个大学生都密切相关的问题，不少大学生戏称“考考考，老师的法宝，分分分，学生的命根”，但学习评价的功能绝不仅限于评定学生的等级。全面、科学地了解学习评价的功能，才能树立正确的评价观。学习评价具有多种功能，其中最主要的有以下四方面的功能。

（1）学习诊断功能。通过学习评价，可以了解学生学习已达到的水平和学习中存在的问题，例如，学生在学习上的难点是什么，有哪些缺漏。由此分析造成学习不利（或有利）的原因，确定进一步学习的对策和措施。

（2）反馈调节功能。学习评价所获得的结果可以提供学习过程的各种信息，这些信息的分析和及时反馈，可以对学习过程的各个环节（包括学习目标）进行有效的调节和控制，而且能让学生及时了解自身学习和发展存在的优势与不足，不断提高学习效率，使学习活动进入良性循环。学习评价的反馈调节功能一方面可以通过他人（教师、家长、同学）评价的方式反馈给学习者；另一方面还可以通过自我评价的方式使学习者不断获得自我意识，并通过自我调节不断实现自我超越。

（3）激励功能。科学、合理的学习评价可以激发学生学习的内在动力。通过评价，学生学习上付出的努力，以及获得的成绩与进步得到教师、家长的了解、肯定和赞扬，心理上获得满足；而且学习中存在的问题也能及时发现，并转化为继续努力的方向和动力，这有助于帮助学生认清自己的学习现状，看到学习的进展和成效，增强学习的自信心、主动性和积极性。

（4）学习导向功能。学习评价对现实的学习活动具有定向和引导功能。评价的标准、内容和方式在相当程度上左右着教师、学生努力的方向，如同“指挥棒”对学习工作起着重要的导向作用。

总之，学习是一种有目的、有计划的活动，只有使每一个学习者都了解和掌握科学的学习评价方法，才能保证复杂学习活动的每一步都向着既定的目标迈进，而不偏离航线。学习评价本身是一种学习活动，是整个学习过程不可分割的重要组成部分。学习评价有利于学生养成严谨、认真、负责的学习品质和个性特征，同时也可以促使学生进行自我反思，学会对事、对人做出客观、科学的价值判断，并学会自我评价。

2. 学习评价的类型

学习本身是极其复杂的活动，对学习的评价更是千差万别，因此，对学习评价的分类也多种多样。下面从评价的功能、参照标准、主体、方法等不同角度，对各种比较常用的学习评价进行分类介绍，见表 8-2。

表 8-2　学习评价的类型

分类依据	学习评价分类
学习过程的不同阶段	诊断性评价、形成性评价（过程评价）、总结性评价（事后评价）
评价的不同参照系	绝对评价、相对评价、个体内差异评价
评价的不同方式	定量评价、定性评价
评价的不同主体	他人评价、自我评价

1）诊断性评价、形成性评价和总结性评价

根据学习过程不同阶段对学习评价进行分类，可以分为诊断性评价、形成性评价和总结性评价。

（1）诊断性评价指的是在学生学习新的课程以前所进行的一种评价。它用于确定学生的入学准备程度，决定学生的适当安置，用于辨识造成学习困难的原因。

（2）形成性评价，也称为过程评价，是在学习的过程中进行的评价。形成性评价往往是在教学过程或教学设计过程中进行的，它倾向于完成还需要修改的评价功能，主要是关心和检查用于达到目标的方法与手段。例如，一个章节或一个单元后的小测验，它能及时了解阶段教学的效果和学生学习的进展情况、存在问题等，以便及时反馈，及时调整与改进教学工作，对提高教学质量有重要意义。

（3）总结性评价，在学习结束时进行的评价，又称事后评价，一般是在教学活动告一段落时为把握活动最终效果而进行的评价。如学期末或学年末各门学科的考核、考试。目的是验明学生的学业是否达到了各科教学目标的要求。总结性评价注重的是教与学的结果，借以对被评价者所取得的较大成果作出全面鉴定、区分等级和对整个教学方案的有效性作出评定。

成果评价或称产品评价是关心和检查计划实施后的结果或产品使用中的情况。如某教材的教学效果或某教学设计方案的实施效果。它倾向于完成总结性评价的功能。

2）绝对评价、相对评价和个体内差异评价

这是按照评价的不同参照系对学习评价的分类。

（1）绝对评价也称客观标准评价或目标参照评价，指以事先确定的目标为基准，通过检验评价对象达到目标的程度做出评估。

（2）相对评价又称相对参照评价或常模参照评价，指通过比较不同评价对象之间的差异所做的评价。

（3）个体内差异评价是根据评价对象现在和过去的情况或自身不同的侧面进行比较所做的判断。个体内差异评价可以充分照顾到个性差异，不会对评价对象造成压力。不足之处在于容易使评价对象坐井观天，自我满足；另外，由于没有客观评价标准，在实际应用方面存在一系列困难，常与相对评价结合使用。

3）定量评价与定性评价

这是按照评价的不同方式对学习评价的分类。

（1）定量评价指采用计算、测量、统计和量化分析的方法，即用一定的数学模型或统计方法搜集数据资料，进行量化比较和分析，据此做出评价的结论。

（2）定性评价指对不便量化的评价对象，采用定性的方法，做出价值判断。如用观察法、调查法、内省法、系统分析法等搜集、处理学习评价信息，做出判断，进行定性描述。

4）他人评价与自我评价

这是按照评价的不同主体对学习评价的分类。

（1）他人评价指除学习者之外的人对学习者所作的评价。他人评价客观性较强，更能反映学生学习的实际状况。

（2）学习的自我评价是指学习者依据一定的评价标准，对自己的学习做出分析和判断，并对自身的学习进行反馈和自我调节的活动。这里的评价标准主要指预先制定的学习目标和要求。学习的自我评价实质上是学习主体对自己学习观念与行为的反思和调控。

自我评价是学习者自我调节性的学习评价，能增强学习者的评价能力。其缺点是缺乏外界参照体系，不便进行横向比较，主观性大，容易出现评价偏高或偏低的趋向，甚至报喜不报忧的情况。自我评价的水平一方面与评价者掌握和运用自我评价的方法与技能有关，另一方面取决于评价者对自身的了解和自我意识的水平。

学习的自我评价对于学生认识自我、促进发展有重要意义。学习的自我评价是学生自主学习能力培养的关键环节。学生通过自我学习评价，可以增强学习意识、改进学习方法、改善学习态度、养成良好的学习习惯。

学生非常有必要提升自我的学习评价能力。学习者可以通过确定适合自己的学习目标、注重对学习过程总结、善于听取他人的评价意见、建立个人学习经历和成绩的学习档案、培养与发展元认知能力、善于学习反思等方面培养自我学习评价能力。

8.8　学习评价技术

❖ **研创活动**

（1）列举常见的学习评价技术，每种学习评价技术有什么优点和缺点？

（2）选择一种学习评价技术，介绍该评价技术的使用方法。

1. 传统评价：测试

传统的评价主要是测试，测试分为标准化测试和非标准化测试。标准化测试特指采用标有信度、效度、难度、区分度等各种测量学指标的客观性试题，建立了常模，在统一的环境和条件下施测，由专业机构或专业人士开发或参与、指导开发的测试。标准化测试主要包括四个环节：①试题编制的标准化；②测试实施的标准化；③阅卷评分的标准化；④分数转化与解释的标准化。如中考、高考、硕士研究生考试、博士研究生考试等。非标准化测试往往通过面试、观察等方法进行。测试擅长知识技能的检测，而不利于情感、态度、价值观的检测，尤其是标准化试题。

2. 档案袋评价：再现真实的学习过程

1）学习档案袋与电子档案袋

档案袋评价（portfolio assessment）是一种综合性的过程评价。其中电子档案袋（e-portfolio）发展很快。电子档案袋具有以下特征：表现性、开放性、对话性、发展性、积累性、反思性、责任感、个性化、自我教育激励、评价与学习统一。

学习档案袋是学习过程的各种记录材料、学习成果的系统收集。如学习目标、学习计划、感想反思、读书笔记、收集的资料、研究报告、学科论文、学习总结、评价等。

档案袋（portfolio），又称“成长记录袋”，其原意为“代表性作品选辑”。最早使用这种评价工具的是画家、摄影家等，他们为了特定的目的而把自己有代表性的作品汇集起来，向预期的委托人展示。后运用到教育领域，现在用来泛指代表学生的“代表作品集”。它是一种内含学生最好作品或对作品优劣进行评价的“文件夹”，是用来描述学生学习与成长经历的作品集，是捕捉学生成长和进步轨迹的记录，因而档案袋成了描述和捕捉学生成长的重要工具。

档案袋包含两层含义，一是有目的地收集起来的学生作品，包括体现学生发展的作品，如学习日记、思考心得、小制作等，以展示学生的进步状况；二是档案袋具有促进反思的功能，即学生通过对档案袋的评论，可以展示个人的成长经历，反映学生在学习与成长过程中的优势与不足，以及在达到目标的过程中所付出的努力等，从而使学生发现适合自身发展的方式，为学生的有效成长提供重要的契机。

2）档案袋评价的内涵

档案袋评价，又称“文件夹评价”或“学生成长记录袋评价”，是以档案袋为依据对学生所进行的客观的和综合的评价。

档案袋是伴随着西方“教育评价改革运动”而出现的一种新型质性评价工具。它通过对学生学习情况、有代表性的作品的分析对学生发展状况进行评价，以一种形象的、动态的、连续的方式呈现学生整个学习与成长的过程。档案袋呈现学生有代表性的作品，关注学生的进步、努力和成就状况；允许学生自我评价自身的学习过程，发现自身的学习优势和强项来促进有效学习等。因此，它是一种真实性的描述，反映学生的综合表现、优势和成长进步等信息。

档案袋评价不是一堆资料的堆积，也不是一本剪贴簿。其主要目的是要通过收集学生在其学习过程中的作品以及教师和学生对作品的评论与反思，较为客观地反映出学生某方面的进步、成就及其存在的问题，以增强学生的自信心，提高学生自我评价与自我反省的能力，促进学生成长与进步。此外，由于档案袋是对学生成长和进步情况的有效记录，其读者对象除教师、学生本人和同伴外，还包括学生家长。这样，档案袋还可以帮助学生家长了解其孩子的学习状况，取得进步的情况以及需要努力的方面等，提出扬长补短的建议，从而帮助教师和学生重新设定学习目标以及达成目标的措施与手段，更好地促进学生的成长。

3）档案袋类型分析

目前，国内外的学者对于档案袋类型的划分多种多样，主要在于设置档案袋的目的、档案袋的使用功能等不尽相同。

（1）根据目的和使用状况分类。史密斯和蒂尔马根据档案袋的目的和使用状况，将档案袋区分为四种不同的类型。

① 全套档案档案袋。全套档案档案袋（dossier portfolio）以选拔或晋升为目的，是进入某专业领域所需的成就展示，或是根据要求而收集的较为详尽的成就汇报。但是这一类档案袋在没有建立明确的标准以及能力水平不够详尽的情况下，会引起实际操作的困难。因此，在这一类档案袋的使用上，如果能提供一些关于“期望什么”以及“如何收集证据”的程序、标准和详细说明，则会使其可行性增加。

② 培训型档案袋。培训型档案袋（training portfolio）是指在一段学习期间或一项课程方案里所收集的学生努力程度的展示。它突出核心的专业知识、技能或学生自身取得的成就，以及在一个具有代表性的课程时间段内所发展的能力。此类型通常有固定的格式，以协助收集者提供合适的材料。由于其用意比较明显，且可行性强，会给予教师了解、研究学生的动力以及提升专业能力的机会。当然，使用这一类档案袋时，呈现编制档案袋的要求之前，可提供档案袋的相关理论背景，以帮助教师更加灵活地进行自我评价，与学生保持和发展反思性的交流对话。

③ 反思型档案袋。反思型档案袋（reflective portfolio）指的是所收集的证据显示了学生的最佳作品或某些重要能力，通过有效的反思，了解学生随着时间的进展以及在不同背景下所取得的成就情况，具有一定的选拔功能。这是一种较有弹性的档案袋，由于其所收集的证据均来自日常教育教学活动，并且是在与学生沟通、对话的前提下所达成的共识，因而对学生来说具有较大的说服力。

④ 个人发展型档案袋。个人发展型档案袋（personal development portfolio）指的是在较长的时期内对自身专业成长进行反思记录的档案袋，由于它反映了学生自我认识、自我提炼和自我激励的过程，学生会带着兴趣和享受的心态进行这类档案袋的编制，又由于它具有较高的清晰度、可行性和信任度，所以这类档案袋使用较为广泛。

上述几种档案袋均有助于学生进行自我评价和提高自我认识。当然，这种提高的程度取决于所使用档案袋的类型及该档案袋被赋予的功能和用途。

（2）根据不同的功能分类。根据档案袋的不同功能，一般将其分为过程型、目标型、展示型和评估型四种类型。功能不同，档案袋的表现形式和价值也不尽相同。

① 过程型档案袋。一般是指诊断学生在学习过程中所取得的成绩及存在的问题，记录学生的进步过程或成长历程，帮助学生发展对自己的学习过程或经历进行思考和评估的能力。这类档案袋的特点是，它所收集的内容多由教师根据自己的教学目标与学生的学习状况来确定，学生则负责选择和提交符合要求的相关作品或其他证据。这类档案袋的关键是在评价结束后要给予学生及时的反馈信息，如教师对学生各种表现的描述性评语等。

② 目标型档案袋。一般是指除过程型档案袋中所涉及的内容外，还允许让学生学会制订计划与选择目标，培养学生自我监控学习的反思能力等。这类档案袋的特点是，教师按照教学计划与内容列出档案袋的主题、内容和学生的反思记录。在建立这种类型档案袋的过程中，学生对自己所从事的学习任务有较为清晰的认识，会把握自我成长的过程及其结果。

③ 展示型档案袋。也称最佳成果型档案袋，指的是为了展示学生在某一学期或学年在某一学科领域所取得的成果。通过成果展示，关注学生间的个体差异，让每个学生都有机会展示自我，由此来提高学生的自信心和可持续学习能力。其特点是，这类档案袋收集的是学生自己选出的最好或最喜欢的作品，以及他们对作品的自我反省与选择标准的说明。这类档案袋对于展示自我、激励学生、增强学习动力具有重要意义。

④ 评估型档案袋。一般是指主要用于向家长、学校管理人员或教育行政部门提供学生在某一方面所取得成绩的标准化报告。这类档案袋的特点是，评估的标准是预先确立的，但由于档案袋是形成性评价，因此，在评估标准中必须有学生进步及改进情况的报告，它主要是由教师、管理者所建立的学生作品集。这类档案袋有益于教师、家长、学校管理层人员对教育现状有较好的把握，便于做教育决策。

3．评价量规：开发能体现“标准的规则”

量规（rubric）是为一项工作列出标准的评分工具，即根据评价目标从不同维度和等级对评价标准进行具体描述与说明的评价工具。评价量规是一个真实性评价工具，它是对学生的作品、成果、成长记录袋、表现进行评价或者等级评定的一套标准。同时也是一个有效的教学工具，是连接教学与评价的一个重要桥梁。

作为教育评价的专业术语，由于考察的视角不同，所以不同的人对量规的界定并不一致：阿斯穆斯认为，评分量规是由教师或评价者开发的一种描述性的评分量表，其目的是分析学生学习结果，包括学习作品和学习过程。阿特和麦克泰格把评分规则界定为准则的一种特定形式——是成文的准则，它对所有的评分点都做了说明和规定。最好的评分规则往往能体现出教师公认的课堂评价的实质，而且能对合格表现的组成要素提供很好的建议。评分规则一般会伴有成果或表现的具体例子，以阐明量表上不同评分点。评分规则是相对核查表而言的，这种评分量表正式地规定了评分指南，它由事先建立的表现准则组成，常常在表现性评价中评估学生的作品。古德里奇则将它定义为一项工作列出标准的评分工具，它包含评价作品的标准或所需的期望，它详细地为各等级（从优到差）质量描述出其标准。由此看来，评分量规作为表现性评价的评价工具，主要由教师或评价专业人员开发，事先详细地规定了学生所要达到的学习目标的标准，用来评价学生的复杂表现或作品。

运用评价量规，可以对学习者的学习能力、实践能力、创新精神、问题解决能力、协作交流能力、情感态度、习惯等进行综合评价。评价量规使评价标准具体化，让学习者明确目标，知晓做什么、怎么做，评价变得更开放、更公正。

不同的教学目标或学习单元，需要不同的评价量规。尽管教学中存在种种不同的量规，但量规的设计与开发有一些基本步骤可循，见表 8-3。

表 8-3　评价量规设计与开发的基本步骤

步骤	内容
1．明确内容	明确所需评价的内容，分析评价主体、客体和方法
2．分析目标	分析所需评价内容的学习目标，了解所需评价的学习绩效特点
3．确定元素	确定评价元素。根据学习目标、学生认知水平以及实际的学习环境，列出影响评价绩效的所有重要元素，必要时设置不同的权重
4．确定等级	确定各评价元素的等级。在文献分析、调查问卷、访谈的基础上制定相应的等级，等级需涵盖预期绩效的全部范畴，每个等级应代表明显不同的层次，不能重叠或模棱两可，描述的语言应当清晰具体和可操作，避免含混抽象
5．量规草案	拟定初步的量规雏形，要求学生澄清量规中可能产生歧义或误解的问题
6．试用评价	让学生试用评价量规，并结合自己的体会，充分讨论量规的效用，同时，在更广的范围征询修改量规的意见或建议
7．制定量规	根据各方反馈意见和具体情况调整、修订量规，形成正式使用的量规

研究性学习评价量规示例，见表 8-4。在研究型学习中，根据评价内容的目标，可以确定量规的评价元素，即研究问题、信息收集、信息分类、信息分析和最终学习产品，各个评价元素等级可以划定为 4、3、2、1（4 代表“优”，3 为“良”，2 为“中”，1 为“差”），对学生不同等级行为（认知或技能表现）在绩效上从优到差进行描述。如在评价“研究问题”这个元素时，绩效最高的是等级 4，充分体现了学生学习的主动性、积极性和创造性。当然为了更精确或强调重点，也可以灵活地为各个等级赋予不同的分值。

表 8-4　研究性学习评价量规

等级	研究问题	信息收集	信息分类	信息分析
4	学生围绕某个主题，自己确定问题	从多种电子和非电子的渠道收集信息，并正确地标明出处	学生为给信息分类，自己开发了基于计算机的分类结构，如数据库	学生分析了信息，并得出了自己的结论
3	给出主题后，学生自己确定问题	从多种电子和非电子的渠道收集信息	师生为基于计算机的分类结构共同想办法，学生自己创建了这个分类结构	学生分析了信息，并在教师的指导下得出了自己的结论
2	学生在老师的帮助下确定问题	从有限的电子和非电子渠道收集信息	师生共同开发了基于计算机的分类结构	学生在教师的指导下分析了信息，并得出了结论
1	教师给出问题	只是从非电子渠道收集信息	学生使用教师开发的基于计算机的分类结构	学生复述了所收集的信息

4．学习契约：对自己学习负责

学习契约（learning contract），是一种学习的合同，是师生共同设计的明确学习目标、过程、方法、时间、标准等的保证书。学习契约是一种自主学习的教育哲学概念，将师生的课堂关系视为一种契约。在自主学习相关的教育哲学中，认为课堂关系是师生双方共同建立的契约。双方都不是被迫签订，但是签订之后，为了让课堂良好运作，双方都必须遵守。学习契约的产生来源于真正的契约或合同。在学习中的应用，是为了能够让学生在完成任务和解决问题时有一个具体的目标或依据，也为了客观合理的学习要求。其目的是要求学生以“任务驱动”和“问题解决”作为学习与研究活动的主线。

学习契约是激励学生主动参与学习的有用工具。教育是一个主动的过程，而不是一个被动的过程。要想实现主动学习，学生就必须参与到教育的过程中来，变得更加独立并对他们自己的学习更加负责。

学习契约具有以下特点：第一，学生参与、自我控制、自我负责；第二，个性化的学习计划、评价协议；第三，有利于学习者自我监控、维持动机。学习契约一般由主题、学习目标、活动、资源、策略、工具、时间表、签名等要素构成。

马尔科姆·诺尔斯描述的典型学习契约如下。

（1）学习者预期获得的知识、技能、态度和价值（学习目标）。

（2）如何达成这些目标（学习策略）。

（3）达成目标的具体时间。

（4）证明和演示学习目标已达成的指标与办法。

（5）判断和检验学习结果有效性的办法。

纽科母和沃尔母布罗德建议，将下列原则直接明确地运用于学习契约的评定中。

（1）学习者对达成目标的方法有选择权和话语权（学习者更适应亲自参与而选择或制订的计划）。

（2）给学习者通过自我承诺达成学习目标并履行自己责任的机会。

（3）强调个性化或独立个人参与的学习活动。

（4）教师应避免发出较多的指令（教师过多地发出指令会导致情感疏远、蔑视、让人抵过或令人退缩等情绪的发生）。

（5）应考虑为学习风格差异较大的学生提供不同的学习方式。

（6）鼓励自我竞争，而不是与他人竞争，能力水平相当的同学在一起合作也是可以接受的学习方法。

（7）学习者不能过分恐惧失败的威胁。

（8）学习任务要符合学习者的能力水平，即学习任务不能太易，也不能太难，获得成功的可能性要大，但不能太确定。

（9）要有获得新的和刺激性学习经历的机会。

（10）至少课程目的、目标和期望值应界定在阐明学习任务的行为条件中。

（11）学习进度和学习任务量在很大程度上取决于学习者通过强化或鼓励后，能努力达成目标的程度，受到奖励的行为自然很有可能得到重复。

（12）学习者能够通过自我评价可能得到的能力来判断自己的努力是否合适。

（13）学习被泛化为获得其他生活技能的情况（当学习者由于达成了学习目标而产生内在的成就感时，这种泛化现象就很容易发生）。

（14）协议内容在课堂里来确定是特别有用的。没有人不想优秀，恰恰相反，任何人都会努力争取优秀。这种想法从教师那里传递给了学生，但同时也提供了一种通过了解已知条件而产生的一种动力。学生是在不受威胁的情况下接受挑战的。

5. 反思评价表：培养反思能力

反思表（reflective form）是以问题的形式引导学习者进行反思，提高学习能力。反思评价是自我评价的一种方式，通过反思评价自己的学习目标、学习过程、学习方法、学习效果、学习工具使用等。反思评价也是归纳经验，促进隐性知识向显性知识转化的重要方法。

自我设计一个反思评价表。

6. 概念图评价：展示可视化思维

概念图（concept map）是康乃尔大学的诺瓦克根据奥苏伯尔的有意义学习理论提出的一种教学技术。概念图是知识组织和表征的工具，是关于一个主题下的概念及命题网络，是一种可视化、显性化的知识表征方法。概念图是一种用节点代表概念，连线表示概念间关系的图示法。概念图有利于知识点、知识结构掌握，形成认知结构；使思维过程可视化、外显化，反映出学习、思维的问题。

概念图的理论基础是奥苏伯尔的学习理论。知识的构建是通过已有的概念对事物的观察和认识开始的。学习就是建立一个概念网络，不断地向网络增添新内容。为了使学习有意义，学习者个体必须把新知识和学过的概念联系起来。奥苏伯尔的先行组织者主张用一幅大的图画，首先呈现最笼统的概念，然后逐渐展现细节和具体的东西。

“概念图”是一种知识以及知识之间的关系的网络图形化表征，也是思维可视化的表征。一幅概念图一般由“节点”“链接”“有关文字标注”组成。制作概念图需要首先围绕主题列出概念、命题，然后确定概念间的级别和关系，最后用连线确定概念之间的联系及命题。

节点：由几何图形、图案、文字等表示某个概念，每个节点表示一个概念，一般同一层级的概念用同种的符号（图形）标识。

链接：表示不同节点间的有意义的关系，常用各种形式的线链接不同节点，这其中表达了构图者对概念的理解程度。

文字标注：可以是表示不同节点上的概念的关系，也可以是对节点上的概念详细阐述，还可以是对整幅图的有关说明。

7．综合素质评价

❖ **研创活动**

调研中小学和高校综合素质评价现状。

“综合素质评价”指的是在每个学期的期末或每个学年的期末，全国各地的中等学校组织的一次对全体在校学生全面的综合素质和能力评价的测评任务。综合素质评价来自于 2006 年教育部对全国的初中毕业与高中招生制度的改革，测评展现了素质教育的实质。

综合素质评价一般分为七个维度（不同的地区或学校结构略有差异），分别是“道德品质”“公民素养”“学习能力”“交流合作与实践创新”“运动与健康”“审美”“表现能力”。七个维度又分别被分为若干个项目。等级分别为 A（优秀），B（良好），C（一般），D（较差），或者给予评分。

拓展资料

1．蒂尔·伦内伯格．神奇的人体生物钟[M]．张丛阳，译．重庆：重庆大学出版社，2013．

2．常用时间运筹方法[EB/OL]．http://edu.163.com/edu2004/editor_2004/zhongkao/050125/050125_176138.html[2015-01-25].

3．学习评价技术[EB/OL].http://www.zhixing123.cn/lunwen/30806.html[2012-11-07].

4．钟志贤，王觅，林安琪．量规：一种现代教学评价的方法[J]．中国远程教育，2007(10)：43-46．

5．田山俊，杨桂梅．学习契约与契约学习——诺尔斯成人学习理论及其应用[J]．中国职业技术教育，2011(9)：77-80．

6．钟志贤，林安琪，王觅．学习契约：远程学习效果评价的书面协议[J]．中国远程教育，2007(12)：36-39．

第9章　高效学习工具与方法

● 学习目标

1. 了解思维导图发明的历史。
2. 知道思维导图是什么。
3. 了解思维导图的用途和作用。
4. 掌握思维导图的绘制技巧和绘制原则。
5. 掌握超强记忆的12项原则。
6. 能够运用思维导图促进创造性思维和高效学习。
7. 学会高效使用常见的教育内容分享平台。
8. 熟练掌握高效学习方法。
9. 熟练掌握系统思考的工具。

● 知识点

思维导图、超强记忆的12项原则、教育内容分享平台、高效学习方法、系统思考的工具。

● 技能点

绘制具有较高艺术性的思维导图，熟练运用思维导图促进创造性思维和高效学习，熟练运用超强记忆的12项原则，高效使用常用的教育内容分享平台，熟练掌握高效学习方法，熟练掌握系统思考的工具。

● 思考题

1. 阐述思维导图发明的历史。
2. 思维导图是什么？
3. 思维导图的用途和作用是什么？
4. 为什么说思维导图能够促进学习和思考？
5. 如何利用超强记忆的12项原则促进学习？
6. 思维导图绘制的技巧和原则有哪些？
7. 常见的教育内容分享平台有哪些？
8. 高效学习方法有哪些？
9. 系统思考的工具有哪些？如何运用这些工具促进学习？

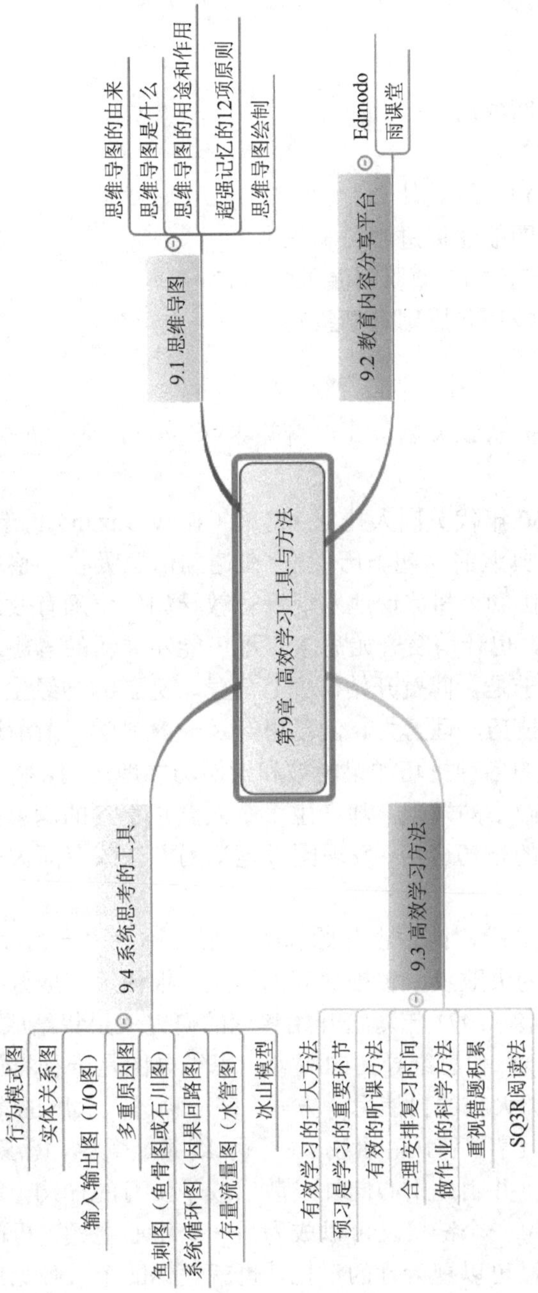

“高效学习工具与方法”知识导学图

9.1 思维导图

❖ **研创活动**

（1）阐述思维导图发明的历史。

（2）思维导图是什么？

（3）思维导图的用途和作用是什么？

（4）为什么说思维导图能够促进学习和思考？

（5）如何利用超强记忆的 12 项原则促进学习？

（6）思维导图绘制的技巧和原则有哪些？

1．思维导图的由来

托尼·博赞让人类重新认识大脑，如同斯蒂芬•霍金让人类重新认识了宇宙。

——《泰晤士报》

思维导图是 20 世纪 60 年代英国人托尼 •博赞（Tony Buzan）创造的一种笔记方法。博赞大学时代经历了学生典型的“朝圣历程”，在遇到信息吸收、整理和记忆的困难及问题后，前往图书馆寻求协助，却惊讶地发现没有教导如何正确有效使用大脑的相关书籍资料，经历这些挫折后，也让博赞开始思索可不可能发展新的思想或方法来解决这些普遍存在的困难及问题。于是，博赞开始研究心理学、头脑的神经生理学、语言学、神经语言学、信息论、记忆技巧、理解力、创意思考及一般科学，渐渐地博赞发现人类头脑的每一个脑细胞及大脑的各种技巧如果能被和谐而巧妙地运用，将比彼此分开工作产生更大的效率。这个看似微小的发现，却产生了令人意想不到的满意发展。博赞曾试着将脑皮层关于文字与颜色的技巧合用，发现因做笔记的方法改变而大大地增加了至少超过 100%的记忆力。

逐渐地整个架构慢慢形成，博赞也开始训练一群被称为“学习障碍者”“阅读能力丧失”的族群，这些被称为失败者或曾被放弃的学生，很快地变成好学生，其中更有一部分成为同年级中的佼佼者。1971 年博赞开始将他的研究成果集结成书，慢慢形成了放射性思考（radiant thinking）和思维导图的概念。思维导图是一种将放射性思考具体化的方法。放射性思考是人类大脑的自然思考方式，每一种进入大脑的资料，不论是感觉、记忆或想法，包括文字、数字、符码、食物、香气、线条、颜色、意象、节奏、音符等，都可以成为一个思考中心，并由此中心向外发散出成千上万的挂钩，每一个挂钩代表与中心主题的一个链接，而每一个链接又可以成为另一个中心主题，再向外发散出成千上万的挂钩等。这些挂钩链接可以视为你的记忆，也就是你的个人数据库。人类从一出生即开始累积这些庞大且复杂的数据库，大脑惊人的储存能力累积了大量的资料，经由思维导图的放射性思考方法，除了加速资料的累积量，更将数据依据彼此间的关联性分层分类管理，使资料的储存、管理及应用因更有系统化而增加大脑运作的效率。同时，思维导图善用左右脑的功能，即由颜色、图像、符码的使用，不但可以协助记忆、增进创造力，还让思维导图更轻松有趣，且具有个人特色及多面性。

思维导图以放射性思考为基础的收放自如方式，除了提供一个正确而快速的学习方法与工具，运用在创意的发想与收敛、项目企划、问题解决与分析、会议管理等方面，往往产生令人惊喜的效果。它是一种展现个人智力潜能极至的方法，将可提升思考技巧，大幅增进记忆力、组织力与创造力。它与传统笔记法和学习法有量子跳跃式的差异，简单地说，主要是因为它源自脑神经生理的学习互动模式，并且开展人人生而具有的放射性思考能力和多感官学习特性。思维导图提供一个有效的工具，运用图文并重的技巧，开启人类大脑的无限潜能。心智图充分运用左右脑的机能，协助人们在科学与艺术、逻辑与想象之间平衡发展。近来思维导图完整的逻辑架构及全脑思考的方法更被广泛地应用在学习及工作方面，大量降低所需耗费的时间，对于绩效的提升，产生令人无法忽视的功效。

思维导图的创始人博赞，也因此以大脑先生（Mr. Brain）闻名国际，是英国头脑基金会的总裁，身兼国际奥运教练与运动员的顾问，也担任英国奥运划船队及西洋棋队的顾问；又被遴选为国际心理学家委员会的会员，是“心智文化概念”的创作人，也是“世界记忆冠军协会”的创办人，发起心智奥运组织，致力于帮助有学习障碍者，同时也拥有全世界最高创造力 IQ 的头衔。

2. 思维导图是什么

思维导图又称为心智导图，是表达发散性思维的有效图形思维工具，它简单却又极其有效，是一种革命性的思维工具。思维导图运用图文并重的技巧，把各级主题的关系用相互隶属与相关的层级图表现出来，把主题关键词与图像、颜色等建立记忆链接。思维导图充分运用左右脑的机能，利用记忆、阅读、思维的规律，协助人们在科学与艺术、逻辑与想象之间平衡发展，从而开启人类大脑的无限潜能。思维导图因此具有人类思维的强大功能。

思维导图是一种将思维形象化的方法。放射性思考是人类大脑的自然思考方式，每一种进入大脑的资料，不论是感觉、记忆或是想法，包括文字、数字、符码、香气、食物、线条、颜色、意象、节奏、音符等，都可以成为一个思考中心，并由此中心向外发散出成千上万的关节点，每一个关节点代表与中心主题的一个链接，而每一个链接又可以成为另一个中心主题，再向外发散出成千上万的关节点，呈现出放射性立体结构，而这些关节的链接可以视为记忆，也就是个人数据库。

博赞认为思维导图是对发散性思维的表达，因此也是人类思维的自然功能。他认为思维导图是一种非常有用的图形技术，是打开大脑潜能的万能钥匙，可以应用于生活的各个方面，其改进后的学习能力和清晰的思维方式会改善人的行为表现。

博赞认为思维导图有四个基本的特征：第一，注意的焦点清晰地集中在中央图形上；第二，主题的主干作为分支从中央向四周放射；第三，分支由一个关键的图形或者写在产生联想的线条上面的关键词构成。比较不重要的话题也以分支形式表现出来，附在较高层次的分支上；第四，各分支形成一个连接的节点结构。因此思维导图在表现形式上是树状结构的。

3. 思维导图的用途和作用

1）思维导图的用途

思维导图适用于任何需要动脑的时刻，见图 9-1。

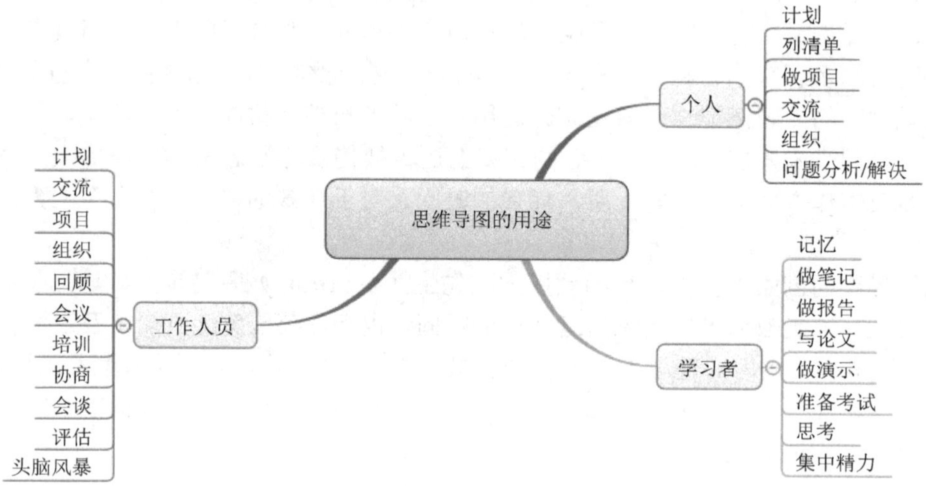

图 9-1　思维导图的用途

2）思维导图的作用

传统的记笔记工具主要有词汇、数字、顺序、线条、列表、逻辑、分析、颜色等。传统笔记是线性笔记，以线性思维为主，这种思维方式缺乏视觉节奏、色彩单调、视觉化程度不够、缺少空间感。博赞认为：传统的草拟和笔记方法有埋没关键词、不易记忆、浪费时间和不能有效地刺激大脑四大不利之处，见图 9-2，而简洁、高效和积极的个人参与对成功的笔记有至关重要的作用。

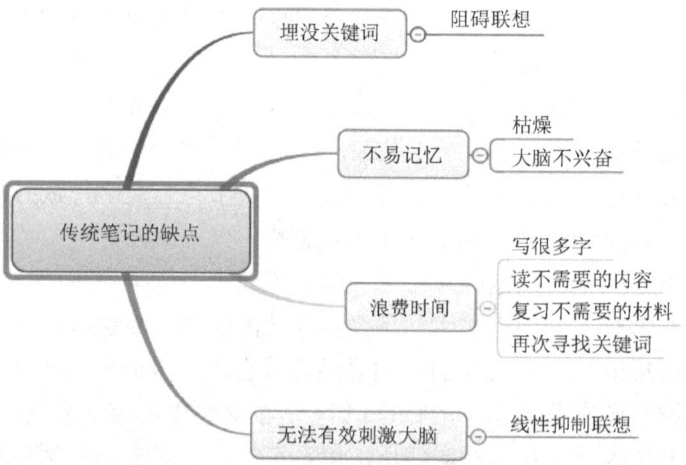

图 9-2　思维导图的用途

在草拟和笔记的办法成效越来越小的情况下，需要一种可以不断增多回报的办法，这种办法就是思维导图。思维导图与传统笔记相比，具有很多优势，见图 9-3。思维导图，从同一层次的节点数目能够看到思维的广度，从一个分支的长度能够看到思维的深度，离中心节点近表示的内容包容度高，离中心节点远表示的内容包容度低，更趋向于具体。

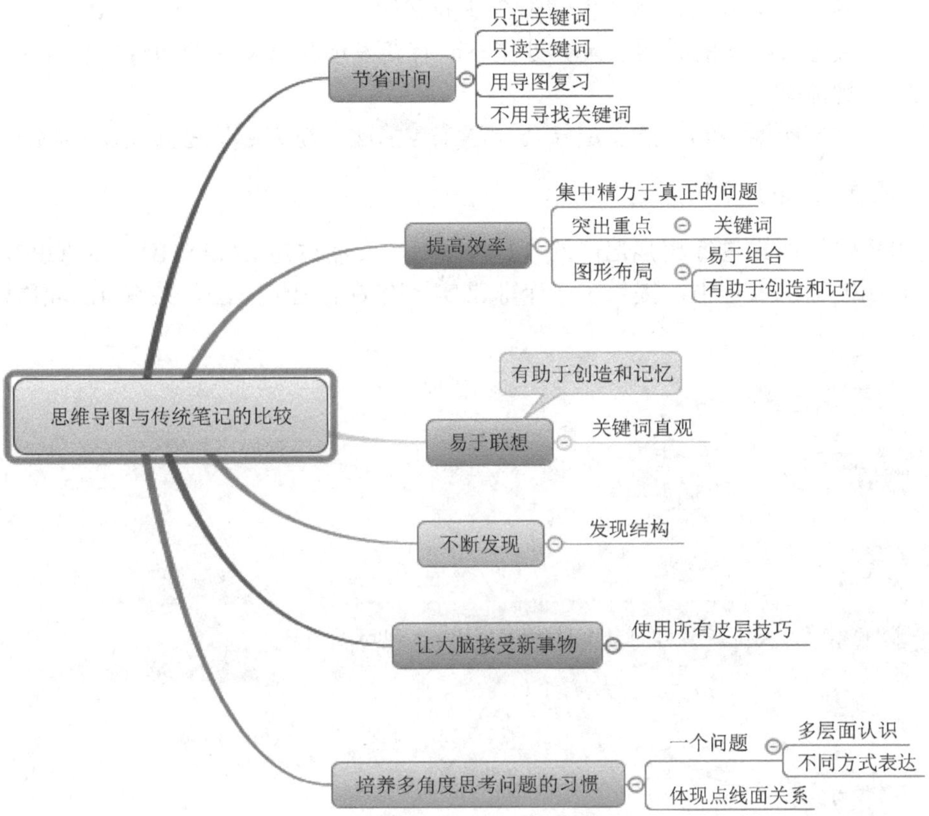

图 9-3　思维导图与传统笔记的比较

思维导图借鉴了学习心理学，希腊记忆术，即联想和记忆，达芬奇的天才笔记，即使用图画、代号和连线，自然思考，即放射性思考等理论。思维导图还可以用色彩、图画、代码和多维度来加以修饰，增强效果，以便使其更有趣味，更有特性。这些东西反过来会增强创造力、记忆力，特别是有利于回忆信息。

思维导图是有效的思维模式，应用于记忆、学习、思考等的思维“地图”，有利于人脑展开发散思维。思维导图的初始目的只是改进笔记方法，它的作用和威力还是在日后的研究与应用中不断显现了出来，被广泛应用于个人、家庭、教育和企业。思维导图已经在全球范围得到广泛应用，新加坡教育部将思维导图列为小学必修科目，大量的 500 强企业也在学习思维导图，中国应用思维导图也有 20 多年时间。

用思维导图记笔记具有以下作用。

第一，只记忆相关的词可以节省时间：50%～95%。

第二，只读相关的词可节省时间：90%以上。

第三，复习思维导图笔记可节省时间：90%以上。

第四，不必在不需要的词汇中寻找关键词可省时间：90%。

第五，集中精力于真正的问题。

第六，重要的关键词更为显眼。

第七，关键词并列在时空之中，可灵活组合，改善创造力和记忆力。

第八，易于在关键词之间产生清晰合适的联想。

第九，做思维导图的时候，人会处在不断有新发现和新关系的边缘，刺激思想不间断和无穷尽地流动。

第十，大脑不断地利用其皮层技巧，越来越清醒，越来越愿意接受新事物。

4．超强记忆的 12 项原则

使用思维导图来进行超强记忆的 12 项原则，又被称为 SMASHIN’ SCOPE。博赞在思维导图的训练课程中，提供了一个非常实用有效的记忆方法，共有 12 项原则，见图 9-4。

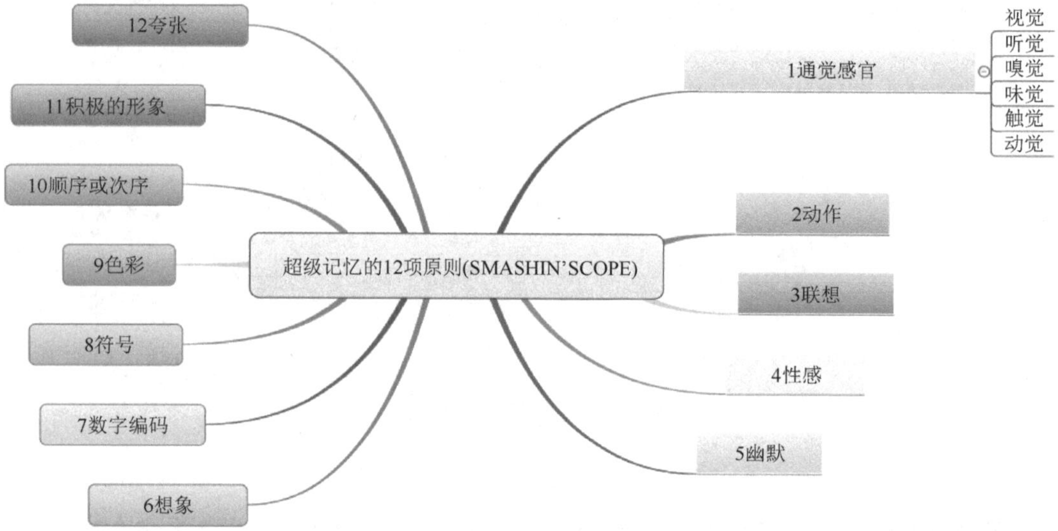

图 9-4　超级记忆的 12 项原则

（1）通觉感官（sensuality synaesthesia）。系统的联系和增强视觉、听觉、嗅觉、味觉、触觉、动觉（对身体在空间中的位置与运动的感觉）敏感度有助于提高记忆力。让您充分感受到那要记忆的事物活生生地出现在脑海。

（2）动作（movement）。运动可以增加大脑“联入”的可能性从而促使记忆的形成。让形象动起来，节奏也是运动的一个分支。会动的东西才有生命力，也容易引发大脑的兴趣。

（3）联想（association）。依据事物的关联性联结在一起，循着蛛丝马迹的线索不但容易记忆，且数量惊人。无论想记住的是什么，必须把它与头脑中的某件稳定的事联想在一起。

（4）性感（sexuality）。大自然生命的延续靠的就是这个，以健康的心态，将它与事物联想在一起，有助于引发兴趣，记忆当然深刻。

（5）幽默（humor）。幽默有助于心情的放松，许多脑力潜能开发的书籍都强调脑波在α波时学习最有效率。轻松幽默时，脑波很容易进入α波状态。

（6）想象（imagination）。想象是记忆的源泉，记忆时所用的想象越生动，记忆效果就越好。多年不见的朋友，您或许已忘了他的名字，但长像特征您八成都还记得。因此，将事物影像化能让您保有长期的记忆。

（7）数字编码（number）。用数字编码增加顺序和序号法则的特殊性与有效性。数字量化，让您清楚知道事物总数量。

（8）符号（symbolism）。用一个更有意义的形象代替平常的、令人厌烦的或是抽象的概念，将增加回忆的概率。特殊符号能凸显重点所在，强化记忆。

（9）色彩（color）。色彩不但能凸显重点所在，并能表达情绪。同时越与实际生活接近的事物，越容易被头脑接受。

（10）顺序或次序（order）。按照顺序的先后排列，有助于联想的贯穿。如从大到小、颜色分组、目录分类、等级分类等。

（11）积极的形象（positive）。正面积极，活泼开朗的心态，对事物产生浓厚的兴趣，正是成功人士的特征之一。

（12）夸张（exaggeration）。夸张一点点，能带来幽默的效果，并使事物产生凸显作用，在脑海里留下深刻印象。

5．思维导图绘制

（1）思维导图绘制软件。绘制思维导图，既可以在纸上绘制，也可以运用思维导图软件绘制。思维导图绘制软件主要有：Mindmanager、Xmind、iMindMap、FreeMind、NovaMind、ProcessOn、Coggle、Mindmaps、MindMeister、Mindnode、Bubbl.us、Text to Mind、Popplet、WiseMapping、Stormboard、Wridea、Mindomo、百度脑图、亿图图示等。

（2）思维导图绘制规则。思维导图绘制要遵循突出重点、使用联想、清晰明白、形成个人风格、合理布局等规则，见图 9-5。

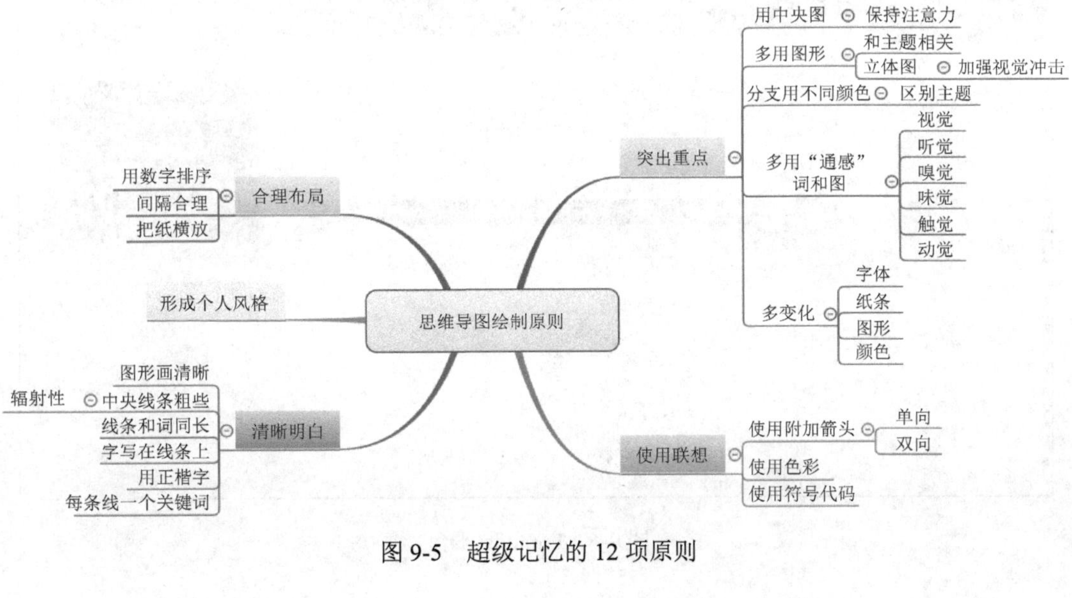

图 9-5　超级记忆的 12 项原则

9.2　教育内容分享平台

❖ **研创活动**

（1）反思自己常用的教育内容分享平台有哪些？使用这些平台的学习体验如何？

（2）常见的教育内容分享平台有哪些？

1. Edmodo

Edmodo 成立于 2008 年，截至 2017 年 5 月，该组织机构声称其平台目前已经拥有超过 7800 万用户。目前，Edmodo 已经在世界各地被广泛使用，Edmodo 支持计算机、平板电脑、手机等多种学习终端。

Edmodo 网站

Edmodo 是一个免费的教育内容分享平台，是面向学生和教师的社交类学习资源分享的开放平台，同时还提供允许教师通过移动和网络平台创建安全可靠的教学空间或课堂的免费服务。

Edmodo 是一个便捷的师生互动平台，通过 Edmodo 教师可以直接发布相关信息，而学生可以直接通过 Edmodo 向老师提问。Edmodo 为师生之间搭起一座沟通的桥梁，让交流变得简单。

Edmodo 平台是完全私人的、安全的，并且也允许教师管理课程内容、进行更多的协作等，见图 9-6。凭借 Edmodo 提供的平台，教师可以实现与学生共享教学内容、管理课程项目与作业、处理通知事项、进行测验等。同一间“Edmodo 教室”的学生成员可以通过该网站进行交流、参加测验、参与游戏、向教师提问等。

图 9-6　Edmodo 平台

Edmodo APP 是一款方便师生之间进行交流互动的软件，有了它，师生之间交流和学习变得更加简单，同时通过 Edmodo 使教师和学生得以免费、随时、随地地投入和参与在线协作，并使教师的日常教学变得更加轻松。

Edmodo APP 特色功能如下。

（1）布置作业。允许教师布置作业的时候上传附件，学生可以在同一个地方下载附件，而且使用非常简单。

（2）创建资源库。师生能够上传重要的文件，创建数字资源库。不需要带硬盘就能够在任何可以访问互联网的地方下载资源。

（3）发布消息。允许师生之间互相提问，教师也能够发布帖子让所有学生阅读。

（4）创建群组。教师能够根据课程需要或学生兴趣创建群组。

（5）发布投票。教师能够发布投票给学生，通过投票收集非正式的反馈，如问“明天的考试你准备好了吗？”这类问题。

（6）发布测试。教师能够在线发布测试，可以给每个问题和答案附上链接或者附件，教师还可以发布文档要求学生阅读和反馈。题型包括多选题、单选题、填空题等。

（7）互相关注。教师能够互相关注，例如，加入讨论组分享关于课程计划、教学策略和项目发展，讨论所用的工具和内容。

（8）创建日程和作业的日历。

（9）访问免费 Edmodo 应用，分别包括 Android 和 iPhone 版本。

（10）上传作业。学生能够上传作业让老师检查和评价。教师能够通过 Edmodo 直接给作业评注。

（11）创建父母账号。教师能够创建父母账号，父母账号能够允许父母查看孩子的作业和分数。教师也可以发送给父母关于学校活动的提醒，未交作业和其他一些关于 Edmodo 的重要信息。

（12）创建花名册。能够创建班级花名册，方便任课教师打印花名册。

（13）能够嵌入 Wallwisher 做一个头脑风暴。

（14）嵌入视频、图片和音频到您的主页引导班级在线讨论。

（15）用 Google Chrome 扩展或者浏览器书签插件快速添加内容到您的 Edmodo 资源库。

2. 雨课堂

2016 年 6 月 16 日，学堂在线在清华科技园召开发布会，宣布推出智慧教学工具，即雨课堂，目的是全面提升课堂教学体验，让师生互动更多、教学更为便捷。雨课堂由学堂在线与清华大学在线教育办公室共同研发，旨在连接师生的智能终端，将课前－课中－课后的每一个环节都赋予全新的体验，最大限度地释放教与学的能量，推动教学改革。

雨课堂

雨课堂将复杂的信息技术手段融入到PowerPoint和微信，在课外预习与课堂教学间建立沟通桥梁，让课堂互动永不下线。使用雨课堂，教师可以将带有MOOC视频、习题、语音的课前预习课件推送到学生手机，师生沟通及时反馈；课堂上实时答题、弹幕互动，为传统课堂教学师生互动提供了完美解决方案。雨课堂科学地覆盖了课前—课中—课后的每一个教学环节，为师生提供完整立体的数据支持、个性化报表、自动任务提醒，让教与学更明了。雨课堂的出现，让更多教师跑步进入了“智慧教学时代”，让教学从“经验驱动”变成“数据驱动”。

雨课堂使课堂告别“低头族”，全面提高了学习效率。世界上最遥远的距离，是我和你在一起，你却在低头看手机。智能手机的普及，让这个“最远的距离”也成了大学课堂上老师与学生之间的距离。雨课堂的出现，成功地将课堂上的手机转变为了用于学习的工具。通过课上扫码签到、实时答题、答疑弹幕、数据分析，增强了师生互动，提高了课堂教学质量。

9.3　高效学习方法

❖ **研创活动**

（1）反思自己常用的学习方法有哪些？

（2）高效学习方法有哪些？

1．有效学习的十大方法

每个学习者都有很多学习方法，这些学习方法构成了自己的学法体系。优化学法体系，能够提高学习效果，使学习真正快速有效。

（1）目标学习法。教学内容是由许多知识点构成的，由点形成线，由线完成相对独立的知识体系，构成彼此联系的知识网。学习需要明确目标，要明确知识点的难易程度，应该掌握的层次要求。明确学习目标能增强学习的注意力与学习动机，明确学习目标是目标学习法的先决条件。

（2）问题学习法。问题学习法就是强调有意注意有关解决问题的信息，使学习有了明确的指向性，从而提高学习效率。

（3）矛盾学习法。矛盾的观点是采用对比学习法的哲学依据，因为要进行对比，首先要看对比双方是否具有相似、相近或相对的属性，这就是可比性。对比法的最大优点在于：第一，对比记忆可以减轻记忆负担，相同的时间内可识记更多的内容。第二，对比学习有利于区别易混淆的概念、原理，加深对知识的理解。第三，对比学习要求把知识按不同的特点进行归类，形成容易检索的程序知识，有利于知识的再现与提取，也有利于知识的灵活运用。

（4）联系学习法。科学知识是对客观事物的正确反映，因此，知识之间同样存在着普遍的联系，把联系的观点运用到学习当中，会有助于对科学知识的理解，会起到事半功倍的效果。

（5）归纳学习法。归纳学习法是通过归纳思维，形成对知识的特点、中心、性质的识记、理解与运用。当然，作为一种学习方法来说，归纳学习法崇尚归纳思维，但它不等同于归纳思维本身，同时它还要以分析为前提。

（6）缩记学习法。所谓缩记法就是要尽可能地压缩记忆的信息量，同时基本上又能记住应记的内容。如要点记忆法、归纳记忆法、意义记忆法，都属压缩记忆法。每段话有明确要点的自然用要点记忆法，如果没有就要经过归纳形成要点后进行记忆。

（7）思考学习法。孔子提倡“学而不思则罔，思而不学则殆”。学习知识面要广泛，并且强调要在学习的基础上认真深入进行思考，把学习与思考结合起来。如果只是读书记诵一些知识，而不通过思考加以消化，这只能是抽象的理解，抓不住事物要领，分不清是非。

（8）合作学习法。合作学习有利于增进人与人之间的相互了解、温情与信任，学会处理人际关系的技能、技巧与策略，学会有效地表达自我。在学习交往中，可以培养、发展真正的责任意识和义务感。

（9）循序渐进法。学习中有一个误区，认为只要肯花时间，多做练习，学习成绩必然进步。其实不尽然。虽然量变的必然结果是质变，但并不能说任何量变都会引起质变。

（10）持续发展法。不断完善自己的知识结构，向纵深发展，培养自己研究性学习的能力，培养自己科学献身精神，使自己持续发展。可持续发展首先是观念上的要求，只有这样的学习观，才会有这样的学习方法。有了这样的学习方法，才能从根本上消灭死记硬背、盲目崇拜倾向，重视其他科学的有效方法。

2．预习是学习的重要环节

顾得上听讲，就顾不上思考，其根本原因就是没有充分地课前预习。课前预习虽然累一些，但是却能换来爽快与自由感。预习效果好，听课才能有针对性。

预习从时间和内容上可以分为三类：一是课前预习；二是阶段预习；三是学期预习。预习需要选择好预习时间，迅速浏览新课，带着问题细读第二遍，要边阅读边记笔记，要找出重点和疑点，阅读与查资料相结合，独立思考发现问题，不同学科采用不同的方法。

此外，要特别注意两点：第一，预习不等同于提前学习，它的直接目的是给高效率听课做好铺垫，因此不必耗费大量精力和时间彻底搞清一切，很多同学在试图养成预习习惯的开始往往出现此类情况，以至不堪重负很快放弃。第二，学习的主阵地在课堂听讲，万不可因为课前预习、对课上知识已有一定了解就洋洋得意、松心懈怠，否则就会舍本逐末。

3．有效的听课方法

听讲时，思想上必须与老师讲解的思路保持一致，听老师对事物是怎样分析、推理；听老师解决问题是用什么方法、技巧；听老师对问题有哪些提问和解释。这样才能把握住听课的重点。

听讲中，要把自己在预习中的理解，和老师讲解的相比较，看自己和老师有哪些相同点和区别点。通过这种比较，一是能加深对知识的理解；二是加强自己的思考、认识与提高；三是能发现自己在预习中的错误和原因。

听的过程始终伴随着思。只听不思，那是傻听，只思不听，那是走神。听思结合，同步进行，才叫会听。听到的与想到的相契合，想法就得到了印证；听到的与想到的相矛盾，就要进一步去听个究竟，弄清到底为什么。思而不得，听不明白，就不能轻易放过。

在听课的过程中学会记。听用耳，思用脑，而记则要动手。合理地利用笔记本，笔记本具有三个作用：一是做预习记录，以明确听课的目的性；二是在课堂上用来记下教师讲解的整体构思或板书样式，以利于从整体上把握知识结构或知识要点；三是利于课后总结，用它来对听课内容进行课后整理，为的是消化、吸收和巩固所学到的知识，并为今后的复习留下一份完整的资料。

4．合理安排复习时间

很多科学家通过研究发现，有几个时间段有利于巩固记忆。一是学习后最初几分钟内，电生理活动引起蛋白质的合成；二是学习后 48 小时内复习；三是一周之后脑突触发生永久性变化。根据人在学习过程中这一生理变化，采用复习加强记忆就显得特别重要了。

如果能够在学习的内容即将忘记时进行复习，那么复习的效果最好，效率也最高。著名的心理学家艾宾豪斯通过实验发现了人的记忆与遗忘规律。实验证明：在学习仅过了 20 分钟后，就忘记记忆内容的 42%，1 天后忘却量已经达到了 66%，到了第 31 天，忘却量高达 79%。他根据实验结果，画成了著名的遗忘曲线。并表明遗忘的规律是“先快后慢”。这条规律提示我们，一定要尽早、及时地对所学知识进行复习，以便在知识还在大脑内时就加深印记，否则大脑中已经没有痕迹了，只能再费精力重学。复习具体可以分为六步。

（1）课后花费 2～5 分钟“过电影”回忆，便可保持电生理活动引起蛋白质的合成。

（2）午休时间利用 15～20 分钟将上午所学内容全部“过电影”回忆一遍，便可巩固记忆。

（3）下午安排时间户外活动、休息，调整心理和精神状态。

（4）晚上复习，安排时间将学习内容与存储在大脑中的信息进行对比以找出偏差和失误。

（5）晚上睡觉前再“过电影”回忆，便可把记忆保持两周以上。

（6）两周后再复习可使脑突触发生永久性变化。

5．做作业的科学方法

为了辅助学生做好作业，下面总结归纳出八种做作业的技巧。

（1）提高对做作业的认识。做作业是学生巩固知识、消化知识、理解知识、掌握和记忆知识的重要手段与途径，是培养和锻炼学生思考能力、分析能力、判断能力、计算能力和解决问题能力的重要方法。不能正确地对待做作业，就达不到预期的学习效果。

（2）先复习后做作业。复习是做好作业的关键，只有复习得好，作业才能做得好。

做作业前先把老师这一节课所讲的内容认真地看一看，弄清楚基本原理和概念后再去做作业，作业才能做得既快又好。

（3）认真审题。做作业最关键的一步就是审题，连题都判断错了，作业内容就全错了。首先要弄清楚题目的内容、所给的条件、什么要求、需要联系哪些知识等；其次是考虑好解题思路、方法、步骤，要善于把一道题分成几部分，化大为小、化难为易、分清其中的已知和未知，弄清各部分的联系，设计好整个解题步骤，一定要让自己做到不明白题意不做题，不清楚方法步骤不下笔。

（4）细心地做题。做题是表达思路的全过程，这个过程要求既动脑、又动手。做题的关键是要保证“规范”“准确”。要做到这两点就要求学生认真抄好题，书写格式必须正确、规范，严格按照各类题的解题要求，仔细演算解题的每一步，得出正确的结果。只有平时做题认真细致，步骤完整，思路正确，表达严密，准确无误，考试时才能按照这种良好的习惯进行。

（5）要认真检查作业。做完作业后认真检查，是保证作业质量的重要手段之一。在作业的过程中，由于种种原因，难免会出现各种各样的漏洞和问题，因此，作业做完了之后，一定要认真检查之后再交上去，这样就避免了作业中的差错和漏忘。作业检查一般分四步进行：一是检查题目是否抄对；二是审题是否正确；三是运算是否正确；四是方法、思路与步骤是否正确。平时做完题要认真检查，养成习惯，考试时方能如此。

（6）做完作业后要耐心思考。作业完成之后，一定要耐心地再思考一遍，想一想做这一道作业题用了哪些概念、原理、公式，这道题和例题有什么关系，和哪些题有联系，有什么特点、规律可循，稍加变化还能变成什么样的题，是否还有其他的解题方法等。这样才能把学习的知识融会贯通，达到系统掌握、触类旁通和举一反三的目的。

（7）认真分析批改后的作业。老师把作业批改发回来后，一定要尽快翻阅、认真分析、耐心反思。对做对的题目，想一想是采用什么样的思维和方法做对的，以后遇到类似的题能不能触类旁通；对做错的题，要找出做错的原因。是由于慌张、马虎、粗心大意而搞错，还是基础知识没有掌握，弄错了概念、定律、公式，或者是思路不对。属于第一种原因，就要警告自己以后做题时多加小心；属于第二种原因，就要在预习、听课和复习上下功夫，牢固掌握所学知识后再去做作业；属于最后一种原因，就要认真钻研和分析例题，明确解题方法。只有经过分析反思，才能吸取经验教训，避免今后再有类似的错误发生。

（8）改掉作业拖沓的习惯。有的学生是因贪玩而拖沓作业；有的学生是对学习无兴趣而拖沓作业；有的学生是因为能力限制完成作业有困难而拖沓作业。无论是属于哪些情况，都不能养成拖沓作业的习惯。当天的学习当天完成，明天还有明天的学习任务，否则困难只会越积越多。克服作业拖沓的最有效的方法，就是天天督促要求自己当天办完当天的事。

6．重视错题积累

在学习的过程中，学生可能遇到过一错再错的现象。究其原因，多数由于在学习中不求甚解，不注意总结积累。那么，该怎么办呢？实践证明，自编一本“易错题集”是避免做题一错再错的最好办法。

所谓“易错题集”，顾名思义，是指每次考试或测验之后，将做错的试题记录下来，分析错误，找出原因，使自己以后不再犯同样的错误。

在多年的教学实践中发现：如果学生在平时学习中重视这一环节，及时总结得失，对学习效果具有举足轻重的作用。特别是高三复习阶段，大量的练习，题海浩瀚，如果想把所有做过的练习全部复习一遍，一则时间不允许，二则抓不住重点。如果手头有一本“易错题集”，复习时主要看曾经做错的习题，针对考试中暴露出来的问题再进行认真分析，弄清原因，脑海里就会留下深刻的印象，再加上学而时习之，何愁不能避免错之再三的现象？到了最后临考复习，会发现，这绝对是一本只属于自己的宝贵资料。

无独有偶。据许多考上北大、清华等重点高校的高考状元透露，他们在高考复习中一个最重要的制胜法宝即是建立这样一个“易错题集”，该错题集不仅总结归纳了他们在平时复习、练习、测验、模考中容易犯错、命题新颖、实战性强的典型习题及解题思路，而且还涵盖了诸状元在涉猎大量课内外辅导资料、报刊的过程中搜集到的经典题目。这种“易错题集”与众不同之处在于：①覆盖面广；②选材独到；③针对性强；④区分度大；⑤切题率高；⑥实用性好。正因为如此，众多高考状元在高考复习中事半功倍，受益匪浅，避免了许多弯路及回头路，从而大大提高了资料的利用率和复习效果，进而在高考中一举夺魁。“易错题集”的复习方法如下。

（1）每周把该周“易错题集”中记录的题目快速浏览一遍。

（2）每月把该月“易错题集”中记录的题目再快速浏览一遍。

（3）每个季度把“易错题集”中三个月记录的题目再快速浏览一遍。

（4）大考前把该“易错题集”中所有题目认真复习一遍，确保题不二错。

7. SQ3R 阅读法

SQ3R 是英语 survey，question，read，recite，review 五个词的第一个字母，分别代表“浏览、问题、阅读、复述、复习”五个学习阶段。这种读书方法是由美国依阿华大学的罗宾森提出的。该方法创用后，极受推崇。其要点是：浏览该阶段应特别关注书的序（或前言）、内容提要、目录、正文中的大小标题、图、表、照片，以及注释、参考文献和索引等，以便对全书有一个总的直觉印象。这不仅可获得对全书框架的大体了解，还可以把自己原先已掌握的有关知识与经验调动起来，为进一步阅读提供基础。

SQ3R 阅读法具有五个特点：紧扣文章中心、有目的地读书、读书的印象深刻、大脑主动回忆、记忆牢固。

五步读书法过程如下。

（1）**浏览**：这是读书的第一步，当拿到一本书后，首先应概要地读一读该书的内容简介、目录，以便对该书有个大体的了解。

（2）**问题**：这一阶段，要读书中各章节的标题以及章节承上启下的内容，一边粗读一边提问。这样可以激发学习兴趣，促进自己的钻研。

（3）**阅读**：如果说浏览、发问敲开了书本知识的大门，阅读则是登堂入室。阅读就是从头到尾细读，对重要、难解部分反复读。在阅读过程中，要做到眼到、口到、心到、手到，也就是边读、边思考、边圈点、边画杠杠。要尽可能将自己原有的知识和新知识结合起来，写眉批写心得，做读书笔记，以保存“知识印象”。

（4）**复述**：即“回忆印象”，如俗话说的“过电影”。离开书本回忆书中的内容，看自己发问题目上是否获得了正确的理解。这是自我检查学习效果的方法，也是巩固记忆的手段。

（5）**复习**：一般在复述后一两天内进行，隔一段时间再重复一次，可以巩固已有的知识，又能温故而知新，从中获得新的体会。

在再次浏览略读的基础上，关注大小标题、黑体字或其他重要标示，并提出一些问题。这样一些问题的提出，可以使随后的阅读阶段更有目的，更有兴趣；也可以使自己的自行解答在阅读过程中得到校正和补充，从而使阅读变成一个有准备的、主动的、批评性的、时时注意的过程。“发问”不仅有助于提高独立思考、解决问题的能力，而且有助于提高学习与记忆的效率。

阅读这一阶段必须带着问题进行深入的阅读，并积极调动各种感官，努力做到眼到、口到、心到、手到。对于专门术语要搞清楚其准确意义，可作圈点、勾画重点或提示性批评，对章首、章末的关键性文字和重点段落尤应注意，并作笔记以加深理解，增强记忆。复述即“回忆”。在这个阶段中，重新阅读，对各个部分所提出的问题尝试给予解答，并试图合上书复述（回忆）每个部分的主要内容，进行学习和记忆效果的自我检查。这种主动的、及时的回忆，有助于集中注意力，发现尚未掌握好的难点并重点突破，同时，有助于提高记忆效率。

复习在复述的基础上，根据问题解答满意程度和记忆程度，进行全面而有重点的复习。复习应在学习后的一两天内进行，隔一定时间还要重复进行，以巩固学习和记忆效果。

SQ3R 读书方法，使有关学习和记忆的一些心理原则得到综合性的最佳应用，特别适合于精读教科书及经典著作。

9.4　系统思考的工具

❖ **研创活动**

系统思考的工具有哪些？如何运用这些工具促进学习？

系统思考的工具主要有行为模式图（Behavior Patterns Graph）、实体关系图、输入输出图（I/O 图）、多重原因图、鱼刺图（又称“鱼骨图”或“石川图”）、系统循环图（又称因果回路图）、存量流量图（又称水管图）、系统动力图、冰山模型等。

1. 行为模式图

行为模式图用来表述问题或变量随时间发展的变化，或结构引起的行为变化。例如，数字校园建设中的利益关系（图 9-7），可以看作一个行为模式图。数字校园建设中涉及的利益，既有经济方面的利益关系，也有无形的地位、权利、名誉等方面的利益关系。数字校园建设的过程是数字校园利益相关者的利益重组的过程，会触及一些利益相关者的根本利益。对数字校园建设中的群体利益进行分析，有助于了解数字校园建设中的基本矛盾，从而更好地指导数字校园建设。

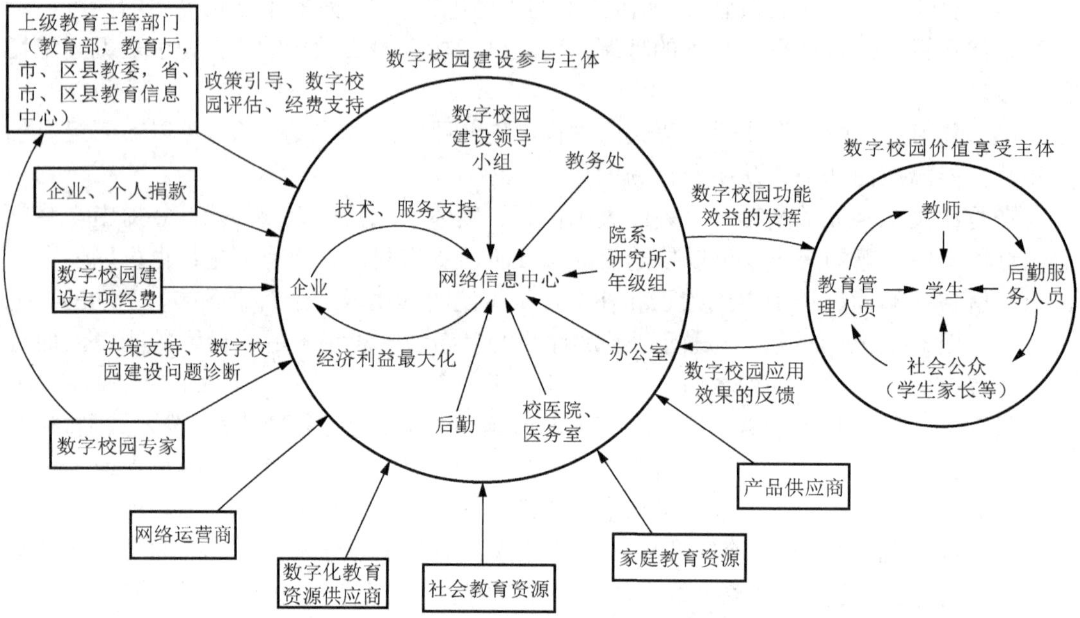

图 9-7　数字校园建设中的利益关系

数字校园的利益相关者由上级教育主管部门（高校的上级教育主管部门为教育部、教育厅、市教委等；中小学的上级教育主管部门为市、区县教委，以及省、市、区县教育信息中心等）、数字校园建设参与主体、数字校园价值享受主体、数字校园专家、网络运营商、数字化教育资源供应商（提供期刊数据库、电子教材、素材、视频讲座等数字化教育资源）、产品供应商等组成。在数字校园建设过程中，随着时间的发展，会引起利益相关者的行为变化，进而会影响数字校园建设。

2．实体关系图

实体关系图反映系统中所有的利益相关者和主体之间的反馈关系。系统思考的重要原则之一就是不遗漏重要的实体，否则就无法进行真正的系统思考。实体关系图是简化环路图的工具，可以帮助使用者扩大思考范围。对于事情比较复杂，原因、因素、结果比较多的情况，使用者画出实体关系图时，需要用不同线条组合的“束线器”把复杂的事件分类组合。

全面思考是应对本位主义的一个重要方法。人们都习惯把问题抛给别人，指责别人，如果使用全面思考，就要把自己也纳入事件本身中，把相关的实体都考虑到，这就涉及划清系统边界的问题。例如，数字校园系统实体关系（图 9-8），学校教育是一个复杂的系统，学校教育系统中的实体涉及上级教育主管部门、社会家庭、现实校园、数字校园和学校教育相关人群等。

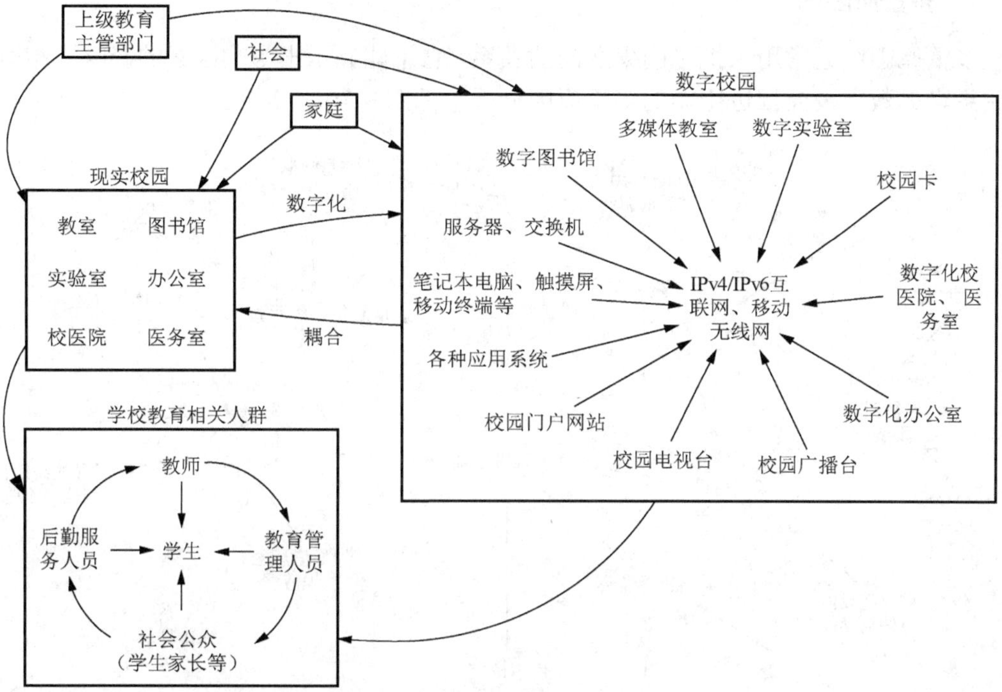

图 9-8　数字校园系统实体关系图

3. 输入输出图（I/O 图）

输入输出图包含输入、过程、输出三个部分，其中“过程”通常被描述为黑箱（黑匣子）。如数字校园系统输入输出，见图 9-9。数字校园建设的过程，可以被描述成各种特定输入，经过数字校园系统内部诸要素的相互协调与合作，转化成特定输出的一系列活动的组合。

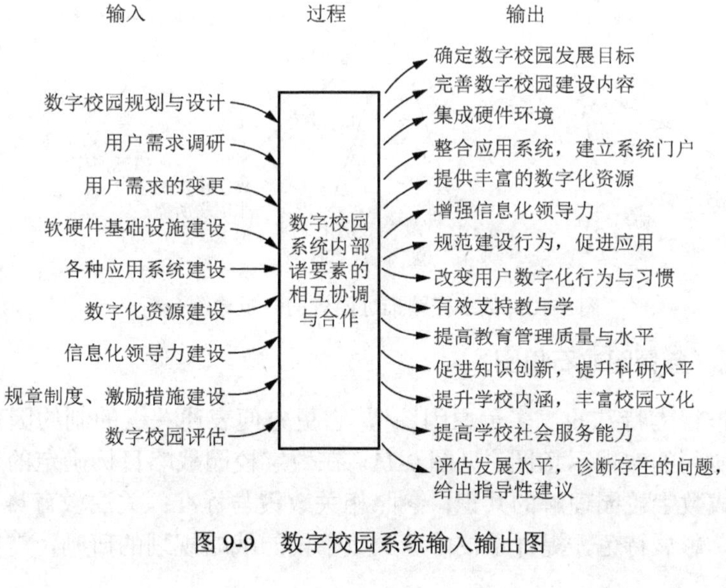

图 9-9　数字校园系统输入输出图

4. 多重原因图

多重原因图通常用来探讨因果之间的关系，它不能显示出影响因素的影响力相对强弱关系。如数字校园推进困难的多重原因分析，见图 9-10。

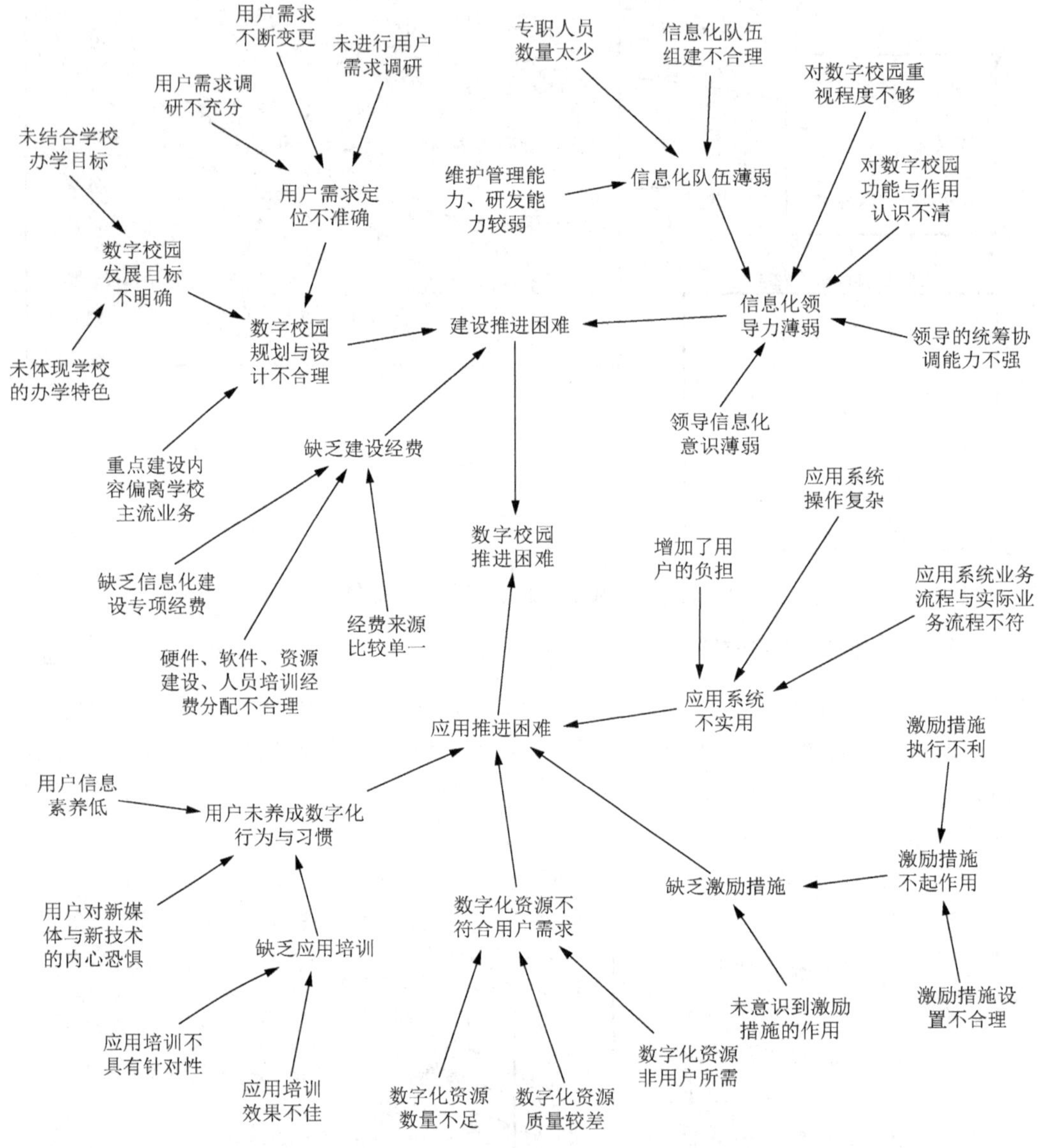

图 9-10　数字校园推进困难的多重原因分析

5. 鱼刺图（鱼骨图或石川图）

鱼刺图常被视为特殊的“多重原因图”，它更方便表述关键的制约因素或障碍。如数字校园战略协同的实现示意图，见图 9-11。在数字校园战略目标确定的过程中要关注以下内容：形成数字校园理解的共识；参照相关政策与标准；关注教育热点问题；结合本校实际情况，彰显特色，提升学校内涵。数字校园战略规划的研制，需要与这四方面的内容相互协调，并需要增强战略规划的前瞻性、科学性、效益性、均衡性、针对性和可行性。数字校园战略协同效果好，则能有效地避免数字校园战略规划实践中容易出现的各种问题。

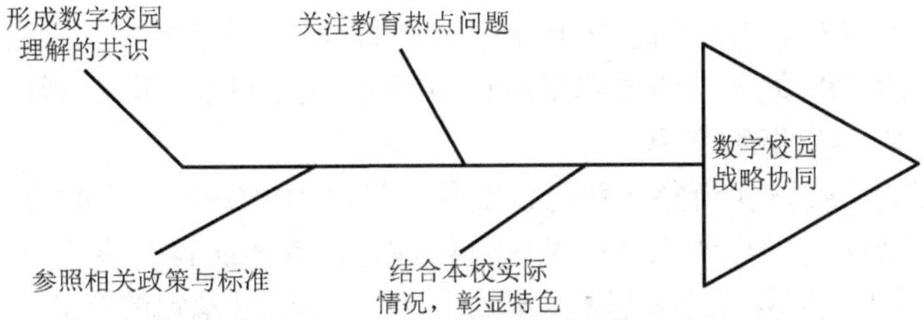

图 9-11　数字校园战略协同的实现

6. 系统循环图（因果回路图）

系统循环图称为因果回路，可以帮助我们以“因果关系链”的形式来描述系统。它是系统思维的基本工具，也是其他一些工具（仿真建模、存量流量图等）的基础，它的应用非常广泛。系统循环图更便于深刻表示出系统结构。系统循环图由“变量”和两类基本要素构成，他们构成一系列闭合“回路”，反映了影响系统行为的各种关键因素（变量）之间的关系。

回路（loops）：在系统思考领域，学者常用一系列相互连接的变量构成闭合回路，来标识系统中关键影响因素及其之间的相互关系、重要反馈，从而反映复杂事物之间的因果关系。所有回路（不管非常简单还是极度复杂）均有两类要素构成“变量”和“连接”。

变量（variables）是系统中的实体、属性或要素；变量会影响其他变量并受到其他变量影响。所有变量可以分为两类：存量与流量，在系统动力学中任何一个变量，不是存量，就是流量。除此以外没有别的类型。

存量（stocks）：随时间而累计的变量，在每一个时间点都可以被测量。

流量（flows）：是一段时间内发生的变化量，会导致存量的增加或减少，只能在一段时间内被测。

连接（links）：反映的是变量之间的关系和变化方向，以有向箭头之间的关系及其变化方向和以有箭头（由原因指向结果）和极性（同向变化或反向变化，+/–）来表示。如图表示“原因”处于连接箭头的起点，而“结果”处于箭头的尾部。表示“A 影响了 B”，“A 导致了 B”，“如果 A，则 B”。

反馈变化关系：在箭头末尾标注“+”或“–”来表述该向箭头连接起来的两个变量之间的变化关系是同向变化，还是反向变化。

“+”表示“正反馈”：原因增长“导致”结果也增长的连接，表示原因减弱“导致”结果也减弱的连接。

“–”表示“负反馈”：原因增长“导致”结果也减弱的连接，表示原因减弱“导致”结果也增长的连接。

系统思考的一项基本原则就是：有且只有两种连接：同向（+）、反向（−）。

无论一个系统多么复杂，组成它的基本构造模块都只有两种反馈回路（“增强回路”，“调节回路”），系统中所有的动态变化都只产生于这两种反馈回路加上“时间滞延”组成网络构成之间的交互作用。

（1）增强回路：对系统中的事物有增强其原有变化态势的作用。在较为复杂的系统循环图中，可以用“R+编号”的方式来标识不同的增强回路。所有增强回路要么表现为指数增长，要么表现为指数衰退。

（2）调节回路：会自我调整，并阻止变化。可以用“B+编号”的方式来标识不同的调节回路。调节回路可以导致系统向某一目标靠近。具体而言如果某一个变量上升，其上升的幅度随时间的推移而越来越慢，最终达到一种相对稳定的状态（目标）；如果某一变量下降，其下降幅度随时间推移也会越来越小，最终达到预期目标。调节回路的作用机理：阻力或限制因素、干预或解决问题、平衡或实现目标。

（3）时间滞延：反映的是两个变量之间的相互影响或作用在时间上有一定的延迟，也就是说这种作用需要经过一段时间之后才能表现出来。在系统循环图中学者经常在两个变量的连接线中间画一条短的平行线（“ ═══ ”）表示时间延迟。如实现数字校园建设目标的系统循环，见图 9-12。

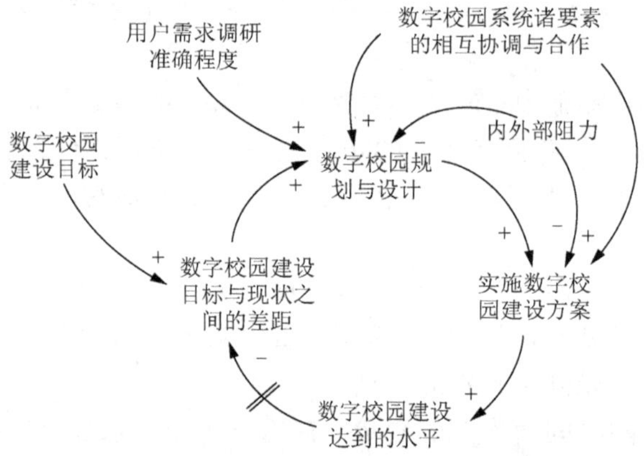

图 9-12　实现数字校园建设目标的系统循环

7．存量流量图（水管图）

存量流量图更便于精细地表述系统内在结构及动态特性。因果回路图只能描述存量与流量之间逻辑结构关系的基本方面（总体关系），而存量流量图不仅能描述存量与流量之间逻辑结构关系的基本方面，还能区别各变量的性质，所描述的信息完全可以用积分、微分方程组表示出来。

存量和流量是系统动力学中的一个核心概念，其重要程度和因果反馈回路相当。没有存量和流量，就无法模拟反馈回路随时间变化的过程。

存量也称状态变量（level variable），是描述系统的累积效应的变量，是数学意义上的积分，其值可以在瞬间被测量。存量是累计量，它表征系统的状态，并为决策和行动提供信息基础。在流图中，存量用一个矩形符号表示：□。

流量也称速率变量（rate variable），是描述系统累积效应变化快慢的变量。速率变量描述状态变量随时间变化的情况，是数学意义上的导数。其值不能在瞬间被观测，而是用一段时间内的平均值来表示。在流图中，流量的描述符号是⧖。

流量使存量发生变化，流量是速率量，它表征存量变化的速率。流入量（正）使存量增加，流入量大，则存量增加得快，反之则慢；流出量（正）使存量减少，流出量大，则存量减少得快，反之则慢。存量的变化由且仅由流量引起，一个存量可以有多个流入量和流出量。区别存量和流量的方法是用快照来冻结一个系统。存量标识着系统的状态，那么在快照中可以计数或衡量的变量就是存量。

辅助变量（auxiliary variable）是描述决策过程中的中间变量，即状态变量和速率变量之间信息传递与转换过程的中间变量。表达如何根据状态变量计算速率变量的决策过程，是分析反馈结构的有效手段。在流图中的描述符号是○。

常量也称外生变量，是在研究期间内变化甚微或相对不变的量。在流图中的描述符号是⊖。

流图中使用的流线，守恒流用实剪线表示：⟶。非守恒流用虚剪线表示：⋯⋯▸。守恒流也称物质流，表示在系统中流动着的物质。物质流在流动过程中需要时间，因此有延迟现象。守恒流一定会改变它所流经变量的数量，并遵循守恒原理。非守恒流也称信息流，是连接状态变量和速率变量之间的信息通道的流线。守恒流表明系统活动中产生的实体流，是构成系统的基本流，属于被动对象；信息流是与系统管理相关的流，它为决策提供必要的信息，因此对系统的管理或控制非常有意义。非守恒流只是获取或提供相关变量的当前信息，不改变其数值，也不遵循守恒原理。

源点和汇点代表系统的外部世界。源为始，汇为终。源点取之不尽，汇点即填之不满。在流图中，它们均用云状表示：

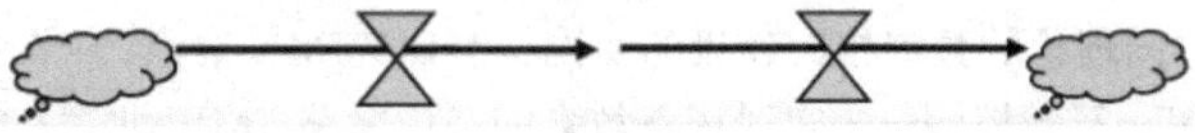

系统动力学软件主要有 Vensim、AnyLogic、Universal Mechanism（UM）、Stella（商业版本 Ithink）等。Vensim 可提供一种简易而具有弹性的方式，以建立包括因果循环（casual loop）、存货（stock）与流程图等相关模型。使用 Vensim 建立动态模型，只要用图形化的各式箭头记号连接各式变量记号，并将各变量之间的关系以适当方式写入模型，各变量之间的因果关系便随之记录完成。而各变量、参数间之数量关系以方程式功能写入模型。透过建立模型的过程，可以了解变量间的因果关系与回路，并可透过程序中的特殊功能了解各变量的输入与输出间的关系，便于使用者了解模型架构，也便于模型建立者修改模型的内容。

8. 冰山模型

冰山模型在心理学及其他很多方面都有应用，从系统思考的角度来讲，要让思考更有深度，需要区分三个层次，见图 9-13。

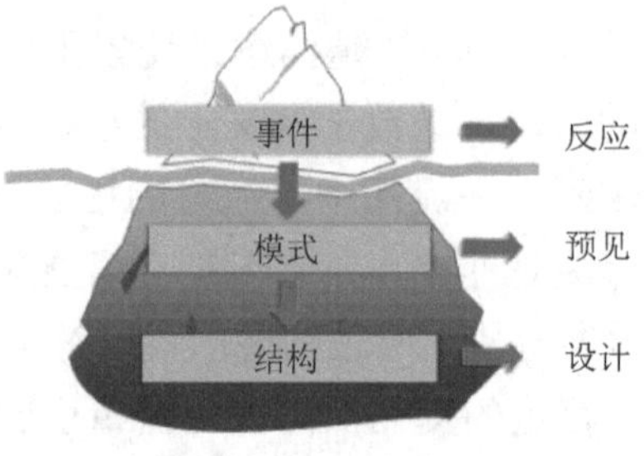

图 9-13　冰山模型

1）事件

如果以冰山为比喻，事件就是冰山浮在水面上的部分，是能够经历、策划、参与、推动的，是看得见、摸得着的。如果只停留在事件层面上就事论事，就属于“反应式”应对策略，总是“摁下葫芦浮起瓢”，到处“救火”，不能从根本上消除隐患。

2）模式

把相互关联的事件串联起来可以发现它们之间的模式，对问题就有一定的预见性。好比炒股票，前一天收市时某只股票的涨跌情况只是一个事件，如果将该股票在一段时期内的涨跌情况关联起来，就可以看到一定的趋势，以此分析该股票在未来一段时间内的走势。这个层次是从冰山水面的部分向下深入。

继续向水面之下深入则可以预见为什么会有这种趋势和模式，找到事件的内在结构。结构影响行为，每一个行为背后都有特定的系统结构，洞悉系统结构之后就可以成为系统设计师，主动调控系统结构，从而改变系统行为。

冰山模型在应用的时候，首先要把想要解决的事件列出来，再向下把事件相互关联起来，得到一种趋势和模式，最后透析产生这种趋势和模式的原因，从而逐步加深思维的深度。

拓展资料

1. 王运武. 基于协同理论的数字校园建设的协同机制研究[M]. 北京：中国社会科学出版社，2013.

2. 王运武，于长虹. 智慧校园——实现智慧教育的必由之路 [M]. 北京：电子工业出版社，2016.

3. 邱昭良. 系统思考实践篇[M]. 北京：中国人民大学出版社，2009.

4. 丹尼斯 • 舍伍德. 系统思考[J]. 邱昭良，刘昕，译. 北京：机械工业出版社，2007.

5. 全国思维导图学习网[EB/OL]. http://www.swdtxx.com.

全国思维导图学习网

6. 史上最高效学习方法，没有之一！[EB/OL].http://learning.sohu.com/20160122/n435472246.shtml [2016-01-22].

第10章　学习型组织与学习型社会

● **学习目标**

1. 了解创建学习型组织的背景和意义。
2. 掌握学习型组织的内涵。
3. 掌握如何创建学习型组织。
4. 掌握学习型社会的内涵。
5. 掌握学习型社会的基本属性。
6. 掌握学习型社会的基本要素。
7. 掌握学习型社会形成的基本标志。
8. 学会构建学习型社会评价指标体系。
9. 掌握创建学习型社会的路径与对策。
10. 树立为创建学习型社会做贡献的信念。

● **知识点**

学习型组织、学习型社会、学习型社区、学习型城市、学习型组织五项修炼、学习型社会的基本属性、学习型社会的基本要素、学习型社会形成的基本标志、学习型社会评价指标体系。

● **技能点**

创建学习型组织，创建学习型社会，创建学习型社区，构建学习社会评价指标体系。

● **思考题**

1. 你所在的学校是否是一个创新型组织？并给出理由。
2. 创建学习型组织有哪些意义？
3. 学习型组织的内涵是什么？
4. 如何创建学习型组织？
5. 学习型社会的内涵是什么？
6. 学习型社会的基本属性是什么？
7. 学习型社会的基本要素有哪些？
8. 学习型社会形成的基本标志是什么？
9. 如何构建学习型社会、学习型组织、学习型城市、学习型社区、学习型班级、学习型学校的评价指标体系？
10. 创建学习型社会的路径与对策有哪些？
11. 结合自己学校的特点，谈谈如何创建学习型学校。
12. 结合自己所在班级的特点，谈谈如何创建学习型班级。
13. 教育技术工作者能够为创建学习型社会做哪些贡献？

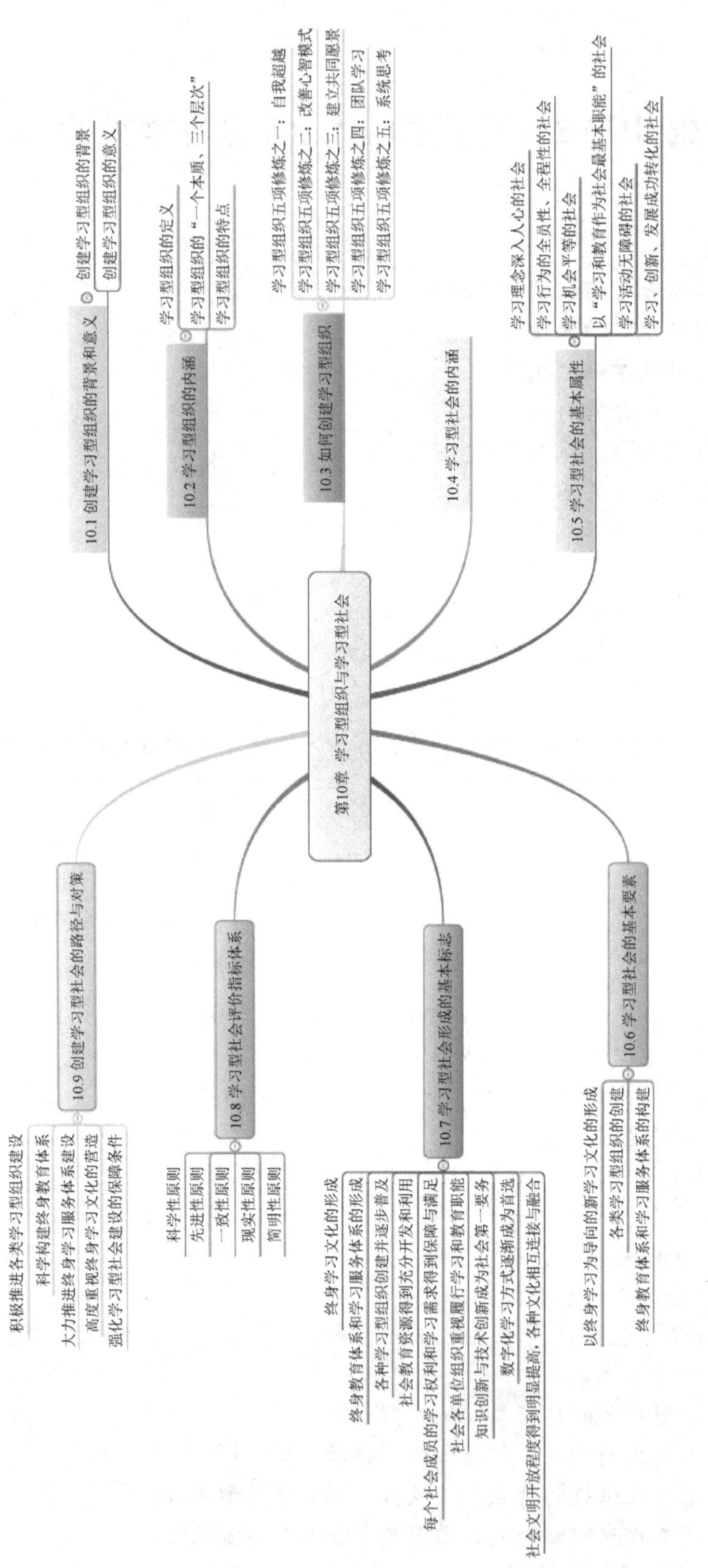

“学习型组织与学习型社会”知识导学图

10.1　创建学习型组织的背景和意义

❖ **研创活动**

（1）创建学习型组织的背景是什么？

（2）创建学习型组织有哪些意义？

1．创建学习型组织的背景

等级权力控制是以等级为基础，以权力为特征，对上级负责的垂直型单向线性系统。它强调“制度+控制”，使人“更勤奋地工作”，达到提高企业生产效率、增加利润的目的。权力控制型企业管理在工业经济时代前期发挥了有效作用，它对生产、工作的运行和有效指挥具有积极意义。但在工业经济后期，尤其是进入信息时代、知识时代以后，这种管理模式越来越不能适应企业在科技迅速发展、市场瞬息万变的竞争中取胜的需要。企业家、经济学家和管理学家都在探寻一种更有效的能顺应发展需要的管理模式，即另一类非等级权力控制型管理模式，学习型组织理论就是在这样一个大背景下产生的。

学习型组织最初的构想源于美国麻省理工学院的佛瑞斯特。他是一位杰出的技术专家，是 20 世纪 50 年代早期世界第一部通用计算机“旋风”创制小组的领导者。他开创的系统动力学是提供研究人类动态性复杂的方法。所谓动态性复杂，就是将万事万物看成动态的、不断变化的，仿佛是永不止息之流。1956 年，佛瑞斯特以他在自动控制中学到的信息反馈原理研究通用电气公司的存货问题时有了惊人的发现，从此致力于研究企业内部各种信息与决策所形成的互动结构，究竟是如何影响各项活动的，并回过头来影响决策本身的起伏变化的形态。佛瑞斯特既不做预测，也不单看趋势，而是深入地思考复杂变化背后的本质，即整体动态运作的基本机制。他提出的系统动力学与目前自然科学中最新发展的混沌理论和复杂理论所阐述的概念，在某些方面具有相通之处。1965 年，他发表了一篇题为《企业的新设计》的论文，运用系统动力学原理，非常具体地构想出未来企业组织的理想形态，即层次扁平化、组织信息化、结构开放化，逐渐由从属关系转向为工作伙伴关系，不断学习，不断重新调整结构关系。这是关于学习型企业的最初构想。

彼得·圣吉是学习型组织理论的奠基人。作为佛瑞斯特的学生，他一直致力于研究以系统动力学为基础的更理想的组织。1970 年在斯坦福大学获航空及太空工程学士学位后，彼得·圣吉进入麻省理工学院斯隆管理学院攻读博士学位，师从佛瑞斯特，研究系统动力学与组织学习、创造理论、认识科学等融合，发展出一种全新的组织概念。他用了近十年的时间对数千家企业进行研究和案例分析，于 1990 年完成其代表作《第五项修炼——学习型组织的艺术与实践》。他指出现代企业所欠缺的就是系统思考的能力。它是一种整体动态的搭配能力，因为缺乏它所以许多组织无法有效学习。之所以会如此，正是因为现代组织分工、负责的方式将组织切割，而使人们的行动与其时空上相距较远。当不需要为自己的行动的结果负责时，人们就不会去修正其行为，也就是无法有效地学习。

《第五项修炼》提供了一套使传统企业转变成学习型企业的方法，使企业通过学习提升整体运作“群体智力”和持续的创新能力，成为不断创造未来的组织，从而避免了企业“夭折”和“短寿”。该书一出版即在西方产生极大反响，彼得·圣吉也被誉为 20 世纪 90 年代的管理大师，未来最成功的企业将是学习型企业。学习型组织的提出和一套完整的修炼的确立，实际上宣告整个管理学的范式在彼得·圣吉这里发生了转变。正是在这个意义上，不少学者认为，《第五项修炼——学习型组织的艺术与实践》以及随后的《第五项修炼·实践篇》《变革之舞——学习型组织持续发展面临的挑战》的问世，标志着学习型组织理论框架的基本形成。

随着信息社会、后工业社会和知识经济的到来，企业的生产模式、组织形式、管理理念、管理的重心、工作方式正经历着一场持久而深刻的变革。

生产模式变革：从“集中化、通用化、标准化、大型化”转向“分散化、个性化、专业化、小型化”。

组织形式变革：由等级权力控制型转向非等级权力控制型（学习型），组织机构趋于扁平化、网络化、分权制。

管理理念变革：新的理念是由“控制+制度”转为“学习+激励”。

管理重心的改变：由重物质、资本管理转向重人力资源开发，由重视信息资源管理转为重视知识资源管理（首席知识执行官、知识管理小组）。

工作方式的改变：由过去统一化、规模化转变为灵活、高效的项目、团队等小组方式。

在即时性、复杂性、不确定性很强的市场和社会环境下，未来真正出色的企业，将是能够设法使各阶层人员全心投入，并有能力不断学习的组织，是比竞争对手学习得更快的企业。建立学习型组织成为企业在知识经济时代、经济全球化背景下的一种必然选择。

2. 创建学习型组织的意义

“学习型组织”是一种人类梦寐以求的组织蓝图——在其中，人们得以由工作中得（活）出生命的意义、实现共同的愿望。

——彼得·圣吉

创建学习型组织对提升组织或个人教学与管理水平具有重要意义。

（1）通过改善心智模式，努力自我超越，实现思想观念的彻底更新。

（2）通过“团队学习”“系统思考”的修炼，激励全体教师共同努力、勇于改革、敢于创新，建立完善各项管理制度和运行机制，为工商管理系做大、做强、做优提供强有力的智力支持和制度保障。

（3）通过创建学习型组织，塑造优秀的组织文化，实现做优做强的发展战略。

（4）创建学习型组织有利于激发教师学习的内在驱动力，提高自身的教学、科研、管理和实践能力。

（5）学习型组织有利于组织形成核心竞争力，实现可持续发展。

（6）创建学习型组织，使组织成为一个全员学习、全过程学习、终身学习、善于学习的团队，淡化组织的分工和边界，组织的创新活力必将被激发，组织的整体绩效必将大大大于个人绩效的综合。

2003年12月中共中央、国务院作出的《关于进一步加强人才工作的决定》明确指出：应“鼓励人们通过多种形式和渠道参与终身学习，积极推动学习型组织和学习型社区建设”。为了“形成全民学习、终身学习的学习型社会”“构建现代国民教育体系和终身教育体系，建设学习型社会”，必须促进创建学习型组织。

2014 年 9 月，李克强总理在夏季达沃斯论坛上公开场合发出“大众创业、万众创新”的号召。当时他提出，要在 960 万平方千米土地上掀起“大众创业”“草根创业”的新浪潮，形成“万众创新”“人人创新”的新势态。2015 年李克强总理在政府工作报告又提出：大众创业，万众创新。政府工作报告中如此表述：推动大众创业、万众创新，既可以扩大就业、增加居民收入，又有利于促进社会纵向流动和公平正义。在论及创业创新文化时，强调让人们在创造财富的过程中，更好地实现精神追求和自身价值。创建学习型组织是实现“大众创业，万众创新”的力量源泉。

10.2　学习型组织的内涵

❖ **研创活动**

（1）学习型组织的内涵是什么？

（2）你所在的学校是否是一个创新型组织？并给出理由。

1．学习型组织的定义

学习型组织是一个能熟练地创造、获取和传递知识的组织，同时也要善于修正自身的行为，以适应新的知识和见解。当今世界上所有的企业，不论遵循什么理论进行管理，主要有两种类型：一类是等级权力控制型；另一类是非等级权力控制型，即学习型企业。学习型组织这一概念主要来自于管理学者彼得·圣吉，彼得·圣吉在其著作《第五项修炼——学习型组织的艺术与实践》中提出了学习型组织所需的五项修炼。

知识经济迅速崛起，对企业提出了严峻挑战，现代人工作价值取向的转变，终身教育、可持续发展战略等当代社会主流理念对组织群体的积极渗透，为组织学习提供理论上的支持。结合研究现状，提出学习型组织的内涵。

（1）学习型组织方法，即发现、纠错、成长。组织学习普遍存在“学习智障”，是由于个体思维的误区，没有找到关键的要点，你的远景是什么？如何去除其中的限制因素障碍，获得组织肌体的修复，找到合适的成长环路，这需要个体之间不断去学习、探索，达到互动的目的。一切心理和机构层面的考量都不是学习的关键元素，修复和行动力才是主导。所以，方法只能在动态的过程里找到，最后成长。发现、纠错、成长是一个不断循环的过程，也是学习的自然动力。

（2）学习型组织核心，即在组织内部建立“组织思维能力”。学会建立组织自我的完善路线图，建立自我学习机制。组织成员在工作中学习，在学习中工作，学习成为工作新的形式。

（3）学习型组织精神，即学习、思考和创新。此处学习是团体学习、全员学习，思考是系统、非线性的思考，创新是观念、制度、方法及管理等多方面的创新。

（4）学习型组织的关键特征，即系统思考。只有站在系统的角度认识系统，认识系统的环境，才能避免陷入系统动力的旋涡里去。

（5）组织学习的基础，即团队学习。团队是现代组织中学习的基本单位。许多组织多是组织现状、前景的热烈辩论，但团队学习依靠的是深度汇谈，而不是辩论。深度汇谈是一个团队的所有成员，摊出心中的假设，而进入真正一起思考的能力。深度汇谈的目的是一起思考，得出比个人思考更正确、更好的结论；而辩论是每个人都试图用自己的观点说服别人同意的过程。

从形式看，学习型组织是一种基于学习的创新型组织，它把指导个人学习、团队学习与组织学习作为组织管理和组织发展的基础与关键。从功能看，学习型组织能够有效地将组织及其成员的学习行为转化为组织的创新能力，从而促进组织成员的全面发展与组织自身不断变革与持续发展。从本质看，学习型组织的本质特征是使每个组织成员活出生命的意义，使整个组织充满生机活力。通过个人活力的发挥，使组织成为一个生机勃勃的有机的生态体系。因此学习型组织是一种旨在通过学习焕发组织活力的新型管理模式。学习型组织的真谛是实现“心灵的转变”，是通过学习认识到生命的真正意义在于创造。

学习型组织是新的现代管理理论和思想；它提出了新的管理原则、框架和技术。彼得·圣吉描述：学习型组织是精简、扁平、网络化、有弹性、能够不断学习、不断自我创新未来的组织；是一种通过培养弥漫于整个组织的学习气氛，充分发挥组织成员的创造性思维能力而建立起来的一种有机的、符合人性的、能持续发展的组织。

贝内特（Bennett）等根据 25 家成功推行学习型组织公司的调查结果，认为：学习型组织是将学习、调适及变革等能力转化为组织文化的组织，使其价值、政策、实践、体制及结构能有助于员工进行学习的组织。

马恰德在他的组织学习系统理论中指出：“系统地看，学习型组织是能够有力地进行集体学习，不断改善自身收集、管理与运用知识的能力，以获得成功的一种组织。”

鲍尔·沃尔纳对学习型组织所下的定义是：“学习型组织就是把学习者与工作系统地、持续地结合起来，以支持组织个人、工作团队及整个组织系统这三个不同层次上的发展。”

国内学者对学习型组织的定义中，比较典型的是郭咸纲的定义：学习型组织，是指通过培养弥漫于整个组织的学习气氛，充分发挥员工的创造性思维能力而建立起来的一种有机的、高度柔性的、扁平的、符合人性的、能持续发展的组织。这种组织具有持续学习的能力，具有高于个人绩效总和的综合绩效。曹世潮的定义也比较有特色，他认为，所谓学习型组织，即组织是否具有学习的欲望、机制、环境和全体一致的自觉。

综合以上观点认为，学习型组织是指：在这种组织中，个人、团队和组织是学习的三个层次，他们在由组织共同愿景所统领的一系列不同层次的愿景所引导和激励下，不断学习新知识和新技能，并在学习的基础上持续创新，以实现组织的可持续发展和个人的全面发展。

2. 学习型组织的“一个本质、三个层次”

一个本质是指“各类建设主体必须紧紧抓住学习型组织的本质：活出生命的意义，使个人和组织充满生机活力”。

三个层次是指：个人学习是基础、团队学习是关键、组织学习是一场变革之舞。每个层次又包含三个环节。

个人学习是基础层次：一是指导每个人不断学习新知识、新信息、新技术，鼓励人人成才；二是指导组织成员不断转变心智模式，形成系统思考的思维方式；三是指导组织成员进行心灵的修炼，改变工具性的工作观，实现工作、学习、生活一体化，让每个人都活出生命的意义。

团队学习是关键层次：一是通过团队成员知识共享，快速增长团队智慧；二是通过深度汇谈，整合个人愿景，形成共同愿景；三是形成默契合作的团队文化。

组织学习是整体层次：一是时刻关注外界环境的变化，开展变革，推进创新，实施知识管理；二是树立设计师、仆人、教师型的领导观；三是实现组织由传统机械体系向生态体系的转变。

3. 学习型组织的特点

学习型组织是一种组织形态或组织结构，包括所有不同层次的学习，要结合学习与生活和工作的各层面，其发展是持续不断转化的过程，必须获得共享的成果。学习型组织的九大特点如下。

1）组织成员拥有一个共同的愿景

组织的共同愿景，就是组织中所有员工愿景的景象，是其共同理想。它能使不同个性的人凝聚在一起，朝着组织共同的目标前进。

2）组织由多个创造性个体组成

企业的工作有两类：一类是反映性的；另一类是创造性的。反映就是上级来检查了下级反映一下，出了事故反映一下，但是反映最多能维持现状，但是企业的发展是创造性的工作，没有创造，企业就会被淘汰。所以组织要由多个创造性个体组成。

3）善于不断学习

这是学习型组织的本质特征。所谓“善于不断学习”，主要有四点含义。

（1）强调“终身学习”。即组织中的成员均应养成终身学习的习惯，这样才能形成组织良好的学习气氛，促使其成员在工作中不断学习。

（2）强调“全员学习”。即企业组织的决策层、管理层、操作层都要全心投入学习，尤其是经营管理决策层，他们是决定企业发展方向和命运的重要阶层，因而更需要学习。

（3）强调“全过程学习”。即学习必须贯彻于组织系统运行的整个过程之中。约翰·瑞定提出了一种被称为“第四种模型”的学习型组织理论。他认为，任何企业的运行都包括准备、计划、推行三个阶段，而学习型企业不应该是先学习然后进行准备、计划、推行，不要把学习和工作分割开，应强调边学习边准备、边学习边计划、边学习边推行。

（4）强调“团队学习”。即不但重视个人学习和个人智力的开发，更强调组织成员的合作学习与群体智力（组织智力）的开发。在学习型组织中，团队是最基本的学习单位，团队本身应理解为彼此需要他人配合的一群人。组织的所有目标都是直接或间接地通过团队的努力来达到的。学习型组织通过保持学习的能力，及时铲除发展道路上的障碍，不断突破组织成长的极限，从而保持持续发展的态度。

4）兼学别样

组织中的成员不仅要掌握本岗位上的工作技能，而且要学习了解其他岗位工作能力。只有这样，工作才能顾全大局、相互协作、高效，做到组织精简。

5）扁平式结构

传统的企业组织结构是金字塔式的垂直组织结构，上下级之间是决策输送和信息反馈的逆转传递，上情下达或下情上达都同样要经过中间的层层结构传递，这导致了信息损耗大、传递成本高、传递速度慢等不良后果。另外，企业内部的不同职能部门，往往形成部门职员之间沟通与合作的障碍。这种严格定位、分级负责的模式在面对变化多端的现代化市场行情时变得反应迟缓，缺乏灵活机动性。学习型组织结构是扁平的，即从最上面的决策层到最下面的操作层，中间相隔层次极少。它尽最大可能将决策权向组织结构的下层移动，让最下层单位拥有充分的自主权，并对产生的结果负责。

6）无边界行为

无边界行为是通用电气公司第八任总裁杰克·韦尔奇提出的，他说“你从越多的人中获取智慧，那么你得到的智慧就越多，水准被提升得越高”。为了真正达到“无边界”的理想状态，韦尔奇坚决执行减少管理层次的决定，加强公司硬件建设；大力提倡全球化思维；创立“听证会”制度。“听证会”制度不仅使普通员工参与公司的管理，而且成为领导者和员工相互沟通、学习的场所，大大提高了工作效率。

无边界行为是企业组织结构的创新。虽然企业各部分的职能和界定仍然存在，仍然有权高任重的领导，有特殊职能技术的员工，有承上启下的中层管理者，但组织作为一个整体的功能，却可能已远远超过各个组成部分的功能。可以看出，无边界原理其实是以有边界为基础，并非对所有边界的否定，其目标在于讨论让各种边界更易于渗透扩散，更利于各项工作在组织中顺利开展和完成。根据以上原理，企业必须对现有的一些组织结构边界进行重新定义。

第一，垂直边界。无边界组织突破了位高则权重，位低则权轻这种僵化的定义，撇开所拥有的权威与地位，职位让于能力，以谁提出的建议更有价值为标准，只要利于企业发展的建议都会受到重视和采纳。显然，新的垂直边界提高了企业各级间的可渗透性，使企业能聚集所有职工的智慧，从中得到上佳的决策。

第二，水平边界。旧的水平边界正如房间的隔墙存在于企业内不同的职能部门，不同产品系列或经营小组之间，由于各职能部门都依据自身的进度表行事，往往与其他部门发生矛盾和冲突，各个部门都不顾企业的整体目标而片面夸大自己的目标，从自身专业或部门的立场来评价公司的政策，难怪“政策的制定或计划的编制通常是有利害关系的各方协商的后果，而不是根据公司全盘需要作出的反应”。因此，水平边界的突破就需要设计能够穿越部门边界的工作流程和结构，使信息和资源工作进程在部门之间顺畅流动和快速交接，把被分割的职能重新融入一体。

7）自主管理

按照学习型组织理论，现在的企业管理方式有两类：一类是权力型的；另一类是学习型的。权力型的基本管理模式是等级式的，一级级管下来，问题要一级级上报。这种方法的一个致命弱点就是任何问题都是权力大的人在做主，虽然大多是正确的，但不可否认也有下级正确的时候，有许多工作在基层的员工有好的想法和经验，要充分发挥员工的管理积极性，实行“自主管理”。自主管理是使组织成员能边工作边学习使工作和学习紧密结合的方法。通过自主管理，可由组织成员自己发现工作中的问题，自己选择伙伴组成团队，自己选定改革进取的目标，自己进行现状调查，自己分析原因，自己制定对策，自己组织实施，自己检查效果，自己评定总结。团队成员在“自主管理”的过程中，能形成共同愿景，能以开放求实的心态互相切磋，不断学习新知识，不断进行创新，从而增加组织快速应变、创造未来的能量。日本企业几乎都实行自主管理，不定期地召开会议，气氛很活跃，领导都坐在后面以示支持。一个聪明的领导不仅要让员工的手动起来，还要让他们的脑动起来，给他们以自主管理的机会，肯定他们的工作成果，让他们体会到人生价值，这样他们就乐于奉献，领导也就成功了，企业也就成功了。

8）员工家庭与事业平衡

学习型组织努力使员工丰富的家庭生活与充实的工作生活相得益彰。学习型组织对员工承诺支持每位员工充分地自我发展，而员工也以承诺对组织的发展尽心作为回报。这样，个人与组织的界限将变得模糊，工作与家庭之间的界限也将逐渐消失，两者之间的冲突也必将大为减少，从而提高员工家庭生活的质量，达到家庭与事业之间的平衡。

9）领导者的新角色

在学习型组织中，领导者是设计师、仆人和教师。领导者的设计工作是一个对组织要素进行整合的过程，他不只是设计组织的结构和组织政策、策略，更重要的是设计组织发展的基本理念；领导者的仆人角色表现在他对实现愿景的使命感，他自觉地接受愿景的召唤；领导者作为教师的首要任务是界定真实情况，协助人们对真实情况进行正确、深刻的把握，提高他们对组织系统的了解能力，促进每个人的学习。

10.3　如何创建学习型组织

❖ 研创活动

（1）如何创建学习型组织？

（2）结合自己学校的特点，谈谈如何创建学习型学校。

（3）结合自己所在班级的特点，谈谈如何创建学习型班级。

所有组织都在学习——即适应意义上的学习，因为他们周围的世界总在不断变化。有些组织团体学习得更快、更有效。关键是要把学习看作与日常工作不可分离的一部分。

——《变革之舞》

1．学习型组织五项修炼之一：自我超越

自我超越（personal mastery）：个人有意愿投入工作，专精工作技巧的专业，个人与愿景之间有种“创造性的张力”，正是自我超越的来源。

“自我超越”的修炼是学习不断厘清并加深个人的真正愿望，集中精力，培养耐心，并客观地观察现实。它是学习型组织的精神基础。精熟“自我超越”的人，能够不断实现他们内心深处最想实现的愿望，他们对生命的态度就如同艺术家对艺术作品一般，全心投入、不断创造和超越，是一种真正的终身学习。组织整体对于学习的意愿与能力，植基于个别成员对于学习的意愿与能力。

2．学习型组织五项修炼之二：改善心智模式

改善心智（improve mental models）：组织的障碍，多来自于个人的旧思维，如固执己见、本位主义，唯有透过团队学习，以及标杆学习，才能改善心智模式，有所创新。

“心智模式”是根深蒂固于心中，影响我们如何了解这个世界，以及如何采取行动的许多假设、成见，或甚至图像、印象。我们通常不易察觉自己的心智模式，以及它对行为的影响。例如，对于常说笑话的人，可能认为他乐观豁达；对于不修边幅的人，可能觉得他不在乎别人的想法。在管理的许多决策模式中，决定什么可以做或不可以做，也常是一种根深蒂固的心智模式。如果你无法掌握市场的契机和推行组织中的兴革，很可能是因为它们与我们心中隐藏的、强而有力的心智模式相抵触。

3．学习型组织五项修炼之三：建立共同愿景

建立愿景（building shared vision）：愿景可以凝聚公司上下的意志力，透过组织共识，大家努力的方向一致，个人也乐于奉献，为组织目标奋斗。愿景是未来组织所能达到的一种状态的蓝图。使命是在界定了愿景概念的基础上，具体地定义到回答组织在社会中的身份或角色，在社会领域里，该组织是分工做什么的。价值观指的是基于组织的共同愿景、宗旨和使命等，对所预期的未来状况所持的标准观念。

如果有任何一项领导的理念，几千年来一直能在组织中鼓舞人心，那就是拥有一种能够凝聚、并坚持实现共同的愿景的能力。一个缺少全体衷心共有的目标、价值观与使命的组织，必定难成大器。共同愿景的整合，涉及发掘共有“未来景象”的技术，它帮助组织培养成员主动而真诚地奉献和投入，而非被动地遵从。领导者在精熟此项修炼的过程中，会得到同样的教训：一味试图主导共同愿景（无论多么有善意）会产生反效果。

北京师范大学发展愿景：第十二次党代会确立了到 21 世纪中叶把学校建设成为世界一流大学的奋斗目标，系统提出了“创建世界一流、坚持中国特色、弘扬京师风范”三位一体的战略选择。当前，学校正通过实施质量立校工程、人才强校工程、学科提升工程、国际化建设工程、制度创新工程、条件保障工程、党建创新工程等重大工程，向着建设世界一流大学的宏伟目标迈进。

南京大学发展愿景：南京大学的办学事业已经掀开新的百年篇章。全体南大人将始终保持奋发昂扬的精气神和朴茂平实的工作作风，深入贯彻习近平总书记关于“第一个

南大”的指示精神，着力内涵发展，彰显南大特色，为把南京大学早日建成世界一流大学而努力奋斗，为中华民族的伟大复兴做出更大的贡献！

江苏师范大学发展愿景：江苏师大人将继续发扬“守正出新，坚志勇为”的新时期校园精神，进一步解放思想，全面深化改革，推进内涵发展、转型发展、特色发展，为建设高水平、有特色、有品位的综合性教学研究型大学而努力奋斗！

4．学习型组织五项修炼之四：团队学习

团队学习（team learning）：团队智慧应大于个人智慧的平均值，以做出正确的组织决策，透过集体思考和分析，找出个人弱点，强化团队向心力。在一个管理团体中，大家都认真参与，每个人的智商都在 120 以上，但是团体智商只有 60。团体学习的修炼即在处理这种困境。有不少惊人的实例显示，团体的集体智慧高于个人智慧，团体拥有整体搭配的行动能力。当团体真正在学习的时候，不仅团体整体产生出色的成果，个别成员成长的速度也比其他的学习方式快。

团体学习的修炼从“深度汇谈”（dialogue）开始。“深度汇谈”是一个团体的所有成员，摊出心中的假设，而进入真正一起思考的能力。希腊文中“深度汇谈”（dia-logos）指在群体中让想法自由交流，以发现远较个人深入的见解。“深度汇谈”的修炼也包括学习找出有碍学习的互动模式。例如，“自我防卫”的模式往往根植于团体的互动中，若未察觉，则会妨碍组织学习。如果能以有创造性的方式察觉它，并使其浮现，学习的速度便能大增。团体学习之所以非常重要，是因为在现代组织中，学习的基本单位是团体而不是个人。除非团体能够学习，组织便也无法学习。

5．学习型组织五项修炼之五：系统思考

系统思考（system thinking）：应透过资讯搜集，掌握事件的全貌，以避免见树不见林，培养综观全局的思考能力，看清楚问题的本质，有助于清楚了解因果关系。

融合五项修炼对成就学习型组织是非常重要的，然而这是一件充满挑战的工作，因为要整合出一项新工具，比单纯个别应用这些工具难多了。但同时，这样做所得到的回报是无可衡量的。这是为什么系统思考是以上所提修炼中的第五项，它是整合其他各项修炼成一体的理论与实务，防止组织在真正实践时，将各项修炼列为互不相干的名目或一时流行的风尚。少了系统思考，就无法探究各项修炼之间如何互动。系统思考强化其他每一项修炼，并不断地提醒我们：融合整体能得到大于各部分加总的效力，这体现了系统的协同效应。

“系统思考”也需要有“建立共同愿景”“改善心智模式”“团体学习”“自我超越”四项修炼来发挥它的潜力。“建立共同愿景”，培养成员对团体的长期承诺。“改善心智模式”专注于以开放的方式，体会认知方面的缺失，“团体学习”是发展团体力量，使团体力是超乎个人力量加总的技术。“自我超越”则是不断反照个人对周遭影响的一面镜子；缺少自我超越的修炼，人们将陷入“压力—反应”式的结构困境。

10.4 学习型社会的内涵

❖ **研创活动**

学习型社会的内涵是什么？

1968年，学者、芝加哥大学校长罗勃特•哈钦斯在著作《学习型社会》首先提出了“学习型社会”的概念。1972年5月，联合国教科文组织发布国际教育委员会提出的《学会生存——教育世界的今天和明天》的报告书，对“学习型社会”这一概念作了具体论述。此后，相继有许多学者对“学习型社会”从理论到实践进行探索，丰富了“学习型社会”的理论体系。从20世纪80年代初以来，“学习型社会”理念逐渐进入一些国家的政策文件，成为社会发展的实践。当今，建设学习型社会已经成为世界发展的趋势。

中国在学术界于20世纪80年代引进了“学习型社会”这一概念，在党和国家层面提出“学习型社会”理念和主张是从21世纪初开始的。2001年5月15日，江泽民同志代表中国政府在亚太经合组织人力资源能力建设高峰会议上，把“构筑终身教育体系，创建学习型社会”作为五点主张之一，明确提出要创建学习型社会。2002年9月，他在北京师范大学成立100周年的纪念大会上再次呼吁“逐步形成适应终身学习需要的学习型社会”。此后，建设学习型社会作为奋斗目标和战略任务先后写入了党的十六大、十六届四中全会和五中全会报告以及党的十七大报告，2016年又写进了《教育规划纲要》。

从中国的基本国情和现实需要出发，提出学习型社会这个具有时代特征的重大课题，是实现社会主义现代化建设新三步走的宏伟目标和战略步骤的重大举措。学习化社会和学习型社会方向、本质一致，是同一个社会形态或社会阶段两个不同的层次或水平。“化”者彻头彻尾彻里彻外之谓也，表示彻底通透之意；“型”者形状、形态、框架、格局之谓也，表示基本总体之意。学习化社会始终仍然是教育（乃至社会）改革发展的理想境界和目标追求。

十六大报告进一步强调，把学习型社会作为全面建成小康社会的一个重要目标，作为未来的一种社会形态和社会境界，突出地提到了全党全国人民的面前。因此，学习型社会绝不仅是一个学术的概念或教育的概念，还是全面小康社会发展的一个重要目标和重要内容；小康社会是未来社会形态的综合性、整体性特征，而学习型社会则是未来社会形态的文化的、教育的特征。正是从这个意义上，学习型社会的提出和实践，不仅具有与国际社会接轨的普遍意义，而且实际上已经成为建设具有中国特色社会主义现代化伟大事业的一个重要组成部分。

学习型社会是以知识经济为基础，实现教育的社会化、社会的教育化，全民学习、终身学习的社会，是把学习与教育作为社会发展的前提、基础和关键环节，以促进人的全面发展为社会发展根本目标、以提高人的素质为社会发展根本途径的社会。

学习型社会是有相应的机制和手段促进及保障全民学习与终身学习的社会，其基本特征是善于不断学习，形成全民学习、终身学习、积极向上的社会风气。其核心内涵是全民学习、终身学习。学习型社会要求学习行为的社会化和普遍化，它包括学习型公民、学习型组织、学习型城市、学习型政党、学习型政府等内容。要求学习行为的持续性和长久性，个人要终身学习和教育，企业要不断学习与变革，国家要始终保持竞争的动力和创新的活力。创建学习型社会，要大力加强国家信息网络的建设、改善知识传播的技术条件；创造鼓励学习，促进创新的文化氛围，培育重视知识、重视人才的观念和机制。

学习型社会应是以社会学习者为中心，以终身教育体系、终身学习服务体系、学习型组织为基础，以形成终身学习文化为基本特征，能保障和满足社会成员学习基本权利与终身学习需求，从而有效地促进社会成员全面发展和社会价值得以充分实现，使社会成为可持续发展的一种开放、创新、富有活力的新型社会。概言之，学习型社会的本质，即为以学习求科学发展的社会；或者说，以学习求社会及成员科学发展的过程。

上述表达，明确了三个基本问题：第一，明确了“一个中心”：以社会学习者为中心。第二，明确了“两个目的”：促进社会成员全面发展和社会价值充分实现；促进社会可持续发展。第三，明确了“四个关键性要素”：要素之一是学习型组织，即学习型社会之“基石”；要素之二和之三是终身教育体系与终身学习服务体系，即学习型社会之“架构”；要素之四是终身学习文化，即学习型社会之“灵魂”。

10.5　学习型社会的基本属性

❖ **研创活动**

学习型社会的基本属性是什么？

1. 学习理念深入人心的社会

这正如学习型社会表述中所强调的“终身学习文化”已成为社会基本特征。在学习型社会中，“学习已成为社会的核心理念之一”，其渗透到社会方方面面，深入到社会成员意识之中。每个单位、每个组织、每个人都具有强烈的学习意识，把学习视作一种生活方式和手段，作为生活的有机组成部分。

2. 学习行为的全员性、全程性的社会

在全社会终身学习文化的氛围下，学习成为全体社会成员的自觉行为和终身行动，无论是组织和个人，无不置身于持续学习之中，学习活动成为社会的时尚。

3. 学习机会平等的社会

学习型社会能保障和满足社会成员的学习基本权利与终身学习需求。具体来说，在学习型社会中，每一社会成员，特别是社会中处境不利的困难人群和特殊人群，包括下岗失业人员、支边返城无业人员、残障人士、外来工及其子女、破损家庭成员、社区中家庭妇女和老人，以及新生人员等，均有平等的受教育权和自主的教育选择权，真正体现学习型社会学习者的主体地位。

4. 以“学习和教育作为社会最基本职能”的社会

经“学习、教育与社会形成互动、密切交织”的过程，整个社会构建成完善的学习服务体系和终身教育体系，从而使学习和教育贯穿于所有社会成员、所有组织、所有经济

社会活动之中。换句话说，在学习型社会中，学习和教育职能，不再局限于传统意义上的学校系统，而是“超越学校教育的范围”，“把教育的功能扩充到整个社会的各个方面”。

5. 学习活动无障碍的社会

基于学习成为社会的核心理念之一，整个社会以学习者为中心，学习和教育作为社会最基本职能，学习服务和终身教育体系又得以建立与完善，因而学习型社会不仅是一个为社会成员终身学习而动员的社会，也是一个学习活动得以保障而无障碍的社会。

6. 学习、创新、发展成功转化的社会

学习型社会是“一种开放、创新、富有活动力的社会，因而，学习型社会最基本的品格在于为每一民众提供了一个理想的学习、创新、发展的社会环境，每个人可以在促进社会可持续发展中，终身学习得到保障，创造潜能得以充分开掘，创造才智得到充分施展，自身的社会价值得以充分实现。这正如学习型社会表述中所阐明的学习型社会能“有效地促进社会成员终身发展，社会价值得以充分实现”。

10.6　学习型社会的基本要素

❖ **研创活动**

学习型社会的基本要素有哪些?

1. 以终身学习为导向的新学习文化的形成

当前世界不少国家和地区，特别是发达国家和地区在创建学习型社会过程中追求的就是全民参与的终身学习文化。新学习文化有以下特点。

一是以终身学习为核心理念。这是新学习文化的首要特点。新学习文化，是以终身学习理念为核心的学习文化，其实质为终身学习文化。

二是以学习者为本，这是新学习文化的基本特点。其反映在：学习的最终价值取向在于促进学习者的终身全面发展；学习的主体是学习者，学习活动设计应以学习者需求为导向，应发展学习者自我导向性学习；学习的评价尺度是学习者，应以学习者的知晓度、认同度、参与度、满意度来评价学习活动。

三是以能力发展和创新为重点，这也是新学习文化的基本特点。相对于传统学习文化以认知和掌握知识为重点，新学习文化强调以能力发展和创新为重点，认为能力发展是学习活动的主题，并十分重视创新的理念与行动，以此来应对以知识创新为特征的知识社会的挑战。

四是强调组织学习的发展。这是新学习文化的一个普遍特点。新学习文化认为，学习场域不仅是正规的教育机构，而且是处处皆可成为学习场域。每个组织单位均应重视履行学习和教育职能，发展组织学习，创建学习型组织，从而使组织学习充分发展。

五是多种学习形态并存且都受重视。这也是新学习文化的一个普遍特征。传统学习文化歧视并不承认非正规学习和非正式学习，正规学习处于独尊地位；在新学习文化中，

三种学习形态均受到重视和认可，并且相互沟通和连接，为学习者终身学习提供了前所未有的条件。

六是各种文化相互连接和融合。在传统学习文化中，教育领域与劳动领域之间、学校与社区之间均相互分离，学校作为专司教育的机构，往往成为学校所辖区域的文化孤岛。然而新学习文化则不然，它主张教育领域与劳动领域沟通结合，学习文化与工作文化紧密连接和融合；主张学校与社区沟通结合，学习文化与生活文化的紧密连接和融合。学习文化即生活文化，生活文化即学习文化。

七是网络学习成为重要学习方式。受到科技发展的历史局限，传统学习文化尚未将网络学习含纳其中。网络信息技术的飞速发展，对人类的生存方式产生了巨大影响，特别是为学习方式的变革提供了前所未有的可能。这种变革的主要标志是催生出了网络学习这一新型学习方式。可以说，网络学习的兴起使学习打破了时间、空间、容量的限制，更有弹性、更人性化，且更能有效地分享学习经验和知识，网络学习也因此成为新学习文化的重要表征。

2. 各类学习型组织的创建

各类学习型组织是学习型社会的基本要件，学习型社会实质由一个个学习型组织构成，没有一个个学习型组织的创建，也就没有学习型社会的形成。具体而言，以下具体的学习型组织构成了学习型社会的基础。

（1）**学习型家庭。**家庭是社会生活的“细胞”，也是一个人学习和受教的第一场所，学习型家庭是学习型社会的基本“细胞”。“千里之行，始于足下”，学习型家庭的创建，可以说是创建学习型社会的第一落脚点。

（2）**学习型企事业单位、学习型团体。**企业是社会生产的基本单位，事业单位是促进社会健康运转的重要机构。学习型企事业单位和社会团体则是学习型社会的基本单位。学习型企事业单位和社会团体的创建，也是创建学习型社会的基石。

（3）**学习型城乡社区。**社区是社会的一个基本单元。社区建设在中国起步虽晚但发展速度较快，发展潜力也较大，社区发展正越来越受到人们的关注。尤其是随着社会的经济转型，中国城市居民也正经历着由“单位人”“新单位人”向“社区人”的转化。学习型城市社区的创建，不仅可带动社区内的学习型家庭、学习型企事业的创建，也为学习型社会的形成提供了保证。乡村社区也是构成社会的一个基本单元，学习型乡村社区是中国建设学习型社会的重要内容。伴随着中国社会主义新农村建设的推进，学习型乡村社区建设问题也受到越来越多的关注并取得了明显成效。可以说，学习型乡村社区的创建直接左右着学习型社会目标能否真正实现。

（4）**学习型城市。**城市是人类社会高度集约的地域类型，学习型城市则是城市发展的新阶段、新高度。学习型城市的创建与形成，可以有效地发挥其辐射性、服务性、基础性等功能，从而有效地推进学习型社会的建设。

（5）**学习型政府。**政府是社会的行政权力机构，学习型政府的创建，不仅为创建学习型社会提供组织保证，也为各类学习型组织的创建，起着示范榜样作用。也正因此，学习型政府的理论论证与实践建设近年来都可谓方兴未艾。

（6）**学习型政党**。领导我们事业的核心力量是中国共产党。学习型执政党，是学习型社会的“首脑”。学习型政党的创建，则在政治上和组织上强有力支撑与推进学习型社会的建设。

3．终身教育体系和学习服务体系的构建

建设终身教育体系是营造学习型社会的基础工程。只有建构了终身教育体系，才能保障与满足社会成员的基本学习权利和终身学习需求。构建终身教育体系也是学习型社会形成的基本标志。终身教育体系，是指一个国家或地区根据社会发展规律和教育规律，为满足社会成员终身接受教育的需要，达到一定教育目标所构建的各级各类教育、各种教育形态的有机综合教育系统。终身教育体系的构架就应由上述两部分构成：就终身教育系统内部一体化而言，是构建纵向衔接、横向沟通、纵横整合的一体化的教育体系；就终身教育系统与外部环境协调发展而言，要这种一体化教育体系的构建，必须与外部的经济、社会、生态环境的发展和改善相协调。概言之，终身教育体系的构架，应是纵向衔接、横向沟通、纵横整合、内外协调、整体优化的教育系统结构。

纵向衔接，强调按照各级教育的职能和作用，上下连接，以满足人们从生到死一生中持续不断地接受全面教育；强调教育发展过程中连续的各个阶段和层次之间有机的内在联系；形成一个纵向衔接的系统。

横向沟通，指教育内部的各种形态、各种类型、各种形式的教育互相沟通，建立起相互联系的教育体系，改变传统教育的各个领域之间互相孤立隔绝的状态。

纵横整合，注重各级教育层次和各种教育类型的整体相关，形成与人的发展需要相对应的纵横交错的网络，做到各级各类教育之间上下左右的互通和有机结合。人们在需要的时间，无论从哪一点进入教育体系，都能找到自己的学习方向，都能自由取得学习训练和培养自己的内容和手段，都能自由接受最适合的教育。

内外协调、整体优化，指终身教育内部系统与其外部的经济、社会、生态系统之间应协调发展，达到终身教育系统内外功能整体优化，更有效地为社会可持续发展和社会成员终身发展服务。

同时，终身学习服务体系建设也是学习型社会形成的基础，它是指对社会成员自主学习服务的体系。其建设主要是社会学习平台和社会学习资源的建设。前者主要指以信息技术为载体的公共学习平台，即网上学习平台的建设，还包括图书馆、文化馆、博物馆、科技馆等公共文化设施和媒体的建设；后者主要指非正规学习的文字、图形、影像等形式的学习资源建设。

10.7　学习型社会形成的基本标志

❖ **研创活动**

学习型社会形成的基本标志是什么？

1．终身学习文化的形成

终身学习文化的形成包括终身学习物质文化的建造；终身学习制度文化的建立；终

身学习精神文化的培育等。终身学习文化长效地潜移默化影响着广大社会成员，无形地强有力推动着学习型社会建设。尤其是人人树立终身学习的理念，能自觉主动地终身学习。社会学习活动的参与者不再局限于儿童、青少年，社会中广大的成年人、老年人也开始普遍要求提供学习机会并参与学习活动。整个社会就是学习者共同的学习场所。在学习型社会里，学习和教育不仅成为一种社会时尚，还会发展成一种新兴产业，并成为公民的法定权利和义务。学习从那种狭隘、功利行为转变为主动的贯穿生命全过程的自觉意识和生活需求。知识增长和扩展的无限性，决定了“学无止境”成为社会的基本生存状态和运行准则。

2．终身教育体系和学习服务体系的形成

学习型社会构建了纵向衔接、横向沟通、纵横整合、内外协调、整体优化的终身教育体系；完成了社会信息网络学习工程，社会成员的网络学习的参与率达到相当的比例，图书馆、文化馆、博物馆、科技馆、媒体等高度发达和完善，各类学习材料丰富多彩，不断更新补充，为社会成员时时、处处、按需、终身自主学习提供便捷的学习平台和资源。

3．各种学习型组织创建并逐步普及

学习型机关、学习型社区、学习型企事业单位、学习型团体、学习型家庭构成学习型社会的基本单位，这些单位的创建普及和学习型城市建设是衡量学习型社会是否建立的重要标志。

4．社会教育资源得到充分开发和利用

显性的教育资源，能让人们充分共享；隐性的教育资源，能充分开发和利用；无形的教育资源，能总结提炼并加以利用。教育资源得到最大限度的开发，并能够打破区域限制，实现地域之间的交流与互动。

5．每个社会成员的学习权利和学习需求得到保障与满足

所有社会成员包括处于社会底层的困难人群都有平等的受教育机会，每个人都能充分利用社会教育资源。

6．社会各单位组织重视履行学习和教育职能

各单位组织能积极创建学习型组织；提供各具特色的教育资源；积极参与社区教育和创建学习型社区、学习型城市的活动。

7．知识创新与技术创新成为社会第一要务

“学习型社会”非常重视知识创新和技术创新，社会基本实现知识化、信息化，知识产业和知识劳动者的比重、知识对经济增长的贡献率，得到较大幅度的提升，分别达到或超过 50%。在学习型社会里，知识的创新指数、知识传播指数高于以往其他任何社会。

8. 数字化学习方式逐渐成为首选

微软领袖比尔·盖茨说："国际互联网是一个浪潮。它将冲击计算机工业以及其他的工业，淹没那些在这一浪潮中还没有学会游泳的人。"网络和信息技术成为个体学习的关键因素。在学习型社会，学习形式的信息化成为必然，包括学习系统、学习资源、资源交流等方面高效整合。

9. 社会文明开放程度得到明显提高，各种文化相互连接与融合

在学习型社会里，社会的精神文化得到了培育、塑造与发展，社会凝聚提升了积极向上的思想文化，并形成了与时俱进而富有特色的社会文化风格；社会具有较高的开放程度，社会的国际化进程加快，多元文化得以较好融合。在学习型社会里，多种文化相互连接相互融合，包括教育领域与劳动领域融合，学习文化与工作文化紧密结合，学习文化与社区文化沟通融合，学习文化与社会文化密切连接。在这里，学习文化即生活文化，生活文化即学习文化，这种和谐的社会文化氛围最终会促成和谐社会的形成。

10.8　学习型社会评价指标体系

❖ **研创活动**

如何构建学习型社会、学习型组织、学习型城市、学习型社区、学习型班级、学习型学校的评价指标体系？

构建学习型社会评价指标体系，是一项挑战性很强而又具有战略价值的工作。学习型社会评价指标体系（表 10-1）设计要遵循五条原则。

1. 科学性原则

"科学性"是指符合事物客观实际及其发展规律。学习型社会评价指标体系的科学性，主要是指它能否准确反映出学习型社会的内涵、属性和形成要素，是否符合社会学习化建设的一般规律。

2. 先进性原则

学习型社会评价指标体系的先进性，主要体现在：①反映时代要求。评价体系的设计要与时俱进，应反映时代特征对学习型社会建设的规定性，从而体现学习型社会的建设发展方向，起导向作用。②反映新颖性。要吸收国内外构建学习型社会的新理念、新成果，符合党和国家对建设学习型社会的新要求。

3. 一致性原则

学习型社会评价指标体系应与学习型社会建设目标整合一致。该原则是现代评价特

点：强调发展目标与评价指标一致性的体现。评价指标体系实质上是发展目标的具体化。据此，学习型社会评价指标体系，就是学习型社会建设目标的具体展开。

4．现实性原则

所制定的学习型社会评价指标体系，应从本国本地区的实际出发，能被广大社会工作者和社会民众所理解与接受。据此，制定评价指标体系，既要考虑先进性，又要考虑现实性，在两者结合点上提出学习型社会评价指标体系。

5．简明性原则

学习型社会评价指标体系（表 10-1）应简明扼要，便于操作。

表 10-1 学习型社会评价指标体系

指标 序号	一级指标（6 项）	二级指标（26 项）	三级指标（97 项）
1	终身学习文化的营造——学习型社会之“魂”	1.1 终身学习物质文化的建造	1.1.1 终身学习的机构和载体建设度 1.1.2 各类学习文化的实体、载体、地域空间建设度 1.1.3 特色的学习景观塑造度 1.1.4 终身学习物质产品的展示度
		1.2 终身学习制度文化的建设	1.2.1 建立和完善终身学习活动制度 1.2.2 建立和完善终身学习保障条件制度 1.2.3 建立和完善终身学习检查评价制度
		1.3 终身学习精神文化的培育	1.3.1 提升社会成员终身学习的认知成分 1.3.2 增强社会成员终身学习的情感成分 1.3.3 确立社会成员终身学习的价值观
2	学习型组织的创建——学习型社会之“基”	2.1 学习型政党组织的创建	2.1.1 学习型党组织创建率 2.1.2 民本位文化建设度 2.1.3 社会民众对执政党满意度
		2.2 学习型政府的创建	2.2.1 学习型政府机关创建率 2.2.2 服务文化建设度 2.2.3 社会民众对政府满意度
		2.3 学习型社区的创建	2.3.1 学习型社区创建率 2.3.2 学习型社区创建的领导管理度 2.3.3 学习型社区创建的条件保障度 2.3.4 学习型社区创建成效度
		2.4 学习型企事业单位的创建	2.4.1 学习型企事业（单位）创建率 2.4.2 学习型企事业（单位）创建的领导管理度 2.4.3 学习型企事业（单位）创建的条件保障度 2.4.4 学习型企事业（单位）创建成效度
		2.5 学习型团体的创建	2.5.1 学习型团体创建率 2.5.2 学习型团体创建成效度

续表

指标 序号	一级指标（6 项）	二级指标（26 项）	三级指标（97 项）
3	终身教育体系和学习服务体系的构筑——学习型社会之“架”	3.1 各类教育的协调发展	3.1.1 制定终身教育法律法规 3.1.2 建立统筹协调领导机构 3.1.3 编制协调发展的教育规划 3.1.4 建立现代化的学校教育体系 3.1.5 社会教育培训机构和学习型组织的教育培训机构的完善度
		3.2 终身教育“立交桥”的构建	3.2.1 建立和完善“学分银行” 3.2.2 建立和完善初中后学历教育沟通衔接制度 3.2.3 实现社会终身学习成果的认定和转换度
		3.3 教育系统与其他社会系统的沟通协调	3.3.1 编制整体规划 3.3.2 开展整体评估 3.3.3 校企合作度 3.3.4 校社合作度 3.3.5 学校社会教育培训机构合作度 3.3.6 各级各类学校面向全民终身学习的开放度
		3.4 社会学习平台的建设	3.4.1 编制建设规划 3.4.2 建成终身学习网络 3.4.3 完善各类文化设施和媒体建设 3.4.4 建立投入机制
		3.5 社会学习资源的建设	3.5.1 编制建设规划 3.5.2 形成合作模式 3.5.3 建立和完善激励机制 3.5.4 社会学习资源的满足度 3.5.5 深化理论研究
4	合力式机制的形成——学习型社会之运行机制	4.1 党政推动力	4.1.1 建立领导机构 4.1.2 编制发展规划 4.1.3 制定法律法规政策 4.1.4 建设社区教育机构系统 4.1.5 建立工作者队伍 4.1.6 保证经费投入
		4.2 市场运作力	4.2.1 教育培训市场成熟度 4.2.2 教育培训市场贡献度
		4.3 社会参与力	4.3.1 单位组织参与率 4.3.2 社会社团参与率 4.3.3 社会社团作用发挥度
		4.4 教育支撑力	4.4.1 教育机构向社会开放率 4.4.2 教育机构对家庭教育、社会教育的参与度
		4.5 社会民众主体力	4.5.1 建立社会（区）志愿者队伍 4.5.2 社会（区）成员的参与率 4.5.3 社会成员评价参与率 4.5.4 社会（区）成员满意率

续表

序号 \ 指标	一级指标（6 项）	二级指标（26 项）	三级指标（97 项）
5	全民终身学习活动的蓬勃开展——学习型社会之基本特性	5.1 学习和教育培训活动全员性	5.1.1 全员培训率 5.1.2 下岗失业待业人员培训率 5.1.3 进城务工人员培训率 5.1.4 其他社会成员教育培训率
		5.2 学习和教育培训活动全程性	5.2.1 幼儿入园率 5.2.2 义务教育达标率 5.2.3 高中阶段教育毛入学率 5.2.4 高等教育毛入学率 5.2.5 从业人员培训率 5.2.6 城乡社区老年人群培训率
6	社会及成员发展——学习型社会之成效	6.1 社会成员整体素质提高	6.1.1 终身学习理念增强 6.1.2 公民素质提升 6.1.3 主要劳动年龄人口平均受教育年限数
		6.2 社会成员价值实现度提高	6.2.1 社会成员就业率 6.2.2 社会成员潜能开发率 6.2.3 社会成员特长发挥率 6.2.4 社会成员专利指数 6.2.5 人均国际论文发表数
		6.3 社会成员生活质量提高	6.3.1 社区成员读书指数 6.3.2 社会成员幸福指数 6.3.3 人类发展指数（HDI）
		6.4 社会文明度提高	6.4.1 文明社区的建成率 6.4.2 形成崇尚学习、积极向上的社会风尚 6.4.3 形成与时俱进而富有特色的社会文化风格
		6.5 社会创新度提高	6.5.1 知识创新指数 6.5.2 专利申请授权数 6.5.3 高新技术产品开发项目数
		6.6 社会和谐与凝聚度提高	6.6.1 社会案件发生率 6.6.2 多元文化融合指数 6.6.3 社会和谐指数 6.6.4 社会凝聚指数

注：以省（自治区、直辖市）为评估单位，也可供评估各级学习型城市参考。

10.9 创建学习型社会的路径与对策

❖ 研创活动

（1）创建学习型社会的路径与对策有哪些？

（2）教育技术工作者能够为创建学习型社会做哪些贡献？

1. 积极推进各类学习型组织建设

各类学习型组织是学习型社会的基础构件。学习型社会实质就是由一个个学习型组织构成的，没有一个个学习型组织的创建，也就没有学习型社会的形成。学习型组织包括学习型家庭、学习型企事业单位和学习型团体、学习型城乡社区、学习型城市、学习型政府、学习型政党。要以学习型城市、学习型城乡社区、学习型企业、学习型机关、学习型政党建设为重点，抓好各类学习型组织建设。

（1）学习型城市建设。城市是人类社会高度集约的地域类型，学习型城市则是城市发展的新阶段、新高度，是学习型社会的“缩影”。学习型城市的创建与形成，可以有效地发挥其引领性、辐射性、服务性、基础性等功能，从而有效地推进学习型社会的建设。学习型城市建设的着力点，一是要与创新型城市建设紧密结合；二是发挥学习型城市在整个学习型社会建设中的引领作用和辐射作用，大力推进学习型社会建设；三是学习型城市建设应强化过程意识，重视特色创新，注重整体推进，运用边研究、边实验、边总结、边推广策略；四是进一步推进其建设模式的改革创新，形成由党政主导下的“多力合一”共建模式；五是进一步建立和完善学习型城市建设的管理体制，形成一个由决策、执行、参谋咨询、监督、反馈等五大子系统构成的、相互联系、有机结合、封闭回路的管理网络系统。2014 年 8 月，教育部、中央文明办公室、国家发展和改革委员会、民政部等七部门出台《关于推进学习型城市建设的意见》。到 2020 年，东中西部地区市（地）级以上城市开展创建学习型城市工作覆盖率分别达到 90%、80%和 70%；各区域都要有一大批县级城市开展创建工作。

（2）学习型社区建设。社区是社会的一个基本单元。社区建设在中国起步虽晚但发展速度较快，发展潜力也较大，社区发展正越来越受到人们的关注。尤其是随着社会的经济转型，中国城市居民也正经历着由“单位人”“新单位人”向“社区人”的转化。学习型城市社区的创建，不仅可带动社区内的学习型家庭、学习型企事业的创建，也为学习型社会的形成奠定了重要基础。乡村社区也是构成社会的一个基本单元，学习型乡村社区是中国建设学习型社会的重要内容。伴随着中国社会主义新农村建设的推进，学习型乡村社区建设问题也受到越来越多的关注并取得了明显成效。可以说，学习型乡村社区的创建直接左右着学习型社会目标能否真正实现。其建设的着力点：一是培育社区精神；二是建设并指导社区各类学习型组织，其中包括学习型家庭、楼组、小区；三是广泛而深入开展社区教育，加强学习平台和学习资源建设。

（3）学习型企业建设。企业是社会生产的基本单位。学习型企业建设事关社会主义现代化建设主力军的全员终身学习。其建设的着力点：一是改造不能适应学习型企业建设的企业制度，即学习型企业建设的前提；二是实现组织学习，即学习型企业建设的关键；三是创新运作机制，即学习型企业建设的支撑；四是实行学习与创新、工作（生产）、教育培训相结合原则。

（4）学习型政府建设。政府是社会的行政权力机构，学习型政府的创建，不仅为创建学习型社会提供组织保证，也为各类学习型组织的创建，起着示范榜样作用。学习型政府是学习型社会之“龙头”。其建设的着力点：一是确立学习型机关的共同愿景；二是建设以信息技术为核心的机关互动共享的组织学习系统；三是抓好机关各司局处室的团队学习；四是建立健全机关学习制度体系；五是机关领导集体带头创建学习型组织；六是建立完善学习型机关组织领导体制和工作机制。

（5）学习型政党建设。学习型政党建设包括学习型中国共产党建设和学习型民主党派的建设。这里主要指学习型中国共产党建设。学习型执政党，是学习型社会的“首脑”。学习型政党的创建，则在政治上和组织上强有力支撑与推进学习型社会的建设。应当把建设重点放在按照中央的部署，大力推进学习型党组织建设。

2. 科学构建终身教育体系

（1）建设终身教育体系是营造学习型社会的基本构件。只有建构了终身教育体系，才能保障和满足社会成员的基本学习权利和终身学习需求。终身教育体系，是指一个国家或地区根据社会发展规律和教育规律，为满足社会成员终身接受教育的需要，达到一定教育目标所构建的各级各类教育、各种教育形态的有机综合教育系统。终身教育体系的构架，应是纵向衔接、横向沟通、纵横整合、内外协调、整体优化的教育系统结构。构建终身教育体系重点应放在搭建终身教育的“立交桥”以及解决与其他社会系统沟通协调等基本问题。

（2）建立“学分银行”制度是教育衔接和沟通的基础与突破口。学分银行主要功能：学分的记录与累积功能、学分的互认互换功能、学分的兑换功能。其功能体系建设可采取“先易后难、分类指导、分步推进”的策略。其要点：一是建立各类高等教育机构之间的学分互认制度；二是职业教育体系内建立学历教育证书与职业资格证书的双证融通制度，以及职业教育与普通教育的沟通制度；三是建立非学历教育培训项目与成人高等学历课程之间学分互认制度，以及与普通高等学历教育之间学分互认制度；四是社区成员的学习活动可以建立终身学习卡制度或个人学习账户制度。先将个人所获的学分数和学习成果加以记录与累计，发挥学分银行的存储功能；五是随着学分银行实践的完善，再进行终身教育体系，包括正规学习、非正规学习、非正式学习在内的学分的认定和互换，乃至于兑换为学历。

（3）建立和完善继续教育的有关制度，打破隔绝教育领域与劳动工作领域之间的壁垒。其要点：一是进一步开放高等学校门户，关键是改革入学选拔方式。实行弹性学制和学分制；提供兼时制、晚间制、周末制、集中制等多样化的学习研修方式。还要改革教学模式，实行多样化的“产教结合”的教学模式；改革考核方式和方法，采取考试式、实习式、作业式、工作成就取代式等多种评价或综合评价方法等。二是实行“带薪教育假”制度。制定具有中国特色的“带薪教育假”制度，包括确定教育假时间、保证经济待遇、确定享有者的资格、规定单位的责任与义务、规定学习者的教育费用来源等。三是完善校企合作体制，包括合作办学，建立“双导师制”；联合研发，建立“校企技术创新联盟”；人员合作与交流，培养“双师型”教员。

（4）进一步加强学校与社区的沟通结合，打破隔绝教育与社会生活领域之间的藩篱。主要是解决好教育教学资源互利共享和合作办学问题。为推进“学社融合”，应在下列方面作出努力：教育理念应进一步取得共识；发展规划应形成整体性体系；管理体制应进一步形成一体；教育资源应进一步共享；教学活动应共同策划安排；教育队伍应进一步共建；政策制度应共同制定等。

3. 大力推进终身学习服务体系建设

终身学习服务体系，即为社会成员自主学习服务的体系，主要包括社会学习平台和社会学习资源的建设。前者主要是指以信息技术为载体的公共学习平台，即网上学习平台的建设，还包括图书馆、文化馆、博物馆、科技馆等公共文化设施和媒体的建设；后者主要是指非正规学习的文字、图形、影像等形式的学习资源建设。着力点有以下几个方面。

（1）加强规划。制定《社会学习平台和社会学习资源建设规划纲要》，编制“中国特色的社会学习资源体系框架”，促进社会学习平台和社会学习资源建设。

（2）加大投入。建立以政府为主的投入机制，改进和优化学习平台的硬件配套；建立“社会学习资源建设基金”，支持社会学习资源整合开发。

（3）建立合力式推进模式。社会学习资源建设，是一项社会性很强的系统工程，宜采取政府主导下的社会化的合作模式。建立“社会学习资源建设共同体”，是建设社会学习资源的有效模式。

（4）建立长效激励机制。一方面，政府需制定有关的政策法规，建立和完善对优秀社会学习资源的征集、评选、推展、出版、奖励等制度；另一方面，运用市场机制，建立和完善社会学习资源建设项目的招投标制度，或建立以质论价，政府或使用单位（组织）购买社会学习资源产品制度。

4. 高度重视终身学习文化的营造

当前世界不少国家和地区，特别是发达国家和地区在创建学习型社会过程中追求的就是全民参与的终身学习文化。终身学习文化长效地潜移默化影响着广大社会成员，无形地强有力推动着学习型社会建设。尤其是人人树立终身学习的理念，能自觉主动地终身学习。社会学习活动的参与者不再局限于儿童、青少年，社会中广大的成年人、老年人也开始普遍要求提供学习机会并参与学习活动。整个社会就是学习者共同的学习场所。在学习型社会里，学习和教育不仅成为一种社会时尚，而且会发展成一种新兴产业，并成为公民的法定权利和义务。学习从狭隘、功利行为转变为主动地贯穿生命全过程的自觉意识和生活需求。知识增长和扩展的无限性，决定了“学无止境”成为社会的基本生存状态和运行准则。

终身学习文化具有如下特征，也可以说终身学习文化的基本理念。

一是以终身学习为核心理念。

二是以学习者为本。其反映在：学习的最终价值取向在于促进学习者的终身全面发展；学习的主体是学习者，学习活动设计应以学习者需求为导向，应发展学习者自我导向性学习；学习的评价尺度是学习者，应以学习者的知晓度、认同度、参与度、满意度来评价学习活动。

三是以能力发展和创新为重点。相对于传统学习文化以认知和掌握知识为重点，终身学习文化强调以能力发展和创新为重点，认为能力发展是学习活动的主题，并十分重视创新的理念与行动，以此来应对以知识创新为特征的知识时代的挑战。

四是强调组织学习的发展。终身学习文化认为，学习场域不仅是正规的教育机构，而且是处处皆可成为学习场域。每个组织单位均应重视履行学习和教育职能，发展组织学习，创建学习型组织，从而使组织学习充分发展。

五是多种学习形态并存且都受重视。在终身学习文化中，正规学习、非正规学习、非正式学习三种学习形态均受到重视和认可，并且相互沟通和连接，为学习者终身学习提供了前所未有的条件。

六是各种文化相互连接和融合。终身学习文化主张教育领域与劳动领域沟通结合，学习文化与工作文化紧密连接和融合；主张学校与社区沟通结合，学习文化与生活文化的紧密连接和融合。

七是网络学习成为重要学习方式。网络信息技术的飞速发展，对人类的生存方式产生了巨大影响，特别是为学习方式的变革提供了前所未有的可能。这种变革的主要标志是催生出了网络学习这一新型学习方式。可以说，网络学习的兴起使学习打破了时间、空间、容量的限制，更有弹性、更人性化，且更能有效地分享学习经验和知识，网络学习也因此成为新学习文化的重要表征。

终身学习文化包括物质文化、制度文化、精神文化，也就是人类创造的物质产品和精神产品的总和，这是大文化概念。中文化概念是指思想理论、宣传教育、新闻出版、文学艺术、影视戏剧、文物馆展等。小文化概念是有一定知识，称有文化。

根据终身学习文化结构，应当从物质文化、制度文化、精神文化三个层面来营造终身学习文化。

（1）终身学习物质文化是指终身学习文化外在的物化形态。其包括可为终身学习服务的建筑、景观、设施、资源、文物、产品、环境等。物质文化，尽管是终身学习文化的浅表层面，然而仍是终身学习文化构成的重要成分。营造终身学习物质文化，可采取如下主要举措：第一，终身学习的实体、设施和资源建设；第二，各类学习文化的实体、载体等建设；第三，终身学习物质产品的设置和展示，如定期或不定期举办社区居民终身学习成果展等。

（2）终身学习制度文化是指终身学习文化以制度规范形式所表现的文化形态。其包括有关终身学习的规章、制度、公约、宪章、会议纪要等。制度文化，是终身学习文化的中间层面。它是由行之有效的终身学习活动积累上升所形成的长效机制。营造终身学习制度文化可采取如下举措：第一，建立和完善终身学习活动制度；第二，建立和完善终身学习保障条件制度；第三，建立和完善终身学习检查评价与表彰奖励制度。

（3）终身学习精神文化是深层次的终身学习文化，是终身学习思想观念层面的文化。其包括认知成分、情感成分、价值成分、理想成分，主要是指终身学习的价值观、道德观和信念精神等。培育终身学习精神文化可采取如下的举措。

第一，愿景建设指在创建学习型社会（组织）中，通过确立社会（组织）成员共同认可并为之奋斗的远景目标，培植社会（组织）及成员终身学习的意识、理念和价值观。

第二，“一训三风”建设指终身教育机构在建设校训、校风、教风、学风过程中培植机构成员终身学习的精神文化。

第三，无形资源挖掘指对社区、单位组织经长期的积淀所形成的终身学习精神资源加以挖掘，并作为终身学习的宝贵财富，从而培植社区、单位组织及成员的终身学习精神文化。同时，可通过“活动渗透”“实践陶冶”“示范引导”“深化研究”等举措培植终身学习精神文化。

5. 强化学习型社会建设的保障条件

1）组织保障

建立有关组织管理机构和咨询机构。国家应设立负有推进学习型社会建设职责的委员会，作为国家推进终身教育和建设学习型社会的指导协调管理机构，其职能是规划指导、统筹协调、督导评估和支持保障等。该委员会在教育部内下设办公室，同时又是教育部的一个内设机构，作为该委员会办事机构，具体负责宏观管理的日常运作。各级地方政府应设立相关机构。还可建立国家层面的“学习型社会建设咨询委员会”，充分发挥专家在民主决策、科学决策中的智慧和作用。

2）法规制度保障

第一，尽快制定《终身教育促进法》或《终身学习促进法》。一是要明确以终身教育和终身学习为目标的发展战略框架；二是要明确规定社会各方在构建终身教育体系和终身学习服务体系中的权责与义务；三是要明确各种教育资源在发展终身教育中优化配置途径或方式；四是要明确经费来源、条件保障等。应突出：以整体性协调发展内容为立法重点，以区别于教育单行子法；以终身教育和继续教育的主体，即成人教育内容为立法重点，以解决成人教育至今未立法的问题；以全民参与和全民终身学习内容为立法重点，以保障形成学习型社会。

第二，建立和完善成人教育制度体系。成人教育是继续教育的最重要组成部分，应当坚持成人教育基本制度，加大成人教育宏观政策支持力度。从中国成人教育制度建设的现状出发，未来成人教育制度建设，既要巩固和完善成人学历教育、培训教育、继续教育等现有制度，又要建立社区教育等新的制度，更要考虑各种成人教育制度之间协调沟通。要着力研究和建立教育沟通制度、成人学习成果的认定、积累和互认制度，规定正规教育、非正规教育、非正式教育等不同类型的学习成果认定、积累和互认的相关问题。建立和完善“学分银行”，以学分互换为中介，搭建初中后各级各类继续教育衔接和沟通的“立交桥”。

第三，加强成人教育培训服务标准化建设。制定成人教育培训服务国家标准，可为成人教育发展提供标准化的技术支持，为国家有关成人教育的法律法规提供实际操作的工具，有利于提高成人教育培训服务专业化、规范化水平。要充分利用现有的社区教育服务指南国家标准，并逐步制定“成人教育培训组织服务评价标准”“成人教育培训工作者服务能力评价标准”等各专项成人教育培训服务国家标准，进一步规范培训市场，促进成人教育培训健康发展。

3）财政保障

建立以政府为主的多渠道投入机制。公益性的成人教育服务，如扫盲教育、社区公民素质教育、国家公务员培训，以及由政府提供经费的其他成人教育服务的成本，应由政府完全或主要承担。企事业组织、社会团体及其他社会组织和个人依法举办的成人学校及其他成人教育机构，办学经费由举办者筹措，各级政府可给予适当的扶持或奖励。企事业组织中举办的职工教育经费，可按计酬工资总额的 1.5%～2.5%掌握使用，也可按生产总值利润或营业总额的一定比例提取企业职工教育经费。农民教育中有关扫盲、师资培训、教材编写等方面费用，应由各级教育部门在教育经费中列支。县属农民中专校、农民技术学校的经费由县人民政府统筹安排；乡镇农民文化技术学校的费用，由县教育经费和乡镇政府统筹解决。总体上农村成人教育经费，2012 年应达到人均 1 元，2020 年达到人均 3～5 元。各地应设立社区教育专项经费，列入年度财政预算，可按常住人口年均 1～2 元标准拨付。逐步建立起社区教育经费的投入保障机制。中央和各级政府应逐步增加对成人教育的财政拨款，财政拨款的成人教育经费应占到教育经费预算的一定比例。

4）队伍保障

打造高素质专业化的终身教育工作者队伍。该队伍是指从事非正规教育的终身教育工作者，包括社区教育工作者、企业教育培训师、干部教育培训师、社会教育培训师等。其建设对策有：第一，首先解决终身教育工作者的职业化，包括设置专业岗位、确定岗位编制、制定岗位专业职务系列等基本问题。这是终身教育工作者专业化的前提。第二，制定终身教育工作者的专业标准，加强专业团队的建设。第三，建立终身教育工作者的专业教育和培训制度，设立和实施“终身教育工作者培训项目”。第四，尽快制定终身教育工作者队伍的政策法规，发挥政府保护终身教育工作者专业社会地位的干预作用。第五，营造终身教育机构内部的终身学习文化，加强自我学习，促进终身教育工作者专业化。

5）理论保障

加强对学习型社会的科学研究。中国学习型社会研究，应以国情为基点，以人为本，调查研究民情、民生、民意；应植根于丰富的终身教育和终身学习的实践，研究学习型社会建设中的新问题。建设思路：第一，应有学习型社会研究的科学规划。第二，国家和地方应建立健全有关研究机构，充分发挥现有的成人教育研究机构和学术团体的作用。第三，拓展成人教育研究领域，加强成人教育学专业学位点建设，更好地为中国构建终身教育体系和建设学习型社会服务。

拓展资料

1．彼得·圣吉．第五项修炼——学习型组织的艺术与实践[M]．北京：中信出版社，2009.

2．马奎特．学习型组织的顶层设计[M]．顾增旺，周蓓华，译．北京：机械工业出版社，2015.

3．罗伯特·赫钦斯．学习型社会[M]．林曾，李德熊，蒋亚丽，译．北京：社会科学文献出版社，2017.

4．朱新均．学习型社会建设的理念、路径和对策[J]．现代远程教育研究，2011(1)：3-11.

5．《建设学习型城市北京宣言》和《学习型城市主要特征》[EB/OL].http://www.smile.ecnu.edu.cn/s/395/t/768/cb/b7/info117687.htm[2014-11-08].